深圳律师实务丛书

股权纵横探究

聚焦公司法实务

组　编　深圳市律师协会公司法律专业委员会
主　编　郑绪华　黄　霆

NAVIGATING THE EQUITY LANDSCAPE
A FOCUS ON CORPORATE LAW PRACTICE

法律出版社
LAW PRESS · CHINA
北京

图书在版编目（CIP）数据

股权纵横探究：聚焦公司法实务／深圳市律师协会公司法律专业委员会组编；郑绪华，黄霆主编. -- 北京：法律出版社，2025. --（深圳律师实务丛书）. -- ISBN 978-7-5244-0249-7

Ⅰ. D922.287.4

中国国家版本馆 CIP 数据核字第 2025TX4610 号

股权纵横探究
——聚焦公司法实务
GUQUAN ZONGHENG TANJIU
—JUJIAO GONGSIFA SHIWU

深圳市律师协会公司法律专业委员会 组编
郑绪华 黄霆 主编

策划编辑 朱轶佳
责任编辑 朱轶佳
装帧设计 鲍龙卉

出版发行 法律出版社
编辑统筹 司法实务出版分社
责任校对 李慧艳
责任印制 胡晓雅
经　　销 新华书店

开本 710 毫米×1000 毫米 1/16
印张 18 **字数** 286 千
版本 2025 年 8 月第 1 版
印次 2025 年 8 月第 1 次印刷
印刷 三河市龙大印装有限公司

地址：北京市丰台区莲花池西里 7 号（100073）
网址：www.lawpress.com.cn
投稿邮箱：info@lawpress.com.cn
举报盗版邮箱：jbwq@lawpress.com.cn
销售电话：010-83938349
客服电话：010-83938350
咨询电话：010-63939796

书号：ISBN 978-7-5244-0249-7
定价：68.00 元

深圳律师实务丛书
编委会

本书编委会

组　　编：深圳市律师协会公司法律专业委员会

主　　编：郑绪华　黄　霆

编写组成员（按姓氏的拼音字母排序）：

葛翠寒　吉同燕　何　巍　李中亮　伍碧波　杨银笛

回归专业　潜心钻研
促进高质量发展

斗转星移，继往开来。深圳市律师协会自 2012 年启动“深圳律师实务丛书”（以下简称丛书）出版工作以来，至今已出版实务专著 48 部，内容涵盖诸多专业领域，全面展现了深圳律师业务的研究成果和实务经验，已成为深圳市律师协会推进行业专业化建设的品牌项目。

鼓励和引导律师著书立说是深圳市律师协会推动律师专业化的一项长期性的重点工作。丛书旨在充分发挥深圳市律师协会的业务指导作用，通过鼓励深圳律师和深圳市律师协会各专业委员会撰写实务专著，可以有效提升律师业务水平，增强律师业务能力，保证律师服务质量，以专业引领和成果共享助推深圳律师行业高质量发展。

本套丛书凝集着深圳律师的心血与经验，展现了深圳律师的专业水平。本套丛书在律师业务的众多领域，汇集了深圳律师的业务成果，总结了深圳律师的执业经验，体现了深圳律师的专业能力，彰显了深圳律师的职业精神。这一本本专著必将成为深圳律师专业化发展史上一颗颗璀璨的明珠，永远镶嵌在深圳律师专业化发展的史册上。

2023 年是全面贯彻落实党的二十大精神的开局之年，深圳律师要深学细悟笃行党的二十大精神，让党的二十大精神在深圳律师行业落地生花，要以习近平法治思想为指引，大兴专业研究之风，切实回归专业，潜心研究，深挖专业和实务问题，以高品质的法律服务保障行业的高质量发展。开展业务和实务研究不能脱离实际，必须密切关注经济社会发展和法治建设，聚焦其中的热点、难点、堵点问题，深入开展有针对性的研究，进而提出应用对策与实践指引，也期待深圳律师能输出更多的法律实务研究成果，并能形成专著与同行共享，这本身也是律师业务领域的一种先行示范。

希望本套丛书成为广大实习人员、执业律师期待、必备的好工具，也希望未来能够出版更多、更好的供律师们学习提高、掌握律师实务知识与技能的好专著！

张　斌

深圳市律师协会会长

2023 年 1 月 9 日

前　言

本书由深圳市律师协会公司法律专业委员会组编，内容涵盖股东出资、股权转让与回购、股权代持、股东/高级管理人员损害赔偿、公司治理、分配与清算、股权激励等公司日常经营中的各方面法律问题。

本书由深圳市律师协会公司法律专业委员会部分委员担任文稿的特约编辑，具体负责对文稿进行细致的审阅、修改和校对，确保文稿在文字、技术、专业程度等方面达到出版标准，确保文章质量符合出版要求。本书每篇文章仅代表作者个人观点。

本书全体作者诚恳地将自己在法律实务中的思考和经验智慧奉献给读者，并希望对从事法律实务的年轻读者有所裨益。

目 录

股东出资篇

股权转让与回购篇

股权代持篇

股东/高级管理人员损害赔偿篇

公司治理篇

分配与清算篇

股权激励篇

股东出资篇

股东出资加速到期制度的研究

萧文全[*]

司法实证数据显示，股东出资义务是否可以加速到期，在公司已经进入破产解散程序的情况下，法院大都会支持；在公司未进入破产程序或强制执行程序时，司法裁判支持与否的观点各有不同，虽然学界也提出了参考适用公司人格否认制度、[1]代位权制度、债权人撤销权制度、合同无效制度等多种替代性解决方案，但是均存在一定的不足，并不能充分解决债权人利益和股东期限利益之间的矛盾。正是在此种背景下，2023 年修订的《公司法》（以下简称新《公司法》）第 54 条对未届出资期限的股东出资义务加速到期进行了立法规范。

一、股东出资加速到期纠纷司法现状

（一）股东出资义务加速到期纠纷案件数量与日俱增

随着 2019 年 9 月《全国法院民商事审判工作会议纪要》[2]（法 2019〔254〕号，以下简称《九民纪要》）的出台，在公司虽未宣告破产但已进入执行程序资不抵债时，法院内部基本统一了裁判路径，即支持股东出资义务加速

---

* 萧文全：北京市炜衡（深圳）律师事务所负责人、律师，深圳市律师协会第十一届公司法律专业委员会委员。

〔1〕 参见石冠彬：《论认缴登记制下股东的出资自由与限制——一个解释论视角的透视》，载《西南民族大学学报（人文社会科学版）》2016 年第 4 期。

〔2〕 《九民纪要》第 6 条规定："在注册资本认缴制下，股东依法享有期限利益，债权人以公司不能清偿到期债务为由，请求未届出资期限的股东在未出资范围内对公司不能清偿的债务承担补充赔偿责任的，人民法院不予支持。但是，下列情形除外：（1）公司作为被执行人的案件，人民法院穷尽执行措施无财产可供执行，已具备破产原因，但不申请破产的；（2）在公司债务产生后，公司股东（大）会决议或以其他方式延长股东出资期限的。"

到期,让未履行、未完全履行出资义务的股东在其认缴范围内对公司债务承担清偿责任。[1] 在非执行程序下,是否支持出资加速到期,各法院裁判观点并不统一,为了探明此类案件在审判中各地法院的裁判尺度,笔者在中国裁判文书网上以“股东出资义务”“加速到期”为关键词,并剔除以执行程序为案由的案件,检索了2018～2023年5年间全国各地各级法院公开的裁判文书,截至2023年12月31日共得到案件2395件,具体数据如图1所示。

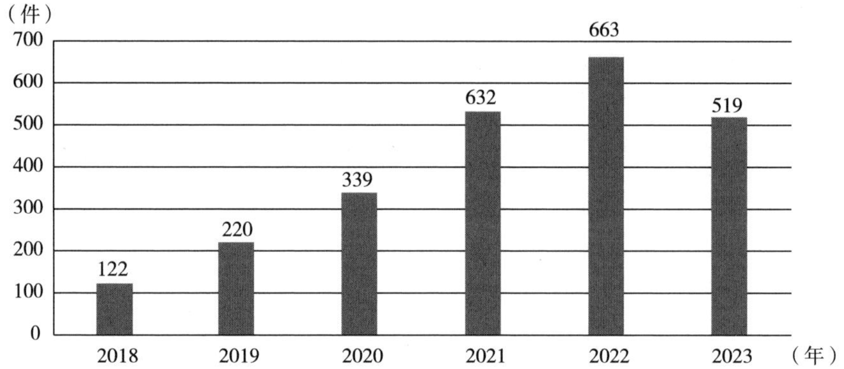

图1　2018～2023年案件数量分布

由图1可见,司法实践中相关案例的数量逐年递增,反映出非破产加速到期问题亟待解决。

(二)股东出资加速到期司法裁判标准混乱

司法实践中,对于有关权利人主张“股东出资加速”的问题,我国各地法院的说理逻辑不一、裁判标准不一。具体情况如图2所示。

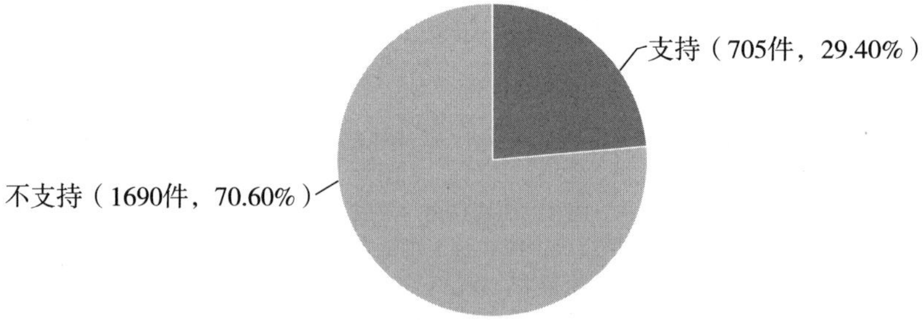

图2　裁判结果占比

〔1〕 参见四川省成都市中级人民法院民事判决书,(2015)成民初字第2124号。

由图2可见，绝大部分法院都是不支持股东出资加速到期的，即便支持也是因为个案存在特殊情况，笔者对检索的1690件不支持资本加速案例的整理发现，最高人民法院、四川省高级人民法院、江苏省高级人民法院等法院已经明确表示不支持加速到期，绝大部分基层法院也都遵从上级法院的审判观点，不支持的理由大致为：非破产情形下加速到期缺乏请求权基础，相关法律条文应当严格按照文义解释，不可轻易扩大解释；[1]认缴制下股东依法享有期限利益，非破产情况下加速到期会侵犯股东的法定权利；[2]认缴期限已经公示，债权人能够通过公开的信息了解公司股东认缴期限尚未届满的潜在风险；债权人可以通过申请公司破产清算进行权利的救济；在个案中，如果允许股东出资加速到期则会形成个别清偿的现象，这将损害其他债权人的利益。

在支持加速到期的705件司法案例中，法院在裁判文书中阐述了以下几种观点：(1)主张对最高人民法院《关于适用〈中华人民共和国公司法〉若干问题的规定(三)》(以下简称《公司法解释(三)》)第13条第2款进行扩张解释，[3]以适用于股东约定的出资期限尚未到期的情形；(2)资本认缴制下的股东只是享受暂缓出资的义务，责任财产制下的公司股东应在公司资产无法清偿债务时，以其全部认缴金额对债务承担补充清偿责任；[4](3)公司不能清偿债务是因为股东从未实缴出资、认缴期限过长或修改投资协议恶意延长出资期限；[5](4)股东以公司章程约定的认缴期限对抗其应对公司承担的法定出资义务没有法律依据；[6](5)权利义务的对等性要求股东在享有期限利益的同时，也要承担相应的责任，即股东应当承诺其不利用延缓出资的权利损害作为善意向对方(即债权人)的合法权益；[7](6)公司的现

---

〔1〕 参见四川省高级人民法院民事裁定书，(2018)川民申3304号。

〔2〕 参见湖北省武汉市中级人民法院民事判决书，(2020)鄂01民终11446号。

〔3〕 《公司法解释(三)》第13条第2款规定："公司债权人请求未履行或者未全面履行出资义务的股东在未出资本息范围内对公司债务不能清偿的部分承担补充赔偿责任的，人民法院应予支持；未履行或者未全面履行出资义务的股东已经承担上述责任，其他债权人提出相同请求的，人民法院不予支持。"

〔4〕 参见浙江省杭州市拱墅区人民法院民事判决书，(2021)浙0105民初7725号。

〔5〕 参见广东省广州市荔湾区人民法院民事判决书，(2020)粤0103民初14180号。

〔6〕 参见江苏省连云港市中级人民法院民事判决书，(2021)苏07民终3589号。

〔7〕 参见北京市第二中级人民法院民事判决书，(2022)京02民终6968号。

任股东相较债务人更加清楚地知晓公司是否存在可供执行的财产,在股东未提交证据或财产线索以供法院执行时,应当以其未出资部分偿还。[1]

可见不同法院的法官对法律规定的理解与适用亦存在偏差,股东期限利益与债权人利益孰高孰低没有完全一致的答案,以致出现了上下级法院判决相反、类案不同判的现象,股东出资义务加速到期纠纷缺乏统一的裁判标准。

二、新《公司法》施行前的制度局限

通过上文的数据分析可知,新《公司法》出台前,法院没有统一的裁判路径,即便是支持出资加速到期,所援引支撑其观点的法条、适用的法律制度也各有不同。非破产解散情形下股东出资义务能否加速到期,无论是学术界还是实务界都一直存在不同的声音,其中支持不能加速到期的学者大多认为认缴制下股东的期限利益不容侵犯,在没有法律明文规定的情况下,不宜对现有法条作扩张解释,且债权人完全可以借助申请破产程序倒逼股东提前出资,不必另行建立其他加速到期制度。即使在非破产情形下,现行法律制度如法人人格否认、债权人撤销权、代位权制度、合同无效制度等也能够保护债权人的利益。新《公司法》直接确立了股东出资加速到期制度,究其原因,笔者认为,上述提到的几种法律制度并不能有效地保护债权人利益,笔者将在下文详细说明。

(一)公司法之人格否认制度

早在2005年,我国就确立了公司人格否认制度但并不断完善,具体体现于2005年修订的《公司法》第20条第3款,[2]一般认为,构成公司法人格否认的两大要件为"公司股东滥用公司独立人格、严重损害债权人利益"。[3]最高人民法院在《九民纪要》中指出,资本显著不足、人格混同、过度支配与控制等均为滥用公司独立人格在实践中的常见情形。有鉴于此,否定加速说则认为法人人格否认制度得以保障债权人利益主要系指资本显著不足的

---

[1] 参见广东省广州市中级人民法院民事判决书,(2023)粤01民终1977号。

[2] 2005年《公司法》第20条第3款规定:"公司股东滥用公司法人独立地位和股东有限责任,逃避债务,严重损害公司债权人利益的,应当对公司债务承担连带责任。"

[3] 丁勇:《认缴制后公司法资本规则的革新》,载《法学研究》2018年第2期。

情形。

笔者认为，相较于股东出资义务加速到期制度，转而寻求突破股东有限责任之法人人格否认制度，欲以适用公司法人人格否认制度中资本显著不足的情形保障债权人利益并不适当，理由如下：第一，法人人格否认制度要求股东主观上具有滥用公司独立人格之恶意，股东依据公司法之规定承诺其认缴期限，难谓股东主观上有恶意利用认缴出资期限自由而损害债权人利益之嫌；第二，从主体要求来看，适用法人人格否认制度须为实际参与公司经营、影响公司决策活动的股东，而在大部分公司中并不是全部股东均参与经营管理，对于非董事、高级管理人员等未参与公司运营的股东，也就无法适用公司法人人格否认制度，而股东出资义务加速到期制度则不存在此主体限制之障碍；第三，从结果来看，一旦认定构成法人人格否认，股东则应当对相应的公司债务承担连带责任，这与通常情况下出资期限未届满的股东只需承担有限责任的公司法原则性规定是相违背的。

（二）我国《民法典》之债权人代位权制度

《民法典》第535条规定了债权人代位权制度，债权人的代位权以债务人怠于行使到期债权为条件，[1]具体到股东加速出资的案例来说，债权人的代位权只能对出资期限届满而未履行或未全面履行出资义务的股东适用。毕竟，判断债务人（公司）对次债务人（股东）的债权期限是否届满，需要以股东出资时间到期为前提，在出资期限未届满前，债权人诉请股东出资义务加速到期显然不符合代位权理论，法院也是持此态度。例如，佛山市中级人民法院认为："公司章程规定的出资期限尚未届至，各股东此时仍不负立即缴付出资的义务，相应地，债权人不享有行使代位权的基础。"[2]也就是说，公司债权人要求股东出资加速到期，其本质就是债权人行使民法中的代位权，但目前而言，债权人代位权制度不能解决出资期限未届满的股东加速到期的问题，也不能发挥解决现有纠纷的作用，倘若以此为债权人之请求权基础，则是不完整、不彻底的。

---

〔1〕《民法典》第535条第1款和第2款规定："因债务人怠于行使其债权或者与该债权有关的从权利，影响债权人的到期债权实现的，债权人可以向人民法院请求以自己的名义代位行使债务人对相对人的权利，但是该权利专属于债务人自身的除外。代位权的行使范围以债权人的到期债权为限。债权人行使代位权的必要费用，由债务人负担。"

〔2〕钱玉林：《股东出资加速到期的理论证成》，载《法学研究》2020年第6期。

（三）《民法典》之债权人撤销权制度

债权人撤销权在我国法律规定中体现于《民法典》第538条。[1] 部分学者认为，若股东与公司所签订的出资认缴期限协议晚于公司债权的成立，债权人须主张此系"公司恶意延长已届期债权之履行期"的行为，进而适用债权人撤销权之规定撤销出资协议，以此维护债权人的利益，解决认缴出资期限的情形[2]；不难发现，适用债权人撤销权系对之前"公司恶意延长已届期债权之履行期"采取了扩张解释，由此得以解决股东以约定过长债权履行期限的方式，影响"债权人到期债权实现"的情形，即如发生该情形，则"债权人可以向人民法院请求以自己的名义代位行使债务人对相对人的权利，但是该权利专属于债务人自身的除外"（《民法典》第535条第1款）、"代位权的行使范围以债权人的到期债权为限。债权人行使代位权的必要费用，由债务人负担"（《民法典》第535条第2款）。

笔者认为，债权人撤销权制度在于防止债务人故意逃避责任做出危害债权人的行为，股东与公司约定认缴出资期限是法律所赋予的合法权利，很难认定公司在与股东签订出资协议时，就有侵害债权人之恶意，该扩张解释并不具有合理性及正当性。且在实践中，大部分公司在设立时股东之间就已经约定其认缴出资额及认缴出资期限并按照法律规定予以公示，或者公司债务产生于出资协议签订时间之后，这些都不满足"债务人恶意延长到期债权的履行期"的要件。因此，债权人撤销权仅在"公司债务产生于股东已届期的认缴出资前且公司恶意延长认缴出资期限"的特定条件下方可适用，并不能为债权人之利益提供完整的法律保护。

（四）《民法典》之合同无效制度

部分学者认为，公司章程的本质是一纸合同，因此，各投资人在进行出资约定时，应当符合《民法典》的要求，善意行使权利，《民法典》事实上起到监管出资承诺及其履行的效果。因此，当存在股东之间恶意串通损害债权人利益、实缴资本与公司经营风险严重失衡以及设定欠缺实际履行可能的过长

---

[1] 《民法典》第538条规定："债务人以放弃其债权、放弃债权担保、无偿转让财产等方式无偿处分财产权益，或者恶意延长其到期债权的履行期限，影响债权人的债权实现的，债权人可以请求人民法院撤销债务人的行为。"

[2] 参见李建伟：《认缴制下股东出资责任加速到期研究》，载《人民司法》2015年第9期。

出资时间等情形时，债权人可以通过《民法典》第 52 条关于合同无效制度的规定，主张关于出资期限的约定无效，[1]从而要求股东出资加速到期。

笔者认为，股东出资契约不仅是一种交易型契约，还是一种组织性契约，重在强调对参与公司经营的股东进行约束和控制，[2]而《民法典》主要是针对交易性契约作出规定，规范的主要是相对独立的个体进行的交易，即使其可以原则性地适用于股东出资加速到期问题的解决，但是针对性不强，在已经有作为特别法的新《公司法》对公司章程、股东投资进行约束的情况下，不宜以《民法典》的合同无效制度对其再作出规制。

三、确立股东出资加速到期制度的正当性、必要性

（一）符合公司法定资本制的基本内涵

1. 股东出资义务具有法定性

新《公司法》一改以往法定资本制的规定，采用授权资本制，要求有限责任公司的股东自公司成立之日起 5 年内缴足其认缴的出资额；要求股份有限公司的发起人在公司成立前按照认购的股份全额缴纳其所认购的股款，如果通过向社会公开募集股份的，认股人也应当按照所认购的股份足额缴纳股款，从而保障了债权人的利益和市场交易安全。根据我国《企业信息公示暂行条例》第 10 条之规定，[3]交易相对人有理由合理信赖此公示信息。当股东不履行其出资义务时，公司和债权人均可书面催缴股东出资，该股东在宽限期内仍未履行出资义务的则面临丧失其未缴纳出资的股权的后果。并且，在公司启动破产程序后，法律并不支持股东对公司的债权与其出资义务

---

〔1〕 参见赵树文：《股东出资加速到期司法适用问题研究——以"上海香通国际贸易有限公司诉上海昊跃投资管理有限公司等"一案为研究样本》，载《法律适用（司法案例）》2017 年第 22 期。

〔2〕 参见赵树文、郄心怡、赵勇政：《股东出资加速到期法律适用研究》，载《保定学院学报》2017 年第 5 期。

〔3〕 《企业信息公示暂行条例》第 10 条规定："企业应当自下列信息形成之日起 20 个工作日内通过国家企业信用信息公示系统向社会公示：（一）有限责任公司股东或者股份有限公司发起人认缴和实缴的出资额、出资时间、出资方式等信息；（二）有限责任公司股东股权转让等股权变更信息；（三）行政许可取得、变更、延续信息；（四）知识产权出质登记信息；（五）受到行政处罚的信息；（六）其他依法应当公示的信息。市场监督管理部门发现企业未依照前款规定履行公示义务的，应当责令其限期履行。"

相抵销,该公司股东亦会丧失期限利益。[1]

2. 公司资本信用具有对世性

公司资本信用的对世性体现于市场主体进行交易时,市场主体通过了解公司登记的注册资金,预判公司的履约能力。公司资本注册的意义在于体现公司资本的"外部性"——公司设立与运营给公司及其股东以外的人带来的利益;公司资本作为强制注册要素,最为关键的是解决公司运营带来的"负外部性"困境,由此公司资本必须"注册"之起点即是维护公司债权人之合法利益,以解决股东承担有限责任致使债权人利益可能受损的现象。[2] 在实务中,亦有法院认为股东对公司债权人的责任可以扩张到其承诺缴纳尚未到期的财产,这就是采用资本信用说的表现。[3]

(二)基于股东权利义务的对等要求

权利和义务具有对等性,体现为相互的对应关系。[4] 由股东出资组成的注册资本为公司债务提供担保责任之内涵并未发生改变,股东在享受权利的同时仍然应当承担相应的义务。市场主体有理由期待股东妥善行使认缴出资自由权,并基于理性判断及公司经营需要,合理设计其认缴出资额与认缴出资期限。但实践中出现不少认缴出资期限为100年、认缴出资额高达10亿元而实缴出资仅为数百万元的市场乱象。倘若在公司不能清偿到期债务而债权人为实现债权却必须等待股东出资期限届满,无疑是股东恶意获取期限利益并通过设定认缴出资期限将其经营风险转嫁给交易相对方,如果不对此不加以规范,将严重违背权利义务对等性的基本要求。

(三)构建完善的公司资本法律制度的需求

1. 仅依靠破产程序难以妥善保护债权人利益

国内企业破产成本较高,且法院对裁定企业破产相对谨慎,债权人试图

---

〔1〕 最高人民法院《关于破产债权能否与未到位的注册资金抵销问题的复函》(法函〔1995〕32号)规定:"……货柜公司被申请破产后,武汉公司作为货柜公司的债权人同货柜公司的其他债权人享有平等的权利。为保护其他债权人的合法权益,武汉公司对货柜公司享有的破产债权不能与该公司对货柜公司未出足的注册资金相抵销。"

〔2〕 参见陈甦:《资本信用与资产信用的学说分析及规范视野》,载《环球法律评论》2015年第1期。

〔3〕 参见蒋大兴:《论股东出资义务之"加速到期"——认可"非破产加速"之功能价值》,载《社会科学》2019年第2期;安徽省合肥市中级人民法院民事判决书,(2017)皖01民终6212号。

〔4〕 参见梁慧星:《民法总论》(第4版),法律出版社2011年版,第81页。

通过破产程序实现债权道阻且长。除此之外,倘若启动破产程序,既会额外带来资产管理人的报酬、债权人会议成本等必要的费用,也会加重司法资源的负担。因此,与其逼迫债权人申请公司破产且在清偿率极低的情况下受偿,不如在诉讼程序中直接判令股东的出资责任加速到期以清偿债务,这在简化诉讼程序的同时也能更好地维护债权人的合法权益。

2. 非破产程序下股东出资义务加速到期高效便捷

破产程序极有可能会导致公司彻底消亡,仅因为单个债权人诉讼就迫使公司进入破产程序、导致公司终结,不仅对公司无益,而且对债权人、股东及整个社会都可能是利大于弊的选择。在公司失去偿还能力的情况下,要求股东提早落实出资义务,能够有效地提升公司偿还债务的能力,避免公司因部分较小债务而陷入破产的困境。

四、股东出资加速到期制度的完善建议

已有的法律制度无法有效解决股东出资加速到期纠纷所面临的问题,各法院之间没有统一的裁判规则,而解决司法裁判混乱的最高效便捷的途径即在适当的时机出台新的法律制度予以规范——此即新《公司法》应运而生的原因。该法虽然确立了股东出资加速到期的适用,但是相应的司法解释并未同步,笔者在此对该制度的缺失展开分析并提出可能的完善建议。

(一)股东出资加速到期制度的法律适用问题

适用股东出资加速到期制度的前提,一般为“公司不能清偿到期债务”,笔者认为,结合司法实践,可以将认定“公司不能清偿到期债务”的要件界定为:当公司被强制执行全部资产后,仍然不能偿还债务的情形。具体的适用情形主要包括以下两个方面:第一,债权人的信赖利益保护。债权人以合同的方式与公司开展合法交易,并明确约定了合同给付义务的履约期限,这时就预示着股东将以全数资产(包含未到期认缴出资)担保合同的有效履行,如果偿债期限届满,其资产仍不能偿还债务,如此债权人就有权诉请加速股东出资期限。第二,公司实际控制经营者有无实施投机主义行为的情形。股东作出的承诺,对股东会形成必然的限制约束,同时对于债权人而言,也会产生一定的预期。[1] 假如公司处于无法清偿债务的状态,并且公司存在

〔1〕 参见上海市普陀区人民法院民事判决书,(2014)普民二(商)初字第5182号。

资本隐藏之行为,如非法减资、个别清偿、抽逃出资、转移财产等,这就意味着股东、董事等个人道德已经严重败坏,公司亦失去基本的市场信誉,此时债权人诉请股东出资加速到期,法院对此应予支持。

有学者认为,倘若直接适用股东出资加速到期,会侵害股东的期限利益,存在偏颇性清偿的问题,有损公司其他债权人的利益。但笔者认为,股东出资加速到期是企业不符合或未进入破产条件下的产物,在公司处于破产解散的状态时,对全部债务依法定顺位清偿才有意义,而在公司非破产状态下,实务中都是债权人根据个体意愿向公司主张债权,债务人就先主张的债权进行清偿,是符合债权平等原则的。在企业资产足以清偿债务的情况下,只须加速股东出资时间即可,这与“私权处分”原则亦是相符合的,实在没有必要清算公司的全部财产,然后按照比例向债权人清偿。因此,适用股东出资加速到期可以防止给股东滥用权利制造空间,适当限制股东期限利益,符合公平正义的立法精神。

(二)适用股东出资加速到期后的法律关系处理问题

1. 股东是否有权向债权人主张尚未届期之利息

由于出资期限尚未届期,股东是否有权主张扣除其出资期限利益(即自承担责任之日起至认缴期限届满的利息)后,再向债权人承担补充责任呢?笔者认为,对股东的该项主张应不予支持。理由如下:其一,基于前文所述,依据股东出资义务之法定性及资本维持原则之要求,股东与公司之间的认缴出资协议对债权人无效。其二,基于实际情况考虑,若该部分利息得以扣除,则相当于认可了股东通过认缴期限之设计而赚取利息的行为,鼓励股东与公司之间达成这种投机取巧的认缴协议。因此,股东主张扣减利息并无正当性基础,在债权人主张股东出资加速到期的同时,股东的期限利益便不复存在。

2. 股东是否有权向公司主张返还尚未届期之出资及利息

根据《民法典》第700条的规定,保证人承担保证责任后,享有对债务人之追偿权。那么,在股东提前履行出资义务对公司债务承担补充责任后,在公司恢复正常运转且有盈余时,若股东出资期限仍未届满,股东可否向公司追偿该部分出资及其利息呢?笔者认为,在资本认缴制下,股东提前履行出资义务、承担补充责任后,对公司不享有追偿权。一方面,在公司正常运营时，股东要依据其与公司所签订之出资认缴协议享有期限利益；而当公司发生经营危机而经强制执行仍不能清偿到期债务时，股东之期限利益则不再是其承担出资义务的挡箭牌，股东应当负有修正其出资认缴协议之义务，在其已认缴但尚未缴纳出资的范围内提前承担补充责任。在此意义上，股东承担补充责任，系履行其与公司出资协议之义务。另一方面，股东履行补充责任后，公司的实缴资本必然会增加，而资本不变原则要求非经法定程序，公司不得随意变更已经确定的公司资本，股东未经法定减资程序，直接向公司行使追偿权返还出资违背了资本不变原则。

3. 股东是否有权向公司其他存在出资瑕疵的股东追偿

笔者认为，由于无默示条款及资本不变原则之限制，可以参照共同保证人之间法律地位的安排。也即，未届认缴期限股东之间成立连带责任，内部按照全部股东未缴纳出资比例承担责任；股东超过负担部分对外清偿后，对公司内部的其他股东享有追偿权。

(三)股东出资加速到期纠纷的诉讼结构

法律实施的过程就是实体法与程序法的统一。实体法是程序法存在的前提，程序法是实体法贯彻实施的保障，在新《公司法》确定股东出资加速到期的同时，还需要配套的程序法予以保驾护航。

1. 当事人的诉讼地位

在股东出资义务加速到期的诉讼中，适格原告仅指在形式上具有债权债务关系的利害关系人。如果诉讼前债权已经消灭，或者诉讼前债权尚未产生，则不具有适格原告地位。至于适格被告，根据现有司法解释的规定，尽管未出资股东和未到期负有出资义务的股东只承担补充责任，但是在股东出资义务加速到期的诉讼中，扮演主要角色的还是股东，债权人提起诉讼时，未清缴出资的股东应与公司一并作为共同被告，被列为被告的股东亦有权向法院申请将公司其他未清缴出资的股东列为共同被告。如此，不仅有助于维护债权人利益，也有利于节省诉讼成本、尽量避免矛盾裁判的发生。[1]

2. 案件的地域管辖

股东出资义务加速到期的诉讼在确定地域管辖时应区别于一般的公司诉讼。对于公司诉讼，我国实行的是特殊的地域管辖，即由公司住所地法院

---

〔1〕 参见梁上上：《未出资股东对公司债权人的补充赔偿责任》，载《中外法学》2015年第3期。

管辖。目前绝大多数债权人起诉股东和公司的诉讼为确认股东资格、确认公司决议效力等形成之诉；同时，此类诉讼基本为公司内部纠纷，具有组织法的属性。在公司无力偿还债务的情况下，股东承担连带补充责任的诉讼，实际上只是普通的民事诉讼，在只起诉股东的情况下，不应当适用公司诉讼的特殊管辖原则，而应依据《民事诉讼法》第 22 条适用“原告就被告”的一般规定较为合适。[1]

3. 股东与债权人的举证责任分配

在举证责任分配上，债权人只需要举证存在债权即可，公司债权人作为原告无须证明作为被告的股东未履行出资义务，而应由股东自行举证证明已向公司履行了出资义务，否则股东应承担举证不能的不利后果。[2] 另外，就公司是否已经存在不能清偿到期债务，且明显缺乏清偿能力的客观事实，应实行举证责任倒置，实践中，作为债权人的原告很难清楚地了解公司的经营现状以及资产是否足以偿债，大都要通过执行公司财产才能确定，实在是费时费力。如能由作为被告的股东证明其公司资产足以清偿债务则相对简单，股东对此举证不能时，就应承担加速出资期限的法律后果。

4. 股东的先诉抗辩权

首先，依照《公司法解释三》第 13 条的规定，未出资股东的补充赔偿责任在公司无法清偿债务之后发生，股东处在“候补”地位，是“从属性”地位。[3] 换言之，对于清偿债务的问题，应当遵循“先公司，后股东”的匹配机制，如上所述，股东可以举证公司资产足以清偿债务并以此抗辩，从而保护自己的期限利益。其次，确定股东出资义务加速到期不是为了消灭股东的期限利益，而是督促股东在享受认缴制带来权益的同时履行对等的义务，因此，股东与股东之间的清偿责任也应有顺位，即出资期已经届满却未缴纳、未完全缴纳认缴资本的股东应当优先于出资期未届满的股东清偿公司债务，出资未届满的股东可以以此进行抗辩，以保护自身的合法权益。

---

〔1〕《民事诉讼法》第 22 条第 1 款规定：“对公民提起的民事诉讼，由被告住所地人民法院管辖；被告住所地与经常居住地不一致的，由经常居住地人民法院管辖。”

〔2〕参见周珺：《论公司债权人对未履行出资义务股东的直接请求权》，载《政治与法律》2016 年第 5 期。

〔3〕参见梁上上：《未出资股东对公司债权人的补充赔偿责任》，载《中外法学》2015 年第 3 期。

五、结论

综上所述，针对当前股东出资义务加速到期的纠纷日益增多、缺乏统一的司法裁判规则的现状，适时的立法能够解决现有法律框架的困境，且从现行的立法趋势和法院裁判结果来看，由一开始绝对的否定，到有条件的认可股东出资加速到期，笔者认为，新《公司法》确定股东出资义务加速到期是应时而生，具有正当性和必然性。但是仍需要处理好法律适用时、适用后可能面临的问题，比如法律关系的处理、诉讼地位的确认、举证责任的分配、责任承担的顺位等，以确保法条的有效落实以及纠纷的完善解决。

（特约编辑：郑绪华）

非破产解散情形下股东出资加速到期制度研究及建议

魏谢芳[*]

2023年修订的《公司法》(以下简称新《公司法》)已于2024年7月1日起施行,在《企业破产法》第35条、最高人民法院《关于适用〈中华人民共和国公司法〉若干问题的规定(二)》第22条第1款以及《全国法院民商事审判工作会议纪要》(法2019〔254〕号,以下简称《九民纪要》)第6条已有相关规定的情况下,新《公司法》第54条首次从法律层面规定了公司非破产情形下的股东出资加速到期制度,这一改革措施以法律形式明确了对股东出资的强制性要求,打破了股东出资期限的传统固定模式,强化了对股东出资的制度性约束,从而为公司的稳定运作和债权人的利益保障提供了更加坚实的法律基础。实务中如何在非破产解散情形下实现股东出资加速到期的法律效果值得研究,本文以非破产解散情形下股东出资加速到期制度为研究主题,以期更好地在实践中适用该制度。

一、非破产解散情形下股东出资加速到期的相关规定

股东出资加速到期,是指在公司不能清偿到期债务时,债权人请求未届出资期限的股东对该债务在未出资的本息范围内承担补充赔偿责任。关于非破产解散情形下股东出资加速到期的规定如下。

(1)最高人民法院《关于适用〈中华人民共和国公司法〉若干问题的规定

* 魏谢芳:北京市盈科(深圳)律师事务所律师,深圳市律师协会第十一届公司法律专业委员会委员。

(三)》(以下简称《公司法解释三》)第13条规定了未履行或者未全面履行的股东应对公司债务不能清偿的部分承担补充赔偿责任。

(2)最高人民法院《关于民事执行中变更、追加当事人若干问题的规定》(以下简称《执行若干规定》)第17条、第19条分别规定了未缴纳或未足额缴纳出资的股东、未依法履行出资义务即转让股权的股东应对公司不能清偿生效法律文书确定的债务承担连带责任。

(3)《九民纪要》规定了非破产解散情形下股东出资加速到期的两种情形,一是法院穷尽执行措施无财产可供执行且具备破产原因,二是在公司债务产生后延长股东出资期限。但《九民纪要》不是司法解释,不能作为裁判依据进行援引,其仅供法院内部参考。

(4)新《公司法》第54条规定了在注册资本认缴制下,当公司资产不足以清偿其到期债务时,出资期限尚未届满的股东须提前履行出资义务。

二、非破产解散情形下股东出资加速到期的争议

非破产解散情形下股东出资加速到期在实践中一直存在较大争议,争议的焦点为在非破产解散的情形下,股东出资是否可以加速到期。对此,主要有以下观点。

(一)肯定说

持肯定说的人认为,在非破产解散的情形下,股东出资可以加速到期。主要理由如下。

第一,应对《公司法解释三》与《执行若干规定》的相关规定作扩张解释,即《公司法解释三》第13条中的"未履行或者未全面履行出资义务的股东"既包括出资义务已经到期的股东,也包括出资义务尚未到期的股东。[1]《执行若干规定》第17条中的"未缴纳或未足额缴纳出资的股东"也应理解为包括出资期限尚未届满的股东。

第二,公司与股东关于出资期限的约定,只是公司的内部安排,该约定只在公司与股东之间具有约束力,不应以此对抗外部债权人。[2]

---

〔1〕 参见梁上上:《未出资股东对公司债权人的补充赔偿责任》,载《中外法学》2015年第3期。

〔2〕 参见蒋大兴:《论股东出资义务之"加速到期"——认可"非破产加速"之功能价值》,载《社会科学》2019年第2期。

第三,若某个或某几个股东出资的财产就足以偿付公司的债务,就能够避免公司动辄进入破产程序。[1] 相比于启动成本较高的破产程序,非破产解散情形下股东出资加速到期具有救济成本低的优势。

(二)否定说

持否定说的人认为,在非破产解散的情形下,股东出资不可以加速到期。主要理由如下。

第一,我国法律并未明确规定非破产解散情形的股东出资加速到期。《公司法解释三》第13条中的"未履行或者未全面履行出资义务"应当理解为"未缴纳或未足额缴纳出资",出资期限未届满的股东尚未完全缴纳其出资份额不应认定为"未履行或者未全面履行出资义务"。[2] 《执行若干规定》第17条、第19条也应当从文义解释和《公司法》体系解释出发将"未缴纳或未足额缴纳出资"界定为实缴期限已届满而未缴纳或未足额缴纳出资,否则将不当剥夺未届期出资股东的期限利益。[3]

第二,公司法规定了认缴制度,股东在认缴出资时对其出资义务履行期限具有合理的信赖。公司债权人在与公司进行交易时有机会在审查公司股东的认缴金额、出资时间等信用信息的基础上综合考察是否与公司进行交易,债权人决定交易即应受股东出资时间的约束,对于股东出资期限应有合理的心理预期和理性判断。[4] 若仅以债权人事后无法得到清偿为由要求股东提前缴纳出资,则不仅损害了股东的信赖利益,而且有违风险自担原则。

第三,若允许在非破产解散情况下股东出资期限加速到期,则会出现公司个别债权人受偿的情况,进而影响全体债权人的公平受偿,不符合《企业破产法》的立法目的。

(三)折中说

持折中说的人认为,在非破产解散的情形下,原则上股东出资不可以加速到期,只有在具备某些特定条件时,未届出资期限的股东才负有出资义务,具体分析如下。

---

〔1〕 参见赵旭东:《资本制度变革下的资本法律责任——公司法修改的理性解读》,载《法学研究》2014年第5期。

〔2〕 参见最高人民法院民事判决书,(2019)最高法民终230号。

〔3〕 参见王建文:《再论股东未届期出资义务的履行》,载《法学》2017年第9期。

〔4〕 参见广东省深圳市中级人民法院民事判决书,(2021)粤03民终7253号。

第一，公司经营困难理论，即债权人可以在公司经营确实面临严重困难，即将破产但尚未破产时主张股东出资加速到期，不必等到公司进入破产、解散程序后再要求股东履行出资义务。

第二，债权人区分说，[1]即股东出资能否加速到期取决于债权人是否自愿享有债权。若债权人非自愿与公司设立债权债务关系，如侵权等情形，债权人在不了解公司资产状况的基础上被动成为公司的债权人，要求其自担风险显失公平，故应当适用股东出资加速到期。

第三，股东恶意延长出资期限，即股东在债务产生后通过延长出资期限逃避出资义务。此行为有违诚实信用原则，故应当支持债权人主张股东出资加速到期的请求，谨防公司沦为股东转嫁风险、侵害无辜第三人权益的工具。

三、非破产解散情形下股东出资加速到期的司法实践现状

实践中，在公司财产不足以清偿债务且未进入破产解散程序的前提下，债权人为维护自身的合法权益，通常会通过以下三种方式请求出资期限尚未到期的股东承担清偿责任。

（一）在执行程序中直接变更、追加股东为被执行人

具体来说，在债权人申请强制执行其对公司享有的生效法律文书确定的债务后，即进入执行程序后，若法院认定公司的财产不足以清偿债务，则会出具终结本次执行程序的裁定书（以下简称终本裁定），债权人便会在此时依据《执行若干规定》第 17 条向法院申请变更、追加未实缴出资的股东为被执行人，其中就包括出资期限尚未届满的股东。对此，实践中存在不同的裁判意见，部分法院认为债权人可以直接追加出资期限尚未届满的股东为被执行人，如王某、郭某娟等申请执行人执行异议之诉案[2]、今时信合公司等与张某诺执行异议之诉案[3]等的判决。部分法院则认为股东出资加速到期并非追加被执行人程序审查的范围，应当通过诉讼程序予以救济，如智

[1] 参见岳卫峰：《公司非自愿债权人的法律保护》，载《法律适用》2012 年第 6 期。

[2] 参见陕西省西安市中级人民法院民事判决书，(2021)陕 01 民终 15597 号。

[3] 参见北京市高级人民法院民事判决书，(2020)京民终 304 号。

启公司与誉狼公司仲裁案[1]的判决。

(二)执行异议之诉

在上述执行程序中,若法院裁定驳回债权人变更、追加股东为被执行人的申请,债权人通常会针对此裁定书提起执行异议之诉。对此,实践中存在的主要分歧为:非破产解散情形下股东出资是否加速到期、《九民纪要》中"已具备破产原因"的认定以及出资加速到期是否适用已转让股权的原股东,分述如下。

第一,关于非破产解散情形下股东出资是否加速到期,前文争议部分已作详细阐述,不再赘述。

第二,关于"已具备破产原因"的认定,虽然《企业破产法》与最高人民法院《关于适用〈中华人民共和国企业破产法〉若干问题的规定(一)》(以下简称《企业破产法解释一》)规定了具备破产原因的构成要件并列举了适用情形,但不同法院、同一法院的不同法官对股东出资加速到期情形下"已具备破产原因"的理解也有所不同。有些法院认为依据债权人提供的终本裁定便可以认定公司已具备破产原因,如邹某亿、中鸿盛发展公司、黄某波与孔某莲执行异议之诉案[2]的判决。有些法院则认为除终本裁定之外,仍须综合其他因素对公司是否已经具备破产原因进行考察,例如,在保盛公司与李某兵等执行异议之诉案[3]中,法院以公司法定代表人下落不明且无人管理为由认定该公司已具备破产原因。

第三,关于出资加速到期是否适用已转让股权的原股东。若股东在确定债务的相关法律文书生效前已转让股权并退出公司,则该股东对公司债务不承担连带清偿责任。若股东在确定债务的相关法律文书生效后转让股权,该股东是否应承担连带清偿责任,法院的裁判观点各不一致。部分法院认为,在法律文书生效前转让股权的股东无须承担连带清偿责任,如余某、梁某云等申请执行人异议之诉案[4]。部分法院则认为恶意转让股权以逃避债务的股东应承担连带清偿责任,如在姜某与中城大地公司等申请执行

---

〔1〕 参见上海市第二中级人民法院执行裁定书,(2021)沪02执异37号。

〔2〕 参见广东省惠州市中级人民法院民事判决书,(2020)粤13民终9010号。

〔3〕 参见北京市高级人民法院民事判决书,(2020)京民终10号。

〔4〕 参见广东省深圳市中级人民法院民事判决书,(2021)粤03民终12885号。

人执行异议之诉案[1]中，股东在明知公司有债务的情况下以零元的价格转让股权，该行为系股东利用期限利益恶意逃避债务。因此，出资加速到期适用已转让股权的原股东。

（三）债权人直接起诉股东

在实践中，债权人有时会以股东损害公司债权人利益为由直接起诉股东，主张股东出资加速到期。对于此路径，司法实践中的争议与前文执行异议之诉相同，在此不做赘述。

四、新《公司法》下股东出资加速到期的适用

在原有《公司法》的体系中，股东出资加速到期通常遵循《九民纪要》所确立的原则，即以期限利益为常态，加速到期为特例。然而，新《公司法》第54条的规定，简化了加速到期制度的适用条件，扩大了其适用的范围。

实务中，有必要建立股东加速出资信息公示制度与敦促债权人及时申报债权的公示催告程序，以确保债权人受到平等保护。建议以新《公司法》为基础，完善平衡对冲制度，兼顾公司资本信用与股权流转自由，细化股权转让链条中出资义务加速到期的责任在前后手之间的配置规则。[2]

（一）前提条件是“不能清偿到期债务”

对于“不能清偿到期债务”的认定，新《公司法》并未进行明确。《企业破产法》第2条第1款规定：“企业法人不能清偿到期债务，并且资产不足以清偿全部债务或者明显缺乏清偿能力的，依照本法规定清理债务。”该条采用了支付不能的客观标准，即比较公司可支配的资产和到期需支付的债务后判断公司是否存在支付能力。但《企业破产法解释一》第2条采用了停止支付的主观标准，公司未完全清偿债务即可认定不能清偿债务，将公司因主观不愿支付而停止支付的情形纳入不能清偿的范围中。新《公司法》第54条规定的“公司不能清偿到期债务”，应当采用何种判断标准并无定论，学理上存在停止支付说、支付不能说等多种观点。值得注意的是，该条在一审稿中的版本是“公司不能清偿到期债务且明显缺乏清偿能力”。从“明显缺乏清偿

---

〔1〕 参见北京市第三中级人民法院民事判决书，(2021)京03民终1308号。

〔2〕 参见刘俊海：《论注册资本认缴制的兴利除弊：兼论期限利益与交易安全的动态平衡》，载《学术论坛》2024年第1期。

能力”在最终稿中被删除可以看出,新《公司法》并非采用严格的客观标准。

（二）行权主体是“公司”或者“已到期债权的债权人”

根据新《公司法》第54条的规定,请求股东加速出资到期的主体现在包括“公司”和“已到期债权的债权人”,至于公司其他股东是否有权要求加速到期,新《公司法》并未明确规定。与之前的规定相比,新增了公司作为行使这一权利的主体。这表明,不仅债权人可以要求已认缴但未到出资期限的股东提前出资,公司本身也有权提出这样的要求。这一规定是重要进步,更有助于保护公司和债权人的合法权益。

在新《公司法》下,公司作为行权主体时,由董事会(没有董事会的情况下则由董事)作为代表。如果公司存在无法偿还到期债务的情形,董事会应当依据公司法和公司章程的规定,以公司名义向未届出资期限股东发出催缴出资通知。股东需要在规定的合理期限内以公司不能清偿到期债务的金额为限履行出资义务。

对于已到期债权的债权人,则可以将公司作为被告,在后续的执行程序中将未届出资期限的股东追加为被执行人。或者直接将未足额出资的股东列为共同被告,要求股东在未出资的范围内对公司债务承担补充赔偿责任。

（三）提前缴纳出资的对象

根据《九民纪要》第6条的规定,未届出资期限的股东在未出资范围内对公司不能清偿的债务承担补充赔偿责任。可见股东直接对债权人承担责任。而新《公司法》第54条的措辞是“有权要求已认缴但未届出资期限的股东提前缴纳出资”。提前缴纳出资的对象应当是公司,而不是债权人,从此条规定的条文释义来看,应当适用入库规则(所谓“入库规则”,是指依传统的债权人代位权法理,行使代位权取得的财产应当先归入债务人的一般责任财产,然后再由债权人依据债的清偿规则从债务人处接受清偿〔1〕)。但实务中,股东是应出资到公司账户,如将所有权、知识产权等转移到公司名下,还是应直接向起诉的债权人清偿公司未能清偿的债务,目前也存在争议,上述观点有待新《公司法》的司法解释以及各地司法实践提供更加清晰的答案。

---

〔1〕 参见葛伟军:《葛伟军 | 新公司法资本制度的重大发展讲座综述(上)》,载微信公众号“上海二中院”2024年3月12日,hhttps://mp.weixin.qq.com/s/-7UA6IJ9IuzGj4lP-G0jTA。

五、结语

股东出资加速到期作为一项兼顾债权人、公司与股东利益的制度,在保护债权人合法权益、避免公司动辄进入破产程序、防止出资期限约定过长导致股东逃避出资义务等方面具有重大的意义。因此,本文较为全面地论述了非破产解散情形下的股东出资加速到期的相关规定、存在的争议以及司法实践现状,同时对新《公司法》实施后该制度的适用进行了简要分析,希望此制度在经过完善后能够真正平衡债权人、公司与股东之间的利益。

(特约编辑:郑绪华)

股权出资法律问题探析

尧振光*

2023年12月29日，十四届全国人大常委会第七次会议表决通过新修订的《公司法》（以下简称新《公司法》），首次将股权作为能够出资的非货币财产在法律层面进行了明确。股权出资，即股东将其对另一公司享有的股权投入公司，并由公司作为股东取得和行使对另一公司的股权。股权出资已为大多数市场经济国家所认可，并在许多方面发挥了积极作用，有利于公司、企业的设立，可以促进企业迅速进入新市场，实现企业规模壮大并进行集约化经营，降低投资风险；调整企业结构，优化资源配置，提高企业的市场竞争能力；加强企业之间的协作，降低资本成本。但是，股权出资也不是有百利而无一害的"灵丹妙药"，甚至可以说，股权出资犹如一柄"双刃剑"，作为一项仍处于探索阶段的制度，它容易衍生一些法律问题，从而对市场经济秩序、公司及其债权人利益造成危害。所以，我们有必要对股权出资可能衍生的法律问题进行充分的认识。

一、股权出资的历史沿革

新《公司法》第48条第1款规定："股东可以用货币出资，也可以用实物、知识产权、土地使用权、股权、债权等可以用货币估价并可以依法转让的非货币财产作价出资；但是，法律、行政法规规定不得作为出资的财产除外。"股权出资的法律地位首次获得了新《公司法》的正式承认，但实际上，股

---

* 尧振光：上海市锦天城（深圳）律师事务所律师，深圳市律师协会第十一届公司法律专业委员会委员。

权出资一直以来都是合法的存在，在实践中也经常被运用。

在1993年《公司法》出台后到2005年《公司法》修订前，我国对股权出资方式以列举法明确规定为货币、实物、工业产权、非专利技术、土地使用权5种，不包括股权，导致各地工商部门对股权出资合法性的认定争议巨大。

在2005年修订的《公司法》实施后，在其中第27条以列举加概括的方式规定了除货币出资外，也可以用实物、知识产权、土地使用权等可以用货币估价并可以依法转让的非货币财产作价出资。由于2005年《公司法》增加了对出资方式的概括性规定，除法律、行政法规规定不得作为出资的财产外，只要可以用货币估价并可以依法转让的非货币财产均可以作价出资，其中并未排除股权的出资方式，这也为股权出资的实践奠定了合法性的基础。

2009年1月14日，原国家工商行政管理总局颁布《股权出资登记管理办法》（已失效），从规章的层面确定了股权出资的合法性，同时还明确了股权出资的具体操作方式。

2011年1月27日，最高人民法院通过《关于适用〈中华人民共和国公司法〉若干问题的规定（三）》，该文件再一次从司法解释层面肯定了股权出资的合法性，并且还在规定第11条中明确了出资人以股权出资到位的认定标准。

从上述法律法规、司法解释、部门规章的规定中可以看出，在新《公司法》颁布前，股权出资的方式一直是合法存在的，新《公司法》针对司法解释、行政法规、部门规章中有关股东是否能够以股权、债权方式出资问题的相关规定作出了回应，进一步在法律层面对股权这一出资方式进行明确，这一举措无疑对于鼓励投资、扩大投资主体有着积极意义。

二、股权出资衍生的法律问题

（一）与股权出资人有关的问题

1. 股权出资人用瑕疵股权进行出资

在股权出资的实践中，如果用来出资的股权不存在争议，只要当事人之间有接受出资的协议，在公司章程上作了相应记载，并依法办理了股权变更登记，一般情况下，不会出现问题。但是在股权出资实践中，常常出现出资人用瑕疵股权出资的现象。瑕疵股权出资，是指发起人或认股人按照公司章程所缴付的作为出资的股权存在品质上、权利上的缺陷,从而形成自然瑕疵或者法律瑕疵。我国2018年修正的《公司法》(以下简称原《公司法》)对股权出资瑕疵没有相关的规定。瑕疵股权出资一般表现为出资人以未出资或以出资不足的股份出资、以转让权能存在瑕疵的股份出资、以设定质权的股份出资等形式。[1] 以未出资或以出资不足的股份出资构成股权品质上的缺陷,以转让权能存在瑕疵的股份出资、以用以设定质权的股份出资等构成股权权利上的缺陷。这些瑕疵股权出资现象的存在将使公司、其他股东和公司债权人的利益受到侵害,有必要加以研究和通过立法加以规制。

2. 导致股权来源公司控制权的转移

公司控制权,也被称为股东控制权,它是通过收集股权或投票代理权取得对公司的控制,达到接管和更换管理层的目的。它主要反映为不同股东对公司控制权的争夺。股权出资引发股权转让,股权出资在生效的同时意味着股权出资人将自己的股权转让给股权接受公司,股权接受公司取代股权出资人的地位成为股权来源公司的新股东。当股权来源公司的几个股东联合起来以本公司股权投资设立新公司时,很容易造成这样一个局面,即股权来源公司的股权集中在股权接受公司手中,股权接受公司成为股权来源公司的控股股东,股权来源公司的控制权转移到接受股权公司手中,从而对股权来源公司的经营与管理产生重要影响。

(二)与股权接受公司有关的问题

1. 股权接受公司的资本充实受到冲击

资本充实原则是指公司存续中,公司至少须经常维持相当于资本额之财产,以具体财产充实抽象资本。[2] 无论是在大陆法系国家还是英美法系国家,也无论是在法定资本制下还是在授权资本制下,尽可能地维持公司资本的充实和稳定都是资本制度的重要任务。"资本企业也就是以资本为信用的企业。因此,资本信用是资本企业的灵魂。"[3] 如果说由股东缴纳的出资所构成的公司资本将公司送上航程的话,那么关于公司资本的有关制度,

---

〔1〕 参见左传卫:《股东出资法律问题研究》,中国法制出版社2004年版,第204~218页。

〔2〕 参见柯芳枝:《公司法论》,中国政法大学出版社2004年版,第128页。

〔3〕 江平:《现代企业的核心是资本企业》,载《中国法学》1997年第6期。

则为公司债权人提供了预防风险的救生板,为公司信用提供了安全垫。[1]随着公司利益相关者理论的提出,资本制度被赋予了更多的内涵,不管社会经济环境发生怎样的变化,如何平衡股东、债权人、员工以及公司其他相关人的利益都是公司资本制度首先考虑的问题。解决这一问题的根本,在于保持公司资本的充实,因此资本充实原则是两大法系资本制度的共同核心。通常情况下,可以用作出资的股权,即上市公司的流通股以及非上市公司的社会公众股具有确定的价值。但问题在于,上市公司流通股的价值不仅取决于公司的净资产,还要受到经济、政治以及国际因素,甚至公众投资偏好的影响。因而即使在证券市场已经非常成熟和发达的国家,也不免出现股市大规模震荡,股票市值大幅下跌的情况。一旦出现这样的局面,接受股权出资的公司的资产也会随之大幅“缩水”,从而破坏资本充实原则,使其他股东和公司债权人的利益受到威胁。[2]

2. 与股权来源公司相互持股及关联交易

公司相互持股也称“交叉持股”,是指两个或两个以上的公司,基于某种特定的目的,互相持有对方公司发行的股份,形成公司法人之间相互持有股份的现象。在股权出资过程中,股权出资的出资人为取得新设立公司的股份而将原来拥有的其他公司的股权让渡给该新设立公司,该新设立公司就对原公司形成法人持股,如果原公司也投资于该新设立公司,两者就会形成直接的相互持股,公司相互持股既是资本参与的一种方式,又是企业结合的一种手段,有利于公司法人理顺股权结构,形成规模效应。因此,股权出资就成为公司相互持股现象形成的诱因之一。相互持股虽然可以在某种程度上促进规模经济的发展,但它也伴随着很多不利因素。

公司相互持股有利于稳定公司的股权结构。其一,相互持股可以有效防御敌意收购,稳定公司的经营权,减少公司的经营风险,促使公司进行长期投资;其二,加强公司之间的合作。公司之间通过相互持股结为稳定的战略联盟,实现多元化经营,使经营主体扩大资产规模和经营规模,增强市场竞争力,形成利益共同体;关联企业间的相互持股还有利于双方明确产供销关系、优化资本结构,使各自能够发挥生产经营的优势,进而达到取长补短、

---

〔1〕 参见冯果:《现代公司资本制度比较研究》,武汉大学出版社 2000 年版,第 3 页。
〔2〕 参见周友苏、沈柯:《股权出资问题》,载《现代法学》2005 年第 1 期。

平等互利的目的。同时,关联交易具有降低交易成本、优化资源配置、促进规模经营、提高运营效率、加强市场竞争和实现公司利润最大化的功能。然而,相互持股对个别公司的好处不能抵消其对公司资本制度的威胁,首先,相互持股虚增资本,违反资本真实原则。两个公司持有对方股份,其结果会造成股东的出资又返回到股东的手里,双方公司的资本实质上没有增加,甚至会减少,而名义上却增加了,在极端的情况下,双方的财产由对方的股份构成,资本额背后却没有相应的财产,完全被架空了。其次,妨碍证券市场正常的交易秩序。相互持股公司之间容易产生证券市场的内幕交易,非法操纵股价。[1]

关联交易,亦称关联方交易,是指发生在关联方之间的有关移转资源或义务的事项安排行为。[2] 表面上,股东以股权出资参与公司的设立与关联交易没有任何关系,但股权出资事实上会发生股权转让的结果,导致股权来源公司的股东发生变化。股权作为一种资本纽带,在出资后将会形成一个庞大和复杂的企业群。股权出资行为直接涉及的主体就有 5 个:投资者、股权来源公司和股权来源公司的其他股东、股权接受公司和股权接受公司的其他股东。如果投资者及其他股东又都是公司的话,那么一个股权出资行为就会牵扯若干家公司,若干家公司身上又关系着其各自相关人的利益,真可谓牵一发而动全身。这些企业之间将因股权关系而建立起一种控制和从属,或者是相互之间的紧密协作的关联企业关系。关联企业不可避免地存在关联交易。关联交易一方面具有上文所阐述的优点,另一方面由于关联交易发生在具有关联关系的特定主体之间,关联公司之间存在着控制与从属关系,控制公司可能滥用控制权,从事不当关联交易。我国的证券市场上即发生过许多起上市公司利用关联交易粉饰业绩、操纵利润或者规避法律的行为。[3]

3. 垄断的形成

垄断,是指在生产集中和资本集中高度发展的基础上,一个大企业或少数几个大企业对相应部门产品生产和销售的独占或联合控制。形成垄断的

---

〔1〕 参见金剑峰:《关联公司法律制度研究》,中国政法大学 2005 年博士学位论文,第 38 页。

〔2〕 参见施天涛:《关联企业法律问题研究》,法律出版社 1998 年版,第 62 页。

〔3〕 参见金剑峰:《关联公司法律制度研究》,中国政法大学 2005 年博士学位论文,第 58 页。

方式有很多，资本积聚集中就是其中的重要手段之一，尤其是资本集中已经成为现代大型企业集团形成的最有效、便捷的途径。而在资本集中的过程中，股权出资则扮演着非常重要的角色。股权出资是一种以资本为手段的合并行为，当股权接受公司通过取得股权的方式从而取得对股权来源公司的控制权时，就会对股权来源公司的经营施加决定性影响，形成经营者集中这一垄断的表现形式，方便双方达成固定或者变更商品价格、限制商品的生产数量或者销售数量、分割销售市场或者原材料采购市场、限制购买新技术、新设备或者限制开发新技术、新产品、联合抵制交易等垄断协议。

三、股权出资的法律规制

市场经济是法治经济，针对股权出资可能出现的种种问题，在确认股权出资合法性的同时，尤为重要的就是通过相关的法律制度，对股权出资进行有效规制，这不仅涉及对债权人和公司本身利益的保护，而且对维护正常社会经济秩序具有重大意义。公司法应针对股权出资所带来的负面效果，构建一套有利于扬长避短、行之有效的解决方案，使其不良后果缩小到最低限度，使股权出资在科学严谨的法律体系下发挥更大的作用。根据本文第一部分对股权出资所衍生的法律问题的认识，我们应区分股权出资人和股权接受公司两类不同的主体分别予以规制。

（一）对股权出资人的规制

1. 强化股权出资人的出资责任

（1）完善股权出资人的出资填补责任

由于价值变动是股权的根本特点，其作为出资方式所带来的不稳定因素，会对公司资产的充实造成影响，而公司资产充实的程度关系到公司的信用、运营和股东、债权人等相关人的利益。在这样的情况下，如何为其他股东、公司债权人提供救济措施，是立法在承认股权作为出资标的物的同时必须考虑的问题。

本文认为，可以实行股东出资填补责任解决这一问题。新《公司法》第50条规定："有限责任公司设立时，股东未按照公司章程规定实际缴纳出资，或者实际出资的非货币财产的实际价额显著低于所认缴的出资额的，设立时的其他股东与该股东在出资不足的范围内承担连带责任。"第99条规定：

“发起人不按照其认购的股份缴纳股款,或者作为出资的非货币财产的实际价额显著低于所认购的股份的,其他发起人与该发起人在出资不足的范围内承担连带责任。”这里的出资填补责任不是绝对的,而是相对的填补,即不是股权价值一旦低于入股时的作价就应填补其差额,而是允许股权价值在合理范围内有贬值,只有当股价的贬值超出了合理范围时,以股权出资的股东才须承担填补责任,同时其他股东承担连带责任。因为在现代市场经济社会中,股价在一定范围内的波动是正常的经济现象,既然允许股权出资,那么就应该承认股价在一定范围内波动的合理性。

(2)明确股权出资人用瑕疵股权出资的民事责任

可用于出资的财产形式的多样性,导致出资义务的履行方式的多样性。然而,法律对社会生活的调整始终只能是一种抽象的调整,不可能针对每一种具体事实规定相应的法律后果。具体到出资义务的违反,尽管具体形式可能难以穷尽,但是可以抽象归纳为两类进行论述:一为出资义务的不履行;二为出资义务的不当履行。其中,出资义务的不履行,又可以分为以下子类,即拒绝履行、不能履行、虚假履行。所谓拒绝履行,是指股东在章程制定或填写认购书后拒绝按规定出资。不能履行,是指由于客观上或法律上的原因致使出资者不能履行出资义务的情形。不能履行又可以分为事实上的不能出资和法律上的不能出资。所谓虚假履行,是指股东未实际履行出资义务或未足额履行出资义务,却通过虚构事实、伪造或变造凭证等欺骗手段形成已实际出资或已足额出资的假象的行为。出资义务不适当履行,是指出资义务履行不当,包括迟延履行、不完全履行、瑕疵给付和出资不实等情形。就股东因违反出资义务所需承担的责任来看,有民事责任、行政责任和刑事责任之分。本文将研究范围框定在民事责任,而且事实上民事责任的承担对其他股东、债权人以及公司本身更具有实际意义。分析瑕疵股权出资的民事责任具体可以细分为以下三种情形进行论述。

第一,对足额出资股东的责任。公司的设立源于发起人之间创立公司的合意,发起人之间彼此存在信赖利益,当股东不按发起人之间的合意依约交付出资时,便是对其他股东信赖的背弃,其他股东当然可以依照发起人之间的协议追究违约股东的违约责任。

第二,对公司的责任。当股东未出资或以出资不足的股份出资,而股东的出资对公司的经营发展必不可少,股东又有继续履行能力时,公司可以要求该股东继续履行其出资义务，要求该股东承担上文所述的出资填补责任。如果股东以设定质押权的股权出资，无论是从股权接受公司本身，还是从质押权人的利益衡量角度来看，都是不适宜的。一方面，假如投资者以设定质押权的股权出资，当股权投资者不能履行债务时，质押权人若要以质押的股权优先受偿，股权投资者要么无法履行出资义务，导致公司无法设立，要么已经设立的公司对股权来源公司享有的股权被强制执行。这对被投资公司及其他利害关系人的利益都有损害。另一方面，股权出资发生股权转让的后果，设定质押的股权实际上已经转让给股权接受公司，如果股权接受公司是善意的，那么质押权人就不能追及该股权而行使优先受偿权，只能根据物上代位原则对质押人以质押股权出资获得的被投资公司股权行使物上代位权，这实际上是强行要求质押权人承担做股东的风险，强迫其做其可能不愿意做的事，这样的立法强制无疑侵犯了私法主体的自主权。在立法层面上，我国《市场主体登记管理条例》第 13 条第 2 款已经作出明确规定，公司股东不得以设定担保的财产作价出资。因此，股权投资者用设定质押的股权出资应当认定无效，被投资公司应返还出资，股权投资者应以其他财产弥补出资瑕疵，如果不履行缴纳义务，公司可以剥夺该投资者的股东资格，将其除名。

第三，对公司债权人的责任。一般情况下，在公司存续且有清偿能力时，公司股东与公司债权人没有直接的法律关系，公司债权人只与公司发生债权债务关系，公司股东对公司的债权人并不承担债务清偿责任，这是公司独立人格和股东有限责任制度所赖以创设的目的。公司制区别于其他企业形态的最显著特征就是股东只以自己所认缴的出资额为限对公司承担出资交付义务，当其违反出资交付义务时，首先是由其对公司承担责任，只有在公司不成立、解散时，才可由其他股东向其追究违约责任。所以，一般情况下，股东对公司外的第三人并不承担任何责任。但是股东有限责任是建立在一个前提之上，就是股东已经按照公司章程的记载如实缴纳了其所认缴的出资。如果其瑕疵出资，而公司的自有财产又不足以清偿债务时，为了保护债权人的利益，法律应强行规定，债权人可以要求出资股东在出资不实的范围内承担赔偿责任，在出资瑕疵股东和债权人之间建立起直接的法律联系。因股东出资瑕疵导致公司人格遭到否认时，债权人可以直接请求公司股东承担无限责任。

2. 严格限定股权出资的条件和规范股权出资的评估、验资制度

(1)严格限定出资人所用股权出资的条件

首先,作为股权出资标的物的股权应当是可以自由转让的股权。禁止转让的股权、受限制的股权由于没有满足法定或约定的转让条件不能作为出资的标的物,这是出资人履行给付义务的必要条件。出资人对出资标的物享有合法的处置权是出资标的物具有可独立转让性的前提。

法律规定必须满足一定条件才可转让的股权。这主要是指以有限责任公司的股权出资的情况。依新《公司法》第 84 条第 2 款的规定,有限责任公司的股东向股东以外的人转让股权的,应当将股权转让的数量、价格、支付方式和期限等事项书面通知其他股东,其他股东在同等条件下有优先购买权。股东自接到书面通知之日起 30 日内未答复的,视为放弃优先购买权。

其次,股权的确定性。所谓确定性,是指作为出资的股权应该是不存在权属争议、不涉及诉讼,完成了股权登记过户即完成了交付和公示的股权。被冻结、质押等存在权利负担的股权,不应作为出资。

(2)建立严格规范的评估和验资制度

①股权价值的评估

资产评估是评定与估算资产价值的活动,是确定交易中相关当事人权利义务的重要依据。股权作为一种无形资产,其价值不像其他资产那样直观,容易确定,股权价值的评估必须借助于资产评估方面的专业手段。股权价值的评估不仅涉及注册资本的真实性,防止出资不实,还涉及股权出资人与其他出资人之间的公平问题,因此必须要求法律对股权评估作出严格的规制,确保评估机构作出的结论真实可靠。新《公司法》第 48 条第 2 款规定,对作为出资的非货币财产应当评估作价,核实财产,不得高估或者低估作价。这一规定显然过于原则性,在实际操作中起不到应有的作用。鉴于股权出资的特殊性,笔者认为,对股权的评估作价,应该采取如下的规制措施。

第一,在公司章程中详细记录股权出资的有关信息。公司章程具有很强的公示性,通过章程的记载能够增强出资的透明度,防止股权出资者随意调换出资股权,使公司债权人、交易相对人及其他利益相关者能充分了解公司资本的构成,也使对出资股权的价值评估进行监督成为可能。在韩国公司法中就把股权等现物出资作为“变态设立事项”,要求必须在章程中把现

物出资的数量、种类、价格、出资者的姓名等事项加以记载。虽然我国原《公司法》规定，有限责任公司在章程中记载“股东的出资方式、出资额和出资时间”，股份有限公司章程必须记载“发起人的姓名或者名称、认购的股份数、出资方式和出资时间”；但是，仅仅记载这些事项根本无法形成对股权出资的监督。笔者认为，对股权出资，必须在公司章程中详细记载出资者名称、股份发行公司、评估作价金额、所代表的股份数、出资时间等信息。

第二，明确股权评估应当考虑的因素。目前在我国对股权价值评估没有具体的操作规范，实践中，通常以出资股权所占股份发行公司净资产的比例份额确定股权的价值。由于股权和其他出资财产相比，其价值具有较大弹性的特点，其价值不仅取决于发行人的净资产，还取决于公司未来的发展潜力。因此，在对股权进行评估时，不能把股权作为一般的资产看待，应当考虑股份发行人的经营历史和特点，行业和宏观经济的现状及前景，企业的资金状况、公司的股权结构、公司规模大小、创新能力、竞争能力、企业经营管理人员的素质、以往的盈利和收益分配情况等因素进行深入的分析。

第三，应建立具体和准确的评估规则。新《公司法》规定对作为出资的非货币财产应当评估作价，核实财产，不得高估或者低估作价。对于股权，没有设计更加具体的评估规则，可见，对股权出资和其他非货币财产出资之间的价值评价差异考虑得不够。这一原则性规定在实际操作中将难以起到应有的作用，因此，建议单独制定股权出资的评估规则，规则中应当包含评估目的、评估基准日及评估假定等限定条件，以及特别事项说明、财务记账等具体事宜。

②验资制度

评估只是股权出资价值确定的起点，确定价值的最终目的是使公司能够取得相应的财产权利。在这一方面，还需要有严格规范的验资制度相配合。众多国家的公司法均规定了现物出资评估的审核制度。在德国，依照其《股份公司法》第 33 条的规定，凡存在现物出资的场合，应由法院在听取工商大会的意见后任命公司设立审计员，对现物出资的价值进行审查，并提供书面的审查报告。《欧盟公司法指令》则要求非以现金形式认购股份的，应当由行政机关或者法院指定或批准的一名或多名专家在公司设立或者被授权开业之前出具验资报告，该验资报告应当载明构成对价的每一项资产、使用的评估办法以及估价结果是否与股份的发行价格相符，并予以公布。

在我国,依照《独立审计实务公告第1号——验资》的规定,对于无形资产的验资内容,注册会计师在验证其财产权归属之外,还应按照国家有关规定,分别在资产评估确认或各投资者协商一致并经批准的价格基础上对其作价进行审验。在股权资本出资场合,应赋予公司登记管理部门对验资证明等材料进行实质审查的义务,验资机构为了保证验资的真实性就会对评估结果同样进行审慎的实质审查。这样就可以形成一个有效监督的链条,在一定程度上可以避免股权出资评估、审验结果的不实问题。

(二)对股权接受公司的规制

1.完善股权接受公司的信息公开制度

在接纳股权出资的资本制度下,公司信息公开的作用极为重要。因为即便股权出资当时作价和评估没有问题,由于股权价值的易变性,第三人与接受出资的公司进行交易时,难以把握和估量进行交易时这部分以股权体现的财产实际价值到底是多少,这与货币、实物、土地使用权等其他出资形式有着明显不同,第三人可以对后者根据交易时的市场行情大致判断其实际价值,而对于股权出资来讲,只有了解股权来源公司相应的经营信息,才能判断接受股权出资公司真实的资产数量价值,从而对是否进行交易作出选择。因此,主要国家的公司法条文中,一般都有公司信息公开的内容,如《日本商法典》第282条、《韩国商法》第448条、《美国示范公司法》第16.02条都有对股东、债权人查阅公司文件获知公司经营信息权利的规定。

公司信息公开的内容主要有:第一,登记注册事项公开制度。公司设立、变更、注销等均应在公司登记机关进行登记。登记事项包括申请书、公司章程、验资证明等有关公司基本情况的内容。将登记事项公开,社会公众便可以了解公司的基本情况,在与之交易时就能据此确定适当的交易范围,采取相应的交易方式,以减少交易风险。第二,公司财务情况的公开制度。公司的财务情况最能反映公司的经营现状及前景。将公司的财务情况向社会公开,无疑有利于与之交易的相对人把握交易的范围及形式,从而达到保护交易安全的目的。各国法律一般都规定,凡公开发行股份及公司债的公司,公司的资产负债表、损益计算表、盈余分配或亏损弥补决议等各项会计表册,应当置于公司,供股东查阅,并应予以公告,股东或债权人可以要求抄录或获得有关资料。第三,关联交易情况。按要求披露关联交易方、交易内容、定价原则、交易价格、公允价格，公允价格与交易价格差别较大的，应当说明原因。

新《公司法》第57条第1款规定，股东有权查阅、复制公司章程、股东名册、股东会会议记录、董事会会议决议、监事会会议决议和财务会计报告。该条文原则上概括地赋予了股东以查阅权，在操作实践中，在依法维护公司商业秘密的前提下，应当进一步完善股权接受公司的信息公开制度，赋予公司股东、债权人就公司的股权资产进行查阅和收集信息的权利。

2. 加强反垄断法的规制

垄断有利于形成规模效应，会在一定程度上提高生产效率，节约市场交易费用，但垄断行为滥用市场权力以谋求高额垄断利润为目的的一系列活动，必然扭曲市场机制，阻碍技术进步和创新，降低资源配置效率，引起社会分配不公。

为了预防和制止垄断行为，保护市场公平竞争，提高经济运行效率，维护消费者利益和社会公共利益，促进社会主义市场经济的健康发展，我国于2022年6月修订了《反垄断法》。反垄断法，顾名思义就是反对垄断和保护竞争的法律制度。它是市场经济国家基本的法律制度。根据《反垄断法》第25条的规定，经营者通过取得股权或者资产的方式取得对其他经营者的控制权属于经营者集中情形。在股权出资形成的联合企业可能造成市场集中，对竞争带来危害的情况下，国务院反垄断执法机构就应该对该股权出资行为进行规制。

四、结语

社会经济的发展日新月异，在目前各国公司制度及筹资渠道呈现出一种日益拓宽的趋势之下，2023年《公司法》的修改，将改变传统公司法对股东出资范围进行严格限制的理念，允许出资者用股权出资，将进一步鼓励投资者进行投资，活跃市场经济，壮大公司实力，实现投资者利益。但是也应看到，股权出资对于公司及其债权人、公司其他股东的利益，以及对整个经济秩序，存在风险的一面。怎样规避或者降低风险，发挥出其本身的制度价值，正是需要我们认真思考的。

股权出资常为人们所非议的难点就是如何具体操作。这涉及股权出资的适格性、股权的评估、验资、出资的公示、股权的转让、出资股东的责任等内容。一旦某个环节出现问题,就可能会导致巨大风险。为了规避或减少股权出资的风险,最大限度地发挥股权出资的积极作用,就需要明确细致的法律规定和相应的配套制度。通过建立和完善与股权出资相配套的制度体系,相信股权出资的局限性和可能带来的负面影响会得到有效克服。

(特约编辑:郑绪华)

浅析有限责任公司发起人的出资连带责任

郑　洋*

本文通过对法理、立法沿革、现行法律条文及相关案例的分析，介绍了有限责任公司发起人在涉及股东出资责任纠纷相关案件中的若干裁判规则，以此提醒发起设立有限责任公司的发起人（创始股东），其除作为有限责任公司的股东外，还应当注意到有关“发起人”的特殊责任，应当在设立公司、处理股东出资、股权转让等事宜上，采取合理有效的应对措施，以确保自身的合法权益。

一、公司资本制度原则与发起人股东的出资义务

对于有限责任公司而言，2018 年《公司法》（以下简称原《公司法》）规定了两种资本制度，即认缴制和实缴制。除法律、行政法规以及国务院决定对有限责任公司注册资本实缴、注册资本最低限额另有规定的外，从其规定。其余的有限公司均实行注册资本认缴制度。有限责任公司的注册资本为在公司登记机关登记的全体股东认缴的出资额。值得注意的是，2023 年 12 月 29 日，十四届全国人大常委会第七次会议表决通过了新修订的《公司法》（以下简称新《公司法》），在第 47 条第 1 款规定，有限责任公司股东认缴的出资额由股东按照公司章程的规定自公司成立之日起 5 年内缴足。

对公司而言，公司资本制度最为重要的三个原则是资本确定原则、资本维持原则、资本不变原则。针对以上原则，原《公司法》也将有限责任公司股东的出资义务作了详细的规定，包括股东应当按期足额缴纳公司章程中规

---

* 郑洋：泰和泰（深圳）律师事务所律师，深圳市律师协会第十一届公司法律专业委员会委员。

定的各自所认缴的出资额；公司成立后，股东不得抽逃出资；等等。而发起人股东，作为公司的创始人和原始股东，对公司负有先天的资本充实责任，保证公司注册资本金真实、充足的法律责任。发起人股东的该责任，不以其违约、主观过错作为前提，如果有多名发起人股东，还需要彼此承担连带责任。最高人民法院《关于适用〈中华人民共和国公司法〉若干问题的规定（三）》（以下简称《公司法解释三》）第13条第3款规定："股东在公司设立时未履行或者未全面履行出资义务，依照本条第一款或者第二款提起诉讼的原告，请求公司的发起人与被告股东承担连带责任的，人民法院应予支持；公司的发起人承担责任后，可以向被告股东追偿。"新《公司法》第50条规定："有限责任公司设立时，股东未按照公司章程规定实际缴纳出资，或者实际出资的非货币财产的实际价额显著低于所认缴的出资额的，设立时的其他股东与该股东在出资不足的范围内承担连带责任。"

二、司法实践中对发起人出资连带责任的争议

在有限责任公司注册资本认缴制度之下，很多发起人股东在设立公司时，为了彰显公司实力，将注册资本金额设定得很高，且设定较长的认缴期限，在认缴制下，股东因此享有法律赋予的出资期限利益。后续公司若经营不善，出现资不抵债或公司面临破产清算时，公司或公司的债权人可以主张股东的出资期限加速到期，股东不再享有出资期限利益，在此情况下，发起人股东是否应当严格依照《公司法解释三》第13条第3款的规定承担连带责任？这个问题无论是理论界还是司法实务界，均存在争议，判决结果也有较大的差异。

（一）从保护公司及公司债权人角度出发

在杨某东、翔安公司等股东出资纠纷案〔1〕中，翔安公司于2011年3月11日注册登记成立，股东为杨某东、董某峰，注册资本100万元已实缴。2016年10月20日，翔安公司的注册资本由100万元增加至800万元，新增加的700万元注册资本由股东杨某东认缴，出资方式为货币，认缴期限为2048年10月28日，并修改了公司章程。2017年5月19日，杨某东将其在翔安公司的全部股权转让给杨某国并签订了《股权转让协议》。同日，翔安

---

〔1〕 参见四川省成都市中级人民法院民事判决书，(2021)川01民终15200号。

公司召开股东会并形成股东会决议，同意杨某东将持有的公司所有股权全部转让给杨某国，决定免去杨某东公司执行董事、经理职务，选举杨某国为公司执行董事，聘任杨某国为公司经理，并修改公司章程。2021 年 1 月 27 日，法院裁定受理对翔安公司的破产清算申请。2021 年 2 月，翔安公司管理人分别向杨某东、杨某国邮寄了催款函、民事裁定书及民事决定书，向杨某东、杨某国催缴出资款无果后，翔安公司管理人认为，杨某东、杨某国未缴清翔安公司的注册资本金违反了法律规定，损害了翔安公司的合法权益，遂代表翔安公司提起诉讼。

该案例中，发起人股东设立公司后，在公司正常经营期间（未负债务），且认缴期限届满前，将其持有的公司股权转让给新股东，新股东亦未向公司实缴出资款，后公司破产，破产管理人提起诉讼主张发起人股东向公司履行出资义务。关于原始股东（发起人股东）应否履行出资义务的问题，法院认为发起人股东即便转让股权且不具有主观恶意，也应当承担出资责任，具体评析如下。

第一，原始股东对公司的出资义务属于一项必须履行的法定义务，原始股东的出资义务并不随与他人间的股权转让合同一并转移。第二，原始股东在认缴出资期限届满前，仍负有对公司的出资义务，仅是享有期限利益。原始股东在未履行出资义务前转让股权，属于对公司的预期违约，应当承担相应的违约责任，该违约责任应包含继续履行出资的义务。第三，依据《公司法解释三》第 18 条第 1 款的规定，因原始股东享有认缴出资的期限利益，在认缴出资期限届满前，无论其股权是否转让给他人，公司均不能要求原始股东履行出资义务。但当认缴出资期限届满或加速到期时，公司有权要求原始股东履行出资义务，即便其股权在认缴出资期限届满前已经转让。第四，依据《公司法解释三》第 13 条第 3 款的规定，股东在认缴出资期限届满或加速到期时，其他发起人股东还应对该股东的出资义务承担连带责任，按照举重以明轻的规则，则该未缴出资股权对应的原始股东，更应当履行该出资义务。第五，原始股东负有保证公司资本充实的民事责任。资本充实责任是公司法上的法定责任，承担者限于原始股东。资本充实责任又是无过错责任，只要存在资本不足的事实，原始股东即应承担该项责任，而无须考虑其是否具有过错。因此，原始股东的出资义务，不能因股权转让而免除，其应当承担起保证公司资本充实的民事责任。第六，公司资本充实系其承担民事责任的基础，若允许原始股东转让股权即免除出资义务，则会助长原始股东通过转让股权给缺乏履行能力的民事主体以逃避法律责任的不良社会风气，冲击社会诚信体系和市场秩序，进而损害公司和公司债权人利益。

（二）从保护发起人股东出资期限利益出发

在张某、陈某远等股东出资纠纷案[1]中，2015 年 2 月 2 日，陈某远、贾某、张某作为投资人共同出资设立合宇成公司，法定代表人为贾某，注册资本 500 万元。公司设立时，陈某远作为股东以货币方式认缴出资数额 250 万元，占注册资本的 50%；贾某作为股东以货币方式认缴出资数额 125 万元，占注册资本的 25%；张某作为股东以货币方式认缴出资数额 125 万元，占注册资本的 25%，上述出资期限均为 2025 年 12 月 31 日。2016 年 9 月 1 日，贾某与陈某远达成《股权转让协议书》，约定贾某自愿将其持有合宇成公司的 25% 股权转让给陈某远。同日，张某与陈某远达成《股权转让协议书》，约定张某自愿将其持有合宇成公司的 14% 股权转让给陈某远。2018 年 1 月 11 日，陈某远与杨某虎达成《股权转让协议书》，约定陈某远自愿将其持有合宇成公司的 89% 股权转让给杨某虎。此时合宇成公司的股权结构为股东杨某虎持股 89%，股东张某持股 11%。2018 年 7 月 10 日，钱某以合宇成公司不能清偿到期债务，并且明显缺乏清偿能力为由，向合肥市中级人民法院申请将执行程序转为破产程序。2018 年 7 月 20 日，合肥市中级人民法院裁定受理钱某对合宇成公司的破产清算申请。合宇成公司管理人向张某、杨某虎发出通知书，要求张某、杨某虎于接到通知书之日起 3 日内向合宇成公司缴纳出资款。至本案诉讼前，张某、杨某虎均未予答复。

本案例争议焦点与前述案例相似，关于原始股东（发起人股东）应否履行出资义务的问题，法院认为发起人股东不应当承担出资责任，具体评析如下。

首先，2013 年修订的《公司法》全面实行注册资本认缴制，即公司注册资本额、出资期限均由股东在章程中自行约定。股东在章程约定的出资期限届满前，依法享有期限利益。其次，《公司法解释三》第 13 条第 3 款针对的是股东在公司设立时未履行或者未全面履行出资义务的情形，其前提是该

---

〔1〕 参见安徽省高级人民法院民事判决书，(2021)皖民终 427 号。

股东在公司设立时即负有实际缴纳出资义务。案涉公司成立时间为2015年2月2日,公司章程规定的出资期限为2025年12月31日,即案涉公司在成立时,其股东并不负有实际缴纳出资的义务。故本案并不符合上述司法解释规定情形。

(三)案例对比分析

前述两个案例出现不同裁判结果是立法沿革过程中发起人资本充实义务与股东出资期限利益保护出现冲突导致的。

从以上两个案例可以看出司法实务界对"发起人股东是否具有出资期限利益"的问题仍有一定争议,同时,对《公司法解释三》第13条第3款中"未履行或者未全面履行出资义务"这一表述的具体适用也具有一定分歧,造成该分歧的原因,从立法沿革的角度来分析,《公司法解释三》开始施行时,我国《公司法》仍实行"折中法定资本制",有限责任公司的最低注册资本不得低于3万元人民币,同时规定首期实缴出资额不低于注册资本的20%,剩余实缴出资额的缴纳期限不超过两年。在这样的背景之下再来看《公司法解释三》第13条第3款的内容,理解起来就不会存在争议,但是从2013年开始,我国原《公司法》实行"完全认缴资本制",发起人股东在设立公司时享有出资期限利益,是否应当属于"未履行或者未全面履行出资义务"的情形目前缺乏明确的法律条文予以规范,从而使得目前司法裁判界对此问题的判决结果难以统一。

三、发起人出资连带责任的认定考量

新《公司法》第50条规定:"有限责任公司设立时,股东未按照公司章程规定实际缴纳出资,或者实际出资的非货币财产的实际价额显著低于所认缴的出资额的,设立时的其他股东与该股东在出资不足的范围内承担连带责任。"相比于《公司法解释三》第13条第3款,新《公司法》第50条的内容得到进一步完善,规则更加清晰。若有限责任公司设立时的章程或股东协议明确约定股东出资实行实缴制,此时,发起人股东的实缴出资未到位,发起人之间承担连带责任,对此司法实践中并无争议。但如若有限责任公司的章程或股东协议明确约定股东出资实行认缴制,且认缴出资时间距公司成立之日仍有一段时间,此处发起人股东相互之间应否承担连带责任?笔者认为,该条款仍存有司法解释的空间,且在具体分析个案时,应从如下几个方面进行考量。

第一,从文义解释来看,“认缴出资”的概念,通常被理解为“公司成立后”一段时间内缴纳出资,因此,认缴出资不属于公司设立时即应履行的出资义务,属于公司设立后应该履行的义务,与新《公司法》第50条的文义不符。实践中,“公司设立时”往往是一个阶段,对应到具体个案时,“公司设立时”应当如何理解适用?针对的是否是明确的某个时间节点?或将影响发起人股东是否要相互之间承担连带责任。

第二,从整体解释来看,新《公司法》第51条规定了董事会对股东出资的核查义务及责任,可见在公司设立后的运营过程中股东未履行出资义务承担管理及核查义务的责任主体为公司董事会,而非股东。认缴出资未到位属于公司运营过程中产生的股东未出资行为,故不宜判令发起人股东就此承担连带责任。

第三,从权责统一角度来看,实缴制下,股东的出资义务在设立阶段应当全部完成,属于全体发起人履行设立职责的一部分,发起人股东之间相互负有催缴及核查的义务,因此发起人相互之间承担连带责任,符合“有权必有责”原则。对于认缴出资,公司设立时股东并不需要实缴出资,公司成立后的经营管理由董事会主导并核查股东出资,在股东出资期限届满时,甚至发起人股东可能已经不再是股东。基于发起人股东不再负有认缴出资的核查义务,令其相互之间承担连带责任,违反了“权责相统一”的法理。

四、对发起人股东出资风险的建议提醒

综合上文分析,在原《公司法》及配套司法解释体系之下,有限责任公司在出现法定事由的情形下,股东的出资期限依法加速到期,股东需向公司履行出资义务或对公司债权人的合法债务在出资范围内承担责任,股东出资义务加速到期,则满足新《公司法》第50条规定的发起人股东需对其他发起人股东的出资义务承担连带责任,因此发起人股东在设立有限责任公司、决议出资计划以及股权转让时应当注意防范以下几点。

第一,提前做好商业规划,不要盲目追求高额的注册资本;

第二,合理安排出资计划,在股东协议、公司章程等文件中对出资计划进行妥善安排,并对其他发起人股东的出资进行监督;

第三，发起人股东进行股权转让之前，建议在条件允许的前提下实缴注册资本后，再以公允的价格转让股权，在股权转让协议中对相应的出资义务进行约定。

五、结语

有限责任公司在出现法定事由的情形下，股东的出资期限依法加速到期，股东出资义务加速到期，发起人股东需对其他发起人股东的出资义务承担连带责任，故在公司设立之时要考虑合理设置注册资本，在条件允许的情况下实缴注册资本。

（特约编辑：葛翠寒）

股东协议解除的实务问题研究

郑绪华*

股东协议,或称股东合作协议或发起人协议,是指发起人各方为了共同设立公司,约定各方的出资、股权架构、公司治理、收益和风险分配等事项而签署的协议,是公司设立的基础性法律文件。

公司设立之前,因股东协议所产生的争议,一般是具体条款的约定及执行产生的异议,援用合同法的相关规则即可处理。公司设立后,因涉及公司实务,股东协议所产生的争议,单纯援用合同法规则并不能很好地解决实质性的争议。公司设立后,公司在经营管理过程中,会遇到一些比较复杂的问题,比较典型的如股东协议是否被公司章程取代?股东协议能否解除?解除股东协议能否免除尚未实缴的出资义务?

为了解决上述问题,需要对股东协议的性质、协议的权利义务内容、股东身份的演变以及股东协议的缔结目的等问题进行梳理和分析。

一、股东协议与公司章程的并生或取代关系

(一)缴纳出资是未出资发起人的合同义务

1. 公司发起设立前的权利义务对应状态

在公司发起设立之前,各发起人签署发起人协议,约定各方应认缴的出资额、出资方式和出资时间等,这些承诺构成未出资发起人对其他已出资发起人所负有的合同义务。

---

* 郑绪华:北京金诚同达(深圳)律师事务所律师,深圳市律师协会第十一届公司法律专业委员会主任。

当未出资发起人不履行或不完全履行该等合同义务时，需要根据合同约定向其他已出资发起人承担违约责任。

2. 公司设立后的权利义务对应状态

在发起人签署公司章程且公司依法成立后，未出资发起人股东根据股东协议向公司出资的义务并未有任何改变。公司及其他已出资发起人股东仍可向未出资发起人主张向公司履行出资义务。

当其他已出资发起人要求未出资发起人向公司出资时，等同于已出资发起人要求合同相对方向第三人（即公司）履行出资义务，而非要求未出资发起人向其他已出资发起人股东中的一人或数人履行该等出资义务，相应情形下已出资发起人股东所享有的权利最终归属于公司。

《民法典》第522条第1款规定："当事人约定由债务人向第三人履行债务，债务人未向第三人履行债务或者履行债务不符合约定的，应当向债权人承担违约责任。"据此，股东不按照约定缴纳出资的，除应当向公司足额缴纳外，还应当向已按期足额缴纳出资的股东承担违约责任。

由此可见，股东违约出资的仍应承担违约责任，说明公司章程的出资条款并未当然取代或覆盖股东协议条款，缴纳出资仍是未出资发起人股东对其他已出资发起人股东的合同义务，其他已出资发起人股东仍享有要求某未出资发起人股东向公司出资的请求权。

（二）缴纳出资是未出资发起人股东对公司应履行的合同义务

公司设立成功后，发起设立中的公司经依法登记取得法人资格，成为独立于各发起人股东的新法人。

因各发起人在设立公司的过程中通过签署公司章程的方式对未来设立后的公司承诺将向公司出资，该章程中的出资条款构成各发起人股东对公司的承诺，即构成公司与股东之间的合约。故各发起人根据章程对设立后的公司亦负有出资的义务。

（三）章程与股东协议的出资条款之间的关系

在各发起人签署公司章程并成功设立公司后，公司章程作为公司与发起人股东之间的合同是否取代了原股东协议？

虽然公司成立后，发起人股东仅负有向公司缴付出资的义务，但是在既没有法律规定又没有合同约定"股东协议在章程签署后废止"的情况下，股东协议依然存续,且已出资发起人仍享有要求未出资发起人向公司缴足出资的请求权。

故设立后的公司章程条款并不当然取代股东协议。

二、公司设立后股东协议可否解除

股东协议与其他协议一样,在具备法定或约定的解除条件时,当然可以解除。但是,在发起人股东根据股东协议成功设立了目标公司后,股东协议是否仍然可以解除?

公司尚未设立时,约定条件的成就或法定事由的出现,致使公司无法设立,或即便设立也无实际意义时,发起人各方可以依法自行或请求解除股东协议,终止设立公司的行为。

在公司已经按照股东协议的要求顺利设立后,发起人股东各方签署股东协议的目的已经实现,公司作为商业组织体已经诞生。此时,股东协议订立的主要合同行为实际上已经履行完毕,无法解除。

如果要将公司设立后合作股东之间的合作模式或公司治理视为股东协议的履行内容而要求解除,则实际上并非要求解除合同,而是要求解决公司的内部治理架构或治理规则,这不是解除合同所能达到的,而是必须通过修改公司章程甚至解散公司或退出公司(包括目标公司股权回购或向合作股东股权转让等方式)才能实现的。

因此,公司设立后股东协议已因履行完毕而无法解除。

三、强行解除股东协议的法律后果

(一)股东协议解除并不能直接导致公司解体和清算

公司成立后,若股东之间因合作矛盾而欲解除股东合同的,单纯适用《民法典》关于合同解除后的清算规则不能达到任何预期效果。

《民法典》第566条第1款规定:"合同解除后,尚未履行的,终止履行;已经履行的,根据履行情况和合同性质,当事人可以请求恢复原状或者采取其他补救措施,并有权请求赔偿损失。"

股东协议履行的主要目的是成立一个商业组织体和法人机构。新设立的公司享有独立的财产,原归属于各发起人股东所投入的财产已经转化为公司财产。根据该等合同履行的法律后果(即诞生新法人且汇集了合同双方的财产)以及股东协议本身即为创设法人的合同性质,股东协议中的股东各方根据上述《民法典》的规定,只能选择其他补救措施而非恢复原状。至于其他补救措施到底是什么,还需结合具体法律如《公司法》等其他法律的规定予以确定。在发起人股东履行股东协议创设目标公司后,目标公司在依法解散或者注销之前享有独立的法人财产,该等财产非经清算程序不得擅自分配给股东。

故股东协议解除欲达到解散公司的法律后果,必须依照《公司法》的规定,采取清算公司的方式才能实现。而清算公司,依据《公司法》的规定,必须满足特定的条件,而非简单解除股东协议即可实现。当股东协议被强行解除,但发起人股东各方并未依法清算公司时,公司仍将继续存续。

(二)股东协议解除并不能直接改变公司的治理系统

股东协议解除后,合作股东本以为可以终止合作,但是他们似乎忘记了一件至关重要的事项,那就是各发起人股东之间的合作架构和合作规则,都固定在了公司章程中。

公司章程不会随着股东协议的解除而自动失效,其必须根据《公司法》的规定履行特别多数的股东会决议才能修改。若要废除章程,只能解散公司。要实现公司解散,要么通过特别多数的股东会决议,要么通过诉请解散公司,而绝非简单的合同解除就能实现的。

综上,股东协议即便解除,也不能直接改变公司章程的规定,不产生改变公司组织架构和治理规则的法律效果。

(三)股东协议解除并不能直接免除股东的实缴出资义务

1.股东协议即便解除也不能直接免除股东的实缴出资义务

许多发起人股东之所以诉求解除股东协议,是因为股东存在矛盾的情况下,不想继续履行尚未完全实缴的出资义务。但是,股东协议即便解除也不能直接免除股东的实缴出资义务。因为股东实缴出资义务是股东根据章程规定对公司所负有的根本义务,也是公司债权人赖以信赖公司并与之进行交易的作为公司承担责任基础的责任财产。倘若准许股东通过解除股东协议而擅自免除自己实缴出资的义务,将对债权人的债权构成实质性损害,有悖于公司法保护债权人利益的根本宗旨。

2. 公司进入解散和清算也不能当然免除股东的实缴出资义务

公司即便已经进入解散和清算阶段，未实缴出资的股东也必须足额缴纳其出资并以此加入公司的责任财产范围进而对公司进行清算还债。只有在尚有余额的情况下，才能根据公司章程的规定进行剩余财产分配。

最高人民法院在华风公司与天川公司股东出资纠纷案〔1〕中阐述了类似观点，其认为，天川公司未依章程规定全面履行出资义务，依法应当向天川华风公司承担相应的民事责任。天川华风公司在华风公司提起本案诉讼前，虽然已被吊销营业执照，但该事实并不影响股东继续向公司履行出资义务，也与股东在公司清算程序、破产清算中继续履行出资义务不相矛盾。

据此，股东协议即便解除也不能直接免除股东的实缴出资义务，即使公司进入解散和清算也不能当然免除股东的实缴出资义务，股东仍应先实缴出资然后再清算分配。

四、结语

股东协议即发起人协议，其合同目的在于设立特定的目标公司。故公司成立后股东协议的合同目的已经实现，依法履行完毕的协议不存在解除的法律条件和法律基础，即便强行解除也不能改变公司的治理系统（公司章程），也不能当然免除未出资股东的出资义务。

（特约编辑：葛翠寒）

〔1〕 参见最高人民法院民事判决书，(2015)民二终字第248号。

股权转让与回购篇

股权转让协议违约条款的设置

黄 畅*

对于股权转让的违约金，法律并没有明文规定具体的金额，只是规定了违约金的上限，不仅包括股权转让的违约金，也包括其他方面的违约金。《民法典》第 585 条中明确规定了违约金的特征，即具有补偿性兼具惩罚性，保证遭受违约的一方不遭受损失。实务中，对“约定的违约金过分高于造成的损失”的认定具有不确定性。本文结合一起仲裁案例浅析如何设置违约条款。

一、基本案情

甲、乙双方签订股权转让协议，约定甲方将其持有的 A 公司股权转让给乙方，股权转让价款为 1750 万元，分两期支付，第一期在协议签订后 10 日内支付 50% 的股权转让款 875 万元，第二期在办理工商变更登记后 10 日内支付剩下 50% 的股权转让款 875 万元；甲方收到第一期转让款后 10 日内配合办理工商变更登记；如有任何一方违约，违约金为股权转让款的 20% 即 350 万元，如发生争议，向仲裁院申请仲裁。签订协议当天，乙方支付了 50% 的股权转让款 875 万元，双方在 10 日内办理了工商变更登记手续。办理工商变更登记后，甲方向乙方发送了提示函及催款函，乙方收到催款函后支付了 250 万元，甲方在收款当天又向乙方发送律师函要求限期支付剩余 600 万元，乙方收到律师函后在律师函中规定的限期内支付了剩余 600 万元股权转让款。

---

* 黄畅：广东晟典律师事务所合伙人、律师，深圳市律师协会第十一届公司法律专业委员会委员。

甲方随后申请仲裁，认为乙方逾期付款的行为构成违约，要求乙方支付违约金350万元。

二、裁决要旨

首先，关于争议焦点一，《催款函》及《律师函》通知限期付款，函件中的限期是否为双方另行约定了宽限期，乙方在限期内支付了全部转让款，是否仍然构成违约的问题。

仲裁庭认为，乙方未按照双方《股权转让协议》的约定期限付款，构成违约。双方并未就协议中转让款付款期限的变更做出明确的意思表示，甲公司在《催款函》及《律师函》中虽主张剩余款项的新的履行期限，但其未明确该新的日期为变更后的履行期限，也没有明确表达在新的履行期限内支付则不追究违约责任，不能认定为约定了宽限期。

其次，关于争议焦点二，约定的违约金是否过高，如何调整的问题。

仲裁庭认为，约定的违约金过高。本案第二期股权转让款价款875万元中的275万元逾期22天、600万元逾期36天，参照年利率24%的标准计算，逾期付款部分造成的资金占用损失为18.6万余元，如果参照同期贷款利率计算资金占用费损失的话，数额会更少。但因甲进行了5次催告，乙方从未就逾期付款等与甲方进行沟通说明，认为乙方过错明显、违反了诚实信用原则。仲裁庭经适当调整，酌定本案的违约金为50万元（为按照年利率24%计算金额的2.68倍）。

三、实务分析

合理的违约金条款，不仅符合合同双方当事人设置违约条款的初衷，也会尽可能地避免今后双方就违约金是否过分高于损失而产生争议。

设置过高的违约金在法院诉讼或仲裁时可能会被裁判降低。对于“约定的违约金过分高于造成的损失”，在实践中，有两个因素很难进行量化，当事人对此产生争议时，需依赖于法院或仲裁机构某种程度上的自由裁量才能确定。

第一个因素是“损失”如何界定及计算。很多情况下，当事人很难直接提出确切的证据以证明损失，或者很难确定一个计算的标准；另外在有些情况下，损失是间接的、潜在的或者综合的。能够举证证明并根据计算方式确定的损失，可能要低于实际损失。

第二个因素是什么是“过分”高于。限制“过分”高于，顾名思义是可以高于损失，但又不能过分。对于这个“过分”的具体标准，法律上并没有明确规定。合同的违约金上限一般不高于受违约方实际损失的30%，但这是最高人民法院《关于适用〈中华人民共和国民法典〉合同编通则若干问题的解释》第65条的规定，对于仲裁案件没有强制适用性，在个案中可能会有不同的裁判尺度，容易在个案中造成实际上的不公平。

本案选择的纠纷解决方式为仲裁，因为仲裁非公开进行，无法参照其他仲裁案例。经笔者在裁判文书网检索，发现有不少诉讼案例支持对宽限期及违约金进行调整，特别是对违约金进行调整的案例众多。列举部分调整宽限期及违约金的案例如下。

（一）宽限期的参考案例

在铭成公司与明安医院建设工程设计合同纠纷案〔1〕中，法院认定违约金自律师函给予的宽限期到期之后开始计算。

在金某与姚某宝、韩某和等民间借贷纠纷案〔2〕中，法院认定宽限期因债权人的要求而设立，是一种意定的可变期间。法院认定在宽限期内付款不属违约。

（二）调整违约金的参考案例

在高某淑、汪某利股权转让纠纷案〔3〕中，法院酌情将该违约金的计算方式降低为按照中国人民银行同期同类贷款逾期罚息利率计算至实际支付日止。

在杜某俊与王某树等股权转让合同纠纷案〔4〕中，法院判决违约金以未支付的股权转让款为基数，按照中国人民银行规定的同期贷款利率的130%支付。

在周某贤、何某玲等与金州公司股权转让纠纷案〔5〕中，案涉违约金条款为“逾期支付股权转让价款的，每迟延一日，应按迟延付款金额的1‰向天顺公司承担违约金”，法院酌情调整，判决违约金按年利率24%的标准计算。

---

〔1〕 参见浙江省杭州市上城区人民法院民事判决书，(2019)浙0102民初5378号。

〔2〕 参见内蒙古自治区兴安盟中级人民法院民事判决书，(2018)内22民终1号。

〔3〕 参见四川省德阳市中级人民法院民事判决书，(2019)川06民终622号。

〔4〕 参见山东省德州地区(市)中级人民法院民事判决书，(2018)鲁14民终700号。

〔5〕 参见最高人民法院民事判决书，(2016)最高法民终12号。

四、优化建议

法院对违约金的调整，基本以未支付的股权转让款为基数，一是调整到年利率的24%计算；二是按照银行同期同类贷款逾期罚息利率计算；三是按照同期贷款利率/或LPR的130%～150%支付。经过上述案例分析对比可以得知，选择仲裁或是法院诉讼，可能会得到截然不同的结果。仲裁基于尊重当事人意思自治的原则，强调依约裁决，如果当事人对合同条款的理解有争议，仲裁员会结合双方交易的实际情况、当事人的交易惯例、行业或当地的交易惯例认定双方的真实意思。而法院作为国家机关，要统筹考量案内案外的不同价值追求，注重对当事人意思进行司法干预，根据现实需要并兼顾案件个性、利益平衡、社会公认价值、公共政策等，最终作出裁判结论。

基于上述因素，在设计股权转让合同的违约金条款时，要注意从以下几个方面考虑。

首先，确定解决纠纷的方式，是选择诉讼还是选择仲裁。

其次，具体到违约责任条款时，最好根据对方所对应的合同义务，即一个义务、一个行为对应设置一个违约责任。

在无法对违约行为进行周延的情况下，可以约定兜底的违约条款，例如任何一方违反其他义务的，应按另一方的要求纠正违约行为，若违约方未纠正违约行为的，另一方有权要求其支付违约金，解除合同。

一个合格的、合理的违约条款，需要考虑的因素很多，违约金的数额可以设置得高一些，但具体高到什么程度，还是值得商榷的。可能并不完全是法律问题，更多会基于行业习惯和商业模式的考虑。同时也要根据股权转让协议的内容具体设置。

股权转让合同纠纷中，对于股权转让款延期支付的违约金承担，如选择法院诉讼，法院对于违约金的金额认定可能有以下三种方式：第一，按照4倍LPR标准计算；第二，参照银行同期同类贷款逾期罚息利率计算；第三，按照LPR的130%～150%计算。如果选择仲裁，基于尊重当事人意思自治的原则，仲裁庭强调依约裁决，裁决支持的违约金可能会比法院支持的金额要高很多。但是，假如这份股权转让协议涉及其他的权利义务安排，且这些权利义务安排与股权转让款的支付有关联性，那么对于违约金条款就应当进行较为复杂的设置。

五、结语

股权转让违约金条款的设置不仅要考虑到相关的法律,也需要结合行业惯例和商业模式。设置过高的违约金在诉讼、仲裁程序中都可能会被进行调整,但相比法院裁判,仲裁裁决通常更尊重当事人意思自治,支持的违约金数额会相对较高。

（特约编辑:葛翠寒）

股权转让中瑕疵担保责任的适用

柳　辰*

一、案情简介

C公司是一家在行业内领先的企业,公司一直处于稳定盈利的状态。2018年10月,A公司拟受让B公司持有的C公司10%股权,双方开始进行接洽。为了确定交易对价,A公司委托评估公司对C公司的股权价值进行评估并作出《评估报告》,评估的主要依据是C公司最近的半年度《审计报告》。根据《评估报告》的评估结论,C公司10%股权对应的市场价值约为人民币1.4亿元。

参考《评估报告》结论,A公司与B公司最终确定的股权转让对价为1亿元。2018年11月20日,A公司与B公司签署《股权转让协议》,约定款项分三笔支付,在协议签署后的5日内支付3000万元,在协议签署后的6个月内再支付3000万元,在协议签署后的12个月内付清剩余的4000万元。之后,A公司按时支付了第一笔、第二笔股权转让款,合计6000万元。2019年12月30日,B公司协助A公司办理完毕股权变更登记手续,A公司在工商登记中为C公司股东,持股10%。然而,在2019年6月开始,C公司突陷债务危机,濒临破产,股权价值出现断崖式下滑。此时,A公司才发现C公司在此前多年的经营期间都存在隐瞒表外负债、虚增利润等财务造假行为,为交易出具的《审计报告》《评估报告》引用的财务数据都是虚假的。2020年1月,B公司以A公司未按时支付第三笔股权转让款构成违约为由,向法院起

* 柳辰:北京市金杜(深圳)律师事务所律师,深圳市律师协会第十一届公司法律专业委员会委员。

诉,要求A公司支付第三笔股权转让款4000万元及违约金。

二、问题的提出

本案中,A公司以1亿元的价格受让B公司持有的C公司10%的股权。然而,在A公司成为C公司股东才仅仅半年时间后,C公司的股权价值就出现断崖式下滑,甚至一文不值,A公司因此遭受了巨大的经济损失,这显然已经不能构成正常的商业风险。并且,双方签署的合同中并没有约定在出现类似情况时应当如何处理,由此引发了双方的争议,B公司坚持要求A公司继续按照股权转让协议约定支付剩余的股权转让款,A公司则认为自己花了1亿元受让一个不值钱的股权,继续支付剩余的股权转让款对己方极不公平,也不愿意支付剩余的股权转让款。从B公司角度而言,股权转让合同合法有效,且股权已经变更登记至A公司名下,A公司当然应当履行付款义务。然而从A公司角度出发,A公司又能基于何种抗辩理由对抗B公司呢?

笔者认为,本案中A公司可以利用瑕疵担保责任制度进行抗辩。对此,我们需要分析以下两个核心法律问题。

1. B公司是否应当就转让给A公司的C公司10%股权承担瑕疵担保责任?

2. 如果B公司应当承担瑕疵担保责任,具体的责任承担方式是怎样的?

三、问题分析

(一)什么是瑕疵担保责任

瑕疵担保责任是民法领域中一项古老的制度,起源于罗马法,是指出卖人对其所交付的标的物,应担保其权利完整无缺并且依通常交易观念或当事人的意思,认为应当具有价值、效用或品质。如果出卖人违反或未履行此项担保义务,则应承担法律后果。买卖合同是有偿合同,买受人向出卖人支付相应的价款,是为了取得无瑕疵的标的物。出卖人交付的标的物或标的物上的权利若有瑕疵,却收取高于该瑕疵物的价值的价款,就违反了公平交易的原则,只有令出卖人承担修理、更换、重作、退货、减少价款或报酬等义务,才能平衡双方当事人之间的利益关系。即使出卖人对瑕疵没有过失,也应如此处理。

一般来说，瑕疵担保责任分为两类，一为权利瑕疵担保责任，即债务人担保给付标的物之权利无瑕疵；二为物的瑕疵担保责任，即担保给付标的物无瑕疵，包括标的物的价值、效用或品质无瑕疵。本案中，A 公司所要主张的应当是后者。

（二）股权转让合同是否适用瑕疵担保责任

最高人民法院《关于审理买卖合同纠纷案件适用法律问题的解释》第 32 条第 1 款规定："法律或者行政法规对债权转让、股权转让等权利转让合同有规定的，依照其规定；没有规定的，人民法院可以根据民法典第四百六十七条和第六百四十六条的规定，参照适用买卖合同的有关规定。"根据该司法解释的规定，对股权转让合同的处理可以适用《民法典》对买卖合同中瑕疵担保责任的相关规定，A 公司具备适用瑕疵担保责任的基础。

（三）物的瑕疵担保责任的构成要件

1. 转让标的具有物的瑕疵

笔者认为，物的瑕疵大体上分为客观说和主观说两种观点。

按照客观说，系指所交付的标的物不符合该种物所应具备的通常性质及客观上应有的特征。

依据主观说，则为所交付的标的物不符合当事人约定的品质，致灭失或减少其价值或效用。

根据《民法典》第 615 条、第 616 条的规定，我国对于标的物的瑕疵兼采主观说和客观说。只要转让标的含有隐蔽的缺陷或其他与合同约定不符的品质问题，以致不符合标的物的用途或其使用价值减少，即质量不符合约定或法定的标准，即构成瑕疵担保责任，从客观上则反映为标的物的实际价值严重低于其交易价格。

股权作为转让标的，其与一般有形资产相比存在一定特殊性。根据《公司法》第 4 条第 2 款的规定，"公司股东对公司依法享有资产收益、参与重大决策和选择管理者等权利"，可见股权是股东依法享有的从公司获得财产利益并参与公司治理的权利。股权的价值主要体现在股东对公司的控制、支配及获得资产收益，与公司的资产状况息息相关。如果公司的资产状况存在隐蔽缺陷，如虚报公司名下不动产、动产等财产价值，虚增公司收入，隐瞒公司对外负债，将必然导致依据公司提供的反映公司资产状况的财务数据不实，据此作出的审计报告、评估报告也将无法反映公司的实际资产状况。因此，公司的资产状况是股权定价的基础，将不真实的公司资产状况作为股权交易的定价基础，将会导致出现交易价格远高于其实际价值的股权，此类股权便存在物的瑕疵。

本案中，在A公司与B公司签署股权转让协议时，C公司存在隐瞒负债、虚增利润的情况，相应地，作为股权定价参考依据的《审计报告》《评估报告》并未真实反映C公司实际的对外债务或隐性债务，进而致使交易定价基础与实际价值差异巨大，由此产生的差异已构成本案转让标的的股权存在物的瑕疵。

2. 标的物的瑕疵须于买卖标的物风险转于买受人时业已存在

标的物价值减损的风险随着标的物的转让而发生转移，因此，只有在物的瑕疵发生在买卖标的物的风险转移之前，由此造成的实际价值与交易价值的明显差异的责任才应由出卖人承担。

本案中，如前所述，物的瑕疵主要是指案涉股权转让交易时确定交易价格所依据的《审计报告》《评估报告》与案涉股权的实际价值存在明显差异。也即判断该瑕疵的形成时间，应当以该价值差异的形成时间作为判断标准。由此，可以基于以下两种判断标准，一为《审计报告》《评估报告》所载财务数据在形成时是否已存在错误；二为《审计报告》《评估报告》所载财务数据或股权价值认定依据是否相较于形成时的真实股权价值存在明显差异。

结合案情，C公司在股权转让交易完成后不足一年时间内，在其内部管理及外部环境并未发生重大变化的情况下，财务数据却突然发生急剧恶化，从一家稳定盈利的领先企业变为背负巨额负债的企业，面临资不抵债甚至濒临破产的局面，明显不合常理。这几乎不可能是因为C公司在这一年内自身经营管理出现问题或是受外部环境影响导致的剧变，在无相反证据的情况下，可以认定在交易时C公司的真实股权价值与《审计报告》《评估报告》所反映的财务数据及股权价值认定依据存在显著差异，也即股权标的物的瑕疵在合同订立之前就已经存在。

3. 受让人在订立合同时不知道或不应当知道标的存在物的瑕疵，善意并无重大过失

瑕疵担保属于法定责任，不以股权交易双方是否对此存在约定为前提，只要合同没有明确豁免股权转让方的该项责任或者不存在股权受让方明知

有债务隐瞒仍签署合同的重大过错，股权价值存在瑕疵时，股权转让方都应当承担瑕疵担保责任。同时，对于买受人而言，还需要满足消极要件，也即买受人如果在交易时知道或应当知道转让标的存在物的瑕疵时，则不得再行主张出卖人的瑕疵担保责任。

本案中，没有任何证据能够证明A公司在完成案涉交易前，对C公司的股权价值实际情况有所了解，相反的是，本案所涉及的物的瑕疵本身即是《审计报告》《评估报告》所载C公司股权价值信息与实际不符导致的。除非有证据证明A公司明知其受让股权所依据的《审计报告》《评估报告》是不实的，否则应认定A公司对标的存在物的瑕疵并不知情。

因此，本案情形符合上述瑕疵担保责任的三个构成要件，B公司应当依法对其转让给A公司的股权承担瑕疵担保责任。

（四）瑕疵担保责任的承担方式

在构成瑕疵担保责任的情况下，《民法典》第610条规定："因标的物不符合质量要求，致使不能实现合同目的的，买受人可以拒绝接受标的物或者解除合同。买受人拒绝接受标的物或者解除合同的，标的物毁损、灭失的风险由出卖人承担。"第617条规定："出卖人交付的标的物不符合质量要求的，买受人可以依据本法第五百八十二条至第五百八十四条的规定请求承担违约责任。"

结合上述法律规定可知，物的瑕疵担保责任的救济方法有以下四种：第一，修理、更换、重作；第二，减少价款；第三，解除合同；第四，赔偿责任。对于交易标的为公司股权的，则无法采取修理、更换、重作的方式对标的物的瑕疵进行修正，而只能通过减少价款、解除合同、赔偿损失的方式，要求出卖人承担责任。

在实践中，对于减少价款和赔偿损失的主张，一般是在买受人在受让股权时，如买受人所受让的股权存在瑕疵导致其价值减损的，则买受人有权要求出卖人减少相应的交易价款或赔偿相应金额的损失，此种争议性较小。

而在标的物出现瑕疵是否可以解除合同的认定标准上则存在较大争议。按照《民法典》第610条的规定，物的瑕疵情形只有在致使合同目的无法实现之时，才可能构成解除合同的情形。对于合同目的无法实现的认定，通说认为，其等同于根本违约，此时因合同一方的履行利益落空，合同已无继续履行之必要。司法实践中许多争议源自对不同交易的“合同目的”的认识差异，对此，有必要结合合同的性质、约定内容、履行方式等问题进行综合判断。

本案中，驱使A公司出高价收购C公司股权的动因，是其看中C公司股权背后所代表的C公司所有者权益，以及这些所有者权益未来可能带来的股权投资分红及收益。C公司实际的资产情况决定了股权的实际价值，作为股权出让方的B公司应当保证C公司的财产真实存在，才能保证股权价值得以实现。虽然从股权交割来看，A公司已经实现了相应的目的，但是从收益角度看，A公司以1亿元的价格收购了一家未能按期实现分红、实际负债累累，甚至资不抵债（如未来C公司短期内进入破产程序，则相当于全部股东的所有者权益清零成为确定性事实）的公司的股权，A公司投资C公司以获取投资收益的目的自始就无法实现。

因此，笔者认为，本案中A公司可以主张此次交易的基本目的落空，解除股权转让协议，并要求B公司承担因标的物瑕疵问题所导致的合同解除的相关法律责任。

四、结语

在股权转让交易中，非标的公司既有股东的股权受让方由于此前并未实际参与标的公司的经营管理，对于标的公司真实的经营、资产状况了解程度往往不如股权转让方。而公司的资产状况往往是股权定价的基础，一旦标的公司存在未经披露的债务的情况，则相当于公司的真实资产状况劣于其披露的资产状况，极有可能导致股权转让的对价远远高于股权的实际价值，由此将给股权受让方造成经济损失。此时，在股权转让协议并未有相应约定的情况下，股权受让方可以考虑利用瑕疵担保责任制度寻求救济。

（特约编辑：葛翠寒）

未届期转让股权的股东对公司债务的清偿责任

江招銮*

一、问题的提出

自采用公司注册资本认缴制度开始，转让股东认缴期限未届满就转让股权所引发的问题日益凸显，在《全国法院民商事审判工作会议纪要》（法2019〔254〕号，以下简称《九民纪要》）施行后，认缴出资加速到期的案例亦大量出现，此时受让股东会因出资义务加速到期而在未出资范围内对公司不能清偿的债务承担连带清偿责任。那么，转让股东在出资义务加速到期后是否应对公司不能清偿的债务承担责任？

本文试图通过分析司法实践中的典型案例以及《公司法》等相关法律法规规定，厘清转让股东未届出资期限而转让公司股权，在出资义务加速到期后是否应对公司不能清偿的债务承担责任的问题。

二、司法实践的认定和判断标准

（一）认定"转让股东不承担责任，受让股东承担责任"的司法实践

在中格公司、聂某斌建设工程施工合同纠纷案〔1〕中，最高人民法院认为，中格公司主张聂某斌系中以光通信公司的发起人，身份有别于其他股东，应当以认缴额对公司承担责任。然而，中格公司起诉请求并未明确主张聂某斌承担发起人的出资违约责任。且中以光通信公司成立后，聂某斌系

---

* 江招銮：广东竞德律师事务所律师，深圳市律师协会第十一届公司法律专业委员会委员。

〔1〕 参见最高人民法院民事裁定书，(2020)最高法民申2285号。

中以光通信公司占比10%的股东，原判决认定聂某斌在出资义务尚未到期的情况下转让股权，不属于出资期限届满而不履行出资义务的情形，不构成前述司法解释规定的“未履行或未全面履行出资义务即转让股权”的情形，并无不当。中格公司主张聂某斌承担中以光通信公司对中格公司债务的连带赔偿责任，依据不足。

在笔者代理的黑骑公司诉池某、陈某等追收未缴出资责任纠纷案[1]中，深圳市中级人民法院认为，“根据我国公司法相关规定，股东在公司设立时未履行或者未全面履行出资义务，公司请求公司的发起人与被告股东承担连带责任的，人民法院应予支持。黑骑公司设立时的股东为池某、欢朋公司，公司章程规定该两名股东的出资为认缴制，池某、欢朋公司依法享有缴纳出资的期限利益，因此，本案不属于股东在公司设立时未履行出资义务的情形，不适用我国公司法上述规定。黑骑公司主张池某、欢朋公司对现股东陈某喜、正知公司的出资义务承担连带责任，缺乏法律依据，本院不予支持”。

由上述两案的判决可见，司法实践中有法院支持转让股东对认缴出资享有期限利益并随着股权转让转移了出资义务，从而免除其对公司的债务承担连带清偿责任。

（二）认定“转让股东与受让股东均承担责任”的司法实践

在郭某莹与风神轮胎公司、青岛仲鼎润公司执行异议之诉案[2]中，焦作市山阳区人民法院认为：“《公司法》第二十八条第一款[3]规定：股东应当按期足额缴纳公司章程中规定的各自所认缴的出资额。……《最高人民法院关于民事执行中变更、追加当事人若干问题的规定》第十九条规定：作为被执行人的公司，财产不足以清偿生效法律文书确定的债务，其股东未依法履行出资义务即转让股权，申请执行人申请变更、追加该转让股东或依公司法规定对该出资承担连带责任的发起人为被执行人，在未依法出资的范围内承担责任的，人民法院应予支持。……原告郭某莹作为被告青岛仲鼎润公司的原股东，其认缴的出资额为1000000元，已实际缴纳250000元，尚余

---

〔1〕 参见广东省深圳市中级人民法院民事判决书，(2021)粤03民初5474号。

〔2〕 参见河南省焦作市山阳区人民法院民事判决书，(2018)豫0811民初963号。

〔3〕 本案中适用的是2013年《公司法》，相关规定参见2023年《公司法》第49条第1款。

750000元未缴纳。原告郭某莹在公司章程中承诺认缴期限至2044年10月9日,该出资承诺的认缴期限为存续的时间段,在此期间其均有出资义务,故虽其认缴期尚未届满,但其转让股权时对青岛仲鼎润公司仍负有出资义务。另,根据公司法第二十八条的规定可知,股东的出资义务系法律规定的法定义务,不能因原告与股权受让人的约定而予以转移或免除,故原告郭某莹虽将其在被告青岛仲鼎润公司的股权全部转让,但其对被告青岛仲鼎润公司所负的出资责任并不能随之转移或免除。综上,原告郭某莹在未完全履行出资义务的情况下即转让股权,风神轮胎公司在青岛仲鼎润公司财产不足以清偿生效法律文书确定的债务时,申请追加其为被执行人并要求其在未依法出资的范围内承担责任,符合法律规定,应予支持。"

在刘某平等与爱彼公司股东出资纠纷案[1]中,深圳市宝安区人民法院一审认为,《公司法》(2018年)第3条规定,公司是企业法人,有独立的法人财产。公司以其全部财产对公司的债务承担责任。因此,无论是认缴制下还是实缴制下,公司的财产均包含公司注册资本在内。根据《公司法》(2018年)第20条[2]的规定,股东不得滥用公司法人独立地位损害公司债权人的权利。认缴制下,公司股东虽然享有出资期限利益,但当公司不能清偿到期债务并具备破产原因时,未届出资期限的股东在未出资范围内应对公司不能清偿的债务承担补充赔偿责任。该责任不因其股权转让而消灭,否则将导致股东向偿债能力较差的受让人转让股权、逃避出资义务,从而损害公司债权人的利益,增加商事交易风险,违背了公司法律制度的原则。一审法院最终判决刘某平、刘某潘在爱彼公司债务范围内,按出资比例分别承担相应的出资义务;李某辉、胡某民分别按股权转让前的出资比例为限,对刘某平的出资义务承担责任。而广东省高级人民法院二审认为,公司以其全部财产对公司债务承担责任,股东认缴出资所体现的公司注册资本是公司财产的一部分,也是交易相对方判断公司偿债能力,衡量交易风险的重要依据。无论是认缴制还是实缴制,并不改变公司注册资本是公司对外承担责任的基础这一法律设置。我国法律法规不禁止股东在认缴期限届满前转让股权,但股权转让的交易自由和股东期限利益的行使不能损害公司和公司债

---

〔1〕 参见广东省高级人民法院民事判决书,(2021)粤民终1071号。
〔2〕 相关规定参见2023年《公司法》第21条。

权人的利益，股东对公司出资既有合同属性也有法定属性，不当然随着股权的转让而转移。公司对外支付不能时，如允许未届出资期限的股东通过转让股权免除出资义务，实际上规避了法律对公司资本的限制，可能造成公司可偿债财产减少，或股东通过股权转让方式逃脱出资义务，最终危害经济交易秩序，这显然不是认缴制的初衷。二审法院最终判决维持原判，驳回上诉。

由上述两案的判决可见，司法实践中有法院认定转让股东在转让股权时因具备破产原因而出资加速到期，进而认定该转让股权存在瑕疵出资，从而适用最高人民法院《关于适用中华人民共和国公司法若干问题的规定（三）》第19条以及《九民纪要》第6条的规定，判定转让股东应承担瑕疵出资的责任，而受让股东知道或应当知道转让未履行或未全面履行出资义务即转让股权的，应对此承担连带责任。

三、转让未届出资期限股权的股东责任承担

2023年《公司法》（以下简称新《公司法》）颁布实施前，对于未完成实缴且出资期限尚未届满的股权在转让后的出资义务，法律上没有明确规定，司法实践中，除非转让股东为逃避债务恶意转让，否则一般都是由受让股东承担责任。如果受让股东财产能力不足、无力履行出资义务，将导致公司资本的虚假，并危及债权人利益，而转让股东在公司已形成亏损的情况下，将很有可能利用股权的转让逃脱本应承担的经济责任和出资风险，甚至可能发生转让股东和受让股东恶意串通以逃避债务的严重后果。对此，新《公司法》进一步完善了法律规定，其中，第88条明确规定："股东转让已认缴出资但未届出资期限的股权的，由受让人承担缴纳该出资的义务；受让人未按期足额缴纳出资的，转让人对受让人未按期缴纳的出资承担补充责任。未按照公司章程规定的出资日期缴纳出资或者作为出资的非货币财产的实际价额显著低于所认缴的出资额的股东转让股权的，转让人与受让人在出资不足的范围内承担连带责任；受让人不知道且不应当知道存在上述情形的，由转让人承担责任。"

由此可见，转让股东未届出资期限而转让公司股权，出资义务加速到期后，由受让股东承担缴纳该出资的义务；而当受让股东未按期足额缴纳出资时，转让股东对受让股东未按期缴纳的出资承担补充责任。笔者认为，严格

要求转让股东对其持股期间的公司债务承担相应责任符合立法本意及司法实践需求，理由如下。

首先，股东出资的约定系股东与公司之间的契约。股东对公司的出资义务源于股东与公司之间就公司资本与股权份额的约定，对于股东而言，其以出资行为换取公司相应份额的股权，对于公司而言，其以公司股权换取公司运营所需资金。既然出资协议系股东与公司之间的契约，那么该契约应由《合同法》（已失效）规则予以规制。当然，基于公司作为商事活动所创设的基本组织的特性，该契约还受新《公司法》所规定的特殊规则的约束。

其次，在公司注册资本认缴制度下，股东出资义务系其对公司附期限的契约。股东对公司的认缴出资义务应是股东对公司的附期限的承诺，股东在初始章程或增资合同中作出的认缴意思表示属于民法上为自己设定负担的行为，本质上是债权债务关系的建立。通过认缴，股东成为出资契约中的债务人，公司则成为出资契约中的债权人。因此，对于公司资本的认缴是债权的成立，而对公司资本的实缴是债权到期后债务人的实际履行，股东享有到期缴纳出资的期限利益并承担按期足额出资的义务。

再次，在公司注册资本认缴制下，公司股东虽然享有出资期限利益，但是在公司不能清偿到期债务并具备破产原因时，未届出资期限的股东在受让股东未按期缴纳的出资范围内应对公司不能清偿的债务承担补充赔偿责任，也即转让股东的出资责任并不因其股权转让而消灭，否则将导致股东向偿债能力较差的受让股东转让股权、逃避出资义务，从而损害公司债权人的利益。

复次，公司解散时，债权人可依据最高人民法院《关于适用中华人民共和国公司法若干问题的规定（二）》（以下简称《公司法解释二》）第 22 条的规定，向转让股东主张在其出资范围内承担连带责任。依据《公司法解释二》第 22 条第 2 款的规定，公司解散时，在公司财产不足以清偿债务时，债权人主张未缴出资股东，以及公司设立时的其他股东或者发起人在未缴出资范围内对公司债务承担连带清偿责任的，法院应予支持。股东系以出资为基础对公司承担有限责任，但公司解散之时，在股东仍未能按期出资，资产不足以清偿债务的时候，股东不能依新《公司法》享有有限责任的保护，债权人有权要求股东在其认缴出资的范围内履行其出资义务，偿还对外债务。债权人对于股东的该请求权，系基于公司设立的有限责任的原则而产生，目的是保障公司资本的完整性，维护债权人的应有利益。

最后，公司注销后，公司可依据《民法典》第 523 条的规定向转让股东主张权利。如果公司债务发生于转让股东原持股之时，转让股东与公司之间存在认缴资本的合同义务，股权发生转让之时，因该资本认缴期限未届满，到期出资义务随股权的转让而转让，受让股东继而享有在未来期限内缴纳出资的期限利益以及按期缴纳出资的义务，转让股东因股权转让而失去股东地位，无须履行股东义务，同时不再享有目标公司股东的权利。依据《民法典》第 523 条之规定，当事人约定由第三人向债权人履行债务的，第三人不履行债务或者履行债务不符合约定，债务人应当向债权人承担违约责任。在公司法框架下，股东转让股权，无须目标公司同意，对于公司的资本认缴出资的合同义务，转让给股权的受让股东后，其未按期出资即注销公司的行为，使得受让股东对于公司具有因出资期限届满而向公司支付出资的合同义务，在其未履行的情况下，符合上述法律规定中第三人不履行债务的情形，因此，公司得向转让股东（债权人）主张违约责任。

四、结语

股权的本质是股东和公司之间的法律关系，其中既包括股东对公司享有的权利，也包括股东对公司的出资义务，因此，股权的转让导致股东权利义务的概括转移。转让股东未届出资期限而转让公司股权的，出资义务加速到期后，由受让股东承担缴纳该出资的义务；而当受让股东未按期足额缴纳出资时，转让股东对受让股东未按期缴纳的出资承担补充责任。

司法实践中，为了避免股东因逃避债务而恶意利用股权转让逃脱本应承担的经济责任和出资风险，应当严格要求转让股东对其持股期间的公司债务承担相应责任，以保障商事主体的交易安全，维护诚实信用原则及公平原则。

（特约编辑：郑绪华）

上市公司担保额度预计公告的效力简析

赵　宇*

最高人民法院《关于适用〈中华人民共和国民法典〉有关担保制度的解释》(以下简称《担保制度司法解释》)第9条规定,"相对人根据上市公司公开披露的关于担保事项已经董事会或者股东大会决议通过的信息,与上市公司订立担保合同"是上市公司担保合同有效的必备条件。实践中,上市公司公告的形式和内容多种多样,目前普遍流行的"上市公司担保额度预计公告"方式的效力如何?是否符合《担保制度司法解释》的规定?会否造成上市公司脱保?本文尝试进行探讨。

一、《担保制度司法解释》第9条的规范意旨

自《全国法院民商事审判工作会议纪要》(法2019〔254〕号,以下简称《九民纪要》)将2018年修正的《公司法》(以下简称原《公司法》)第16条[1]认定为效力性强制性规定后,公司担保决议的有无成为担保效力的必要条件。《九民纪要》的逻辑,是为了防止法定代表人随意代表公司为他人提供担保给公司造成损失,损害中小股东利益,进而认为原《公司法》第16条有关决议的要求是对法定代表人代表权的必要限制。同时提出,应以订立合同时债权人是否善意来区别认定合同效力:债权人善意的,合同有效;反之,合同无效。

随着《民法典》出台的《担保制度司法解释》承接了这一立法思路和政策

* 赵宇:北京市君泽君(深圳)律师事务所律师,深圳市律师协会第十一届公司法律专业委员会委员。

〔1〕 相关规定参见2023年《公司法》第15条。

导向，相关规定也基本沿袭了《九民纪要》的相关规定。但对上市公司，却作出较大幅度的调整：一是专设第9条对上市公司担保的情况作出特别规定。二是强调不仅要有“决议”，更重要的是要有“披露公告”。该司法解释的主要执笔人在《〈关于适用民法典有关担保制度的解释〉的理解和适用》一文中认为：“上市公司对外担保，不仅须依据公司法第十六条由董事会或股东大会决议，而且还要对决议公开披露，但如果债权人仅仅是根据披露的信息与上市公司签订担保合同，人民法院也认定担保有效……即使上市公司已根据公司法第十六条由董事会或股东大会对担保事项进行决议，但如果债权人不是根据上市公司公开披露的对外担保的信息签订担保合同，人民法院也应认为担保合同对上市公司不发生效力。”[1]换言之，“有公告没决议”，仍然可能认定有效（根据《最高人民法院民法典担保制度司法解释理解与适用》一书中的观点，这里的“没决议”，应是指公告中上市公司谎称自己有决议，但实际没决议的情况[2]）；但“有决议没公告”，肯定无效。三是打破了一般公司担保无效后仍可能承担1/2或者1/3过错责任的情况，“一刀切”地认定上市公司“不承担担保责任或者赔偿责任”。

立法的意旨当然是在于更好地保护众多中小投资者的利益，但这一严格的规定也使上市公司担保公告成为悬在债权人头上的“达摩克利斯之剑”。如何理解“上市公司公开披露的关于担保事项已经董事会或者股东大会决议通过的信息”？什么形式和内容的披露符合法定要求？现有规则未再进一步明确，也给实践留下了争议空间。

二、上市公司担保额度预计公告的实践情况

关于上市公司应当如何披露“担保事项”，并无统一的标准。实践中，因上市公司融资需求巨大，所涉融资主体众多（子公司、关联公司等），而受股东会、董事会的召开频率和召集难度所限，逐笔决议和公告融资担保事项确实过于烦琐，缺乏可操作性，因此市场上大部分的上市公司实际采取的都是“担保额度预计公告”的方式。所谓“担保额度预计公告”，一般是指在融资

---

〔1〕 林文学、杨永清、麻锦亮、吴光荣：《〈关于适用民法典有关担保制度的解释〉的理解和适用》，载《人民司法》2021年第4期。

〔2〕 参见最高人民法院民事审判第二庭：《最高人民法院民法典担保制度司法解释理解与适用》，人民法院出版社2021年版，第154页。

担保尚未发生时，通过年度股东会决议的方式，对年度内预计可能发生的融资担保额度进行集中公告。实践中该类公告一般会涉及被担保人、担保总额度等信息，有的额度预计公告还会列明系针对“银行等金融机构的融资”，但一般不会披露具体的债权人，或者即便披露也会加一个“等”字进行兜底。此外，有的额度预计公告会写明后续实际发生担保时的授权签约主体和程序（如需要董事会决议抑或只需要法定代表人签字等），有的还会写明后续担保发生时上市公司进度公告的要求，有的则没有该等内容。

应该说，对于上市公司担保额度预计公告，监管规则是允许的。《上市公司监管指引第 8 号——上市公司资金往来、对外担保的监管要求》（中国证券监督管理委员会公告〔2022〕26 号）第 12 条规定：“上市公司董事会或者股东大会审议批准的对外担保，必须在证券交易所的网站和符合中国证监会规定条件的媒体及时披露，披露的内容包括董事会或者股东大会决议、截至信息披露日上市公司及其控股子公司对外担保总额、上市公司对控股子公司提供担保的总额。”《深圳证券交易所上市公司自律监管指南第 2 号——公告格式（2024 年 11 月修订）》（深证上〔2024〕1014 号）也规定：“已审议额度内的担保实际发生时，除按本公告格式披露相关内容外，还应当在相关公告中明确披露对被担保方相关担保额度的审议情况，包括审议过程、审议时间、审议的担保额度以及本次担保前后对被担保方的担保余额（已提供且尚在担保期限内的担保余额，下同）、可用担保额度等。”这说明监管完全允许上市公司进行担保额度预计公告并且加以一定程度的规范。

然而，尽管《九民纪要》出台后监管要求与法律效力性规定之间有了“渐渐靠拢”的趋势，但是担保额度预计公告这种方式到底是否符合《担保制度司法解释》第 9 条的要求，是否会因公告瑕疵而导致担保无效，似乎仍然是一个没有定论的问题。例如，如果债权人在与上市公司洽谈签署担保合同时，上市公司尽管已经有年度内的担保额度预计公告，但是对该担保额度的余额未作披露，债权人尽管善意却也无从准确审查，对此应当如何认定？又或者，尽管有担保额度预计公告，但是预计公告授权董事会办理后续担保事项，如果后续董事会无法出具决议，只是披露进展公告，效力又当如何？特别是，上市公司的融资担保金额往往都很大，又面临一旦担保无效上市公司完全不用担责的情况，在没有明确法律规定的情况下，这些细小的问题都可能演变成巨大的脱保风险，成为债权人不可承受之重。

三、司法实践对担保额度预计公告的认定态度

在当前大力推行类案统一法律适用的精神下，类案判例已经逐渐成为确定当事人行为标准的重要依据。但是存在的问题是，《民法典》及《担保制度司法解释》的施行时间不长，相关判例较少；即便现有能够查到的判例，也存在不同的认定和标准。

有判例直接依据存在担保额度预计公告确定了担保合同的效力。例如，在新海宜公司与通家公司、中国银行宝鸡分行金融借款合同纠纷案[1]中，陕西省宝鸡市中级人民法院依据“新海宜公司于2018年4月25日在巨潮资讯网和《证券时报》发布《关于2018年度公司及控股子公司提供担保额度的公告》，载明其拟在2018年度为通家公司提供不超过60000万元的担保额度，且该事项已经公司董事会会议审议通过”，认定上市公司担保有效。又如，在徽银公司与北讯公司、北讯天津公司融资租赁合同纠纷案[2]中，安徽省合肥市中级人民法院依据“北讯集团关于2018年度对外担保额度的公告载明，2018年度公司（含全资下属公司）拟对全资下属公司申请银行授信及向其他融资机构对外融资事项等提供担保及反担保，合计担保金额不超过160亿元，本次对外担保额度授权期限为公司股东大会审议通过之日起至2018年年度股东大会召开之日止。董事会提请股东大会授权公司总经理陈某先生负责具体组织实施并签署相关合同文件，并授权陈某先生根据实际经营需要在对外担保额度范围内适度调整各全资下属公司之间的担保额度”，认定担保上市公司担保有效。

有判例则赋予债权人更重的审查义务，即除应审查担保额度预计公告之外，还应进一步审查本次担保是否在预计公告额度的范围内，以确定是否属于担保事宜已经决议的情况。例如，在万向信托与华仪集团、河南华仪金融借款合同纠纷案[3]中，浙江省杭州市中级人民法院认为：“虽然华仪电气的公告载明在案涉借款和担保事宜发生的时间段，华仪电气股东大会审议通过了华仪电气为华仪集团担保累计不超过4亿元的议案，但2017年7月

---

〔1〕 参见陕西省宝鸡市中级人民法院民事判决书，(2020)陕03民终1444号。

〔2〕 参见安徽省合肥市中级人民法院民事判决书，(2020)皖01民初1271号。

〔3〕 参见浙江省杭州市中级人民法院民事判决书，(2019)浙01民初2130号。

13 日的公告所涉议案载明，截至当时，不含本次担保计划，华仪电气及公司控股子公司对外担保〈不包括对控股和全资子公司〉累计为人民币 39182.50 万元，2017 年 12 月 25 日的公告所涉议案和 2018 年 1 月 13 日的公告载明的截至 2017 年 12 月 25 日，不含本次担保计划，华仪电气及公司控股子公司对外担保〈不包括对控股和全资子公司担保〉累计金额亦为 39182.50 万元。亦即从 2017 年 7 月 13 日到2017 年 12 月 25 日，华仪电气公告的对外担保累计金额并未发生变化，而万向信托庭审中确认案涉借款、保证等合同签订日期为 2017 年 11 月或 12 月，故本院认为，万向信托并未能提供充分证据证明华仪电气就案涉借款的保证事宜经过股东会或者股东大会决议。”

另有判例似乎对担保额度预计公告持否定态度。例如，在赫美集团等与美拉克美公司金融借款合同纠纷案〔1〕中，北京市高级人民法院认为，“上市公司对外担保的合同必须要公开披露。根据深圳证券交易所和上海证券交易所的上市规则，上市公司所有为他人提供担保的事项，因影响到广大中小投资者的利益和整个证券市场的健康发展，都必须公开披露。因此，与上市公司订立担保合同的相对人是否善意的判断标准是相对人是否根据公开披露的担保信息订立担保合同。相对人根据公开披露的担保信息订立的担保合同，对公司发生效力。相对人没有根据公开披露的担保信息订立的担保合同，对公司不发生效力。本案一审法院已经查明，盛京银行与赫美集团签订的《最高额保证合同》未经股东大会审议通过且未经公告。故在赫美集团没有公开披露《最高额保证合同》的情况下，即使担保事项已经持有赫美集团三分之二以上表决权的股东书面签字盖章同意，盛京银行与赫美集团签订的《最高额保证合同》，亦非善意，《最高额保证合同》对赫美集团亦不发生法律效力。”根据该案证据事实，是存在“《第四届董事会第二十四次（临时）会议决议的公告》及《2017 年第六次临时股东大会决议公告》”这样的担保额度预计公告的。

目前能够查询到的类似判例，较近的也主要是在 2020 年作出的。很多案件并非适用《民法典》和《担保制度司法解释》，可参考性其实不强，但因其明显受到《九民纪要》的影响（尽管在担保决议方面《担保制度司法解释》对《九民纪要》作了大幅修改），也大致反映出裁判思路的转向。《担保制度司

---

〔1〕 参见北京市高级人民法院民事判决书，(2020)京民终 670 号。

法解释》施行后，法院的审查标准应当如何确定，是更加从严还是相对从宽，因目前公开可查询的类似案例较少，尚不好判断。不过，最高人民法院民事审判第二庭所著的《最高人民法院民法典担保制度司法解释理解与适用》一书中，明确将境内上市公司对外担保公告列举了两种方式，一是“单项担保公告。即针对每笔担保事项进行公告，可能在一个公告中披露一起或几起担保事项”。二是“集中担保公告。常以年度担保额度公告及股东大会决议（决议通过担保额度议案）的形式出现，主要是境内上市公司对子公司的集中担保授权，通常会披露被担保人、拟提供担保的额度，部分公告还会披露债权人名称”。[1] 换言之，可以认为最高人民法院并未禁止抑或在某种程度上已经认可担保额度预计公告这种披露方式。从“实质重于形式”的角度出发，问题的核心并不在于公告的样式，而在于从公告的内容上，是否足以认定或者推定本次担保可以落入“上市公司公开披露的关于担保事项已经董事会或者股东大会决议通过的信息”。

四、结语——基于债权人视角的应对和思考

在目前规则不甚明确的情况下，对于债权人而言，显然是更严格的审查更有利于未来纠纷中主张自身的“善意”。根据目前的判例以及最高人民法院在相关理解与适用中的表述，债权人对于相关上市公司公告所需要审查的最重要的内容包括：(1)该担保事项是否已经董事会或者股东大会决议通过；(2)被担保人是否明确；(3)担保的金额是多少；(4)截至本次担保合同签订前，上市公司在预计额度内的担保余额还有多少，本次担保是否能够涵盖在余额范围内。

当然，为谨慎起见，债权人还可以作的进一步审查是：(1)按照法律、监管规则以及公司章程，该担保事项应当经董事会决议还是股东大会决议？(2)公告中有无披露或者限定明确的债权人或者债权人范围？(3)本次担保合同签署时，是否在担保额度预计公告确定的有效期内？(4)公告披露中有无明确/限定担保方式？(5)公告披露中有无明确/限定担保期限(保证期间)？(6)签订本次担保合同的主体是否经过股东大会的授权？其授权是否

[1] 最高人民法院民事审判第二庭：《最高人民法院民法典担保制度司法解释理解与适用》，人民法院出版社2021年版，第157～158页。

仍处于有效期内？等等。尤其是，如果债权人是金融机构或者专业投融资机构，则可能需要提出更加严格的审查要求并做好证据留痕，毕竟在司法实践中，金融机构往往被视为负有更加严格的审慎注意义务的专业主体予以对待。

在立法技术上，一直存在着规范论和裁量论的争议与平衡。规范论者，严格限定标准和条件，易于比对适用，但缺乏灵活度；裁量论者，给定基本的概念和原则，明确立法意旨，交由裁判者结合案件事实加以综合判断。笔者认为，在上市公司担保效力认定和债权人审查标准这一问题上，结合当下中国的市场现状，规范论显然是比裁量论更好的选择。一则上市公司融资担保往往金额巨大，对债权人的利益影响极大，一旦脱保将造成难以挽回的损失，而且在存在担保契约的情况下轻易认定脱保，本身也是对契约精神的破坏；二则明确的规则规范，有助于给予上市公司及其交易相对方准确的行为指导，避免所谓的“钻空子”，否则让债权人自己揣摩立法意旨，为所谓是否尽到“善意审查”而提心吊胆，本身也不利于资本市场的融资和发展；三则中国当前正大力倡导类案适用统一制度，标准不一的判例出现在司法实践中，也显然不利于裁判标准的统一。

不过，在立法补丁或者判例补丁（如最高人民法院指导案例、公报案例等）出台之前，关于这一问题的论争预计还将持续下去。风云变幻的市场、嗅觉灵敏的资本、灵活多样的操作，能否最终经得住司法裁判的检验，尚需时日进行观察。

（特约编辑：黄霆）

公司内外债权人利益的平衡保护对对赌案件的影响

郑绪华*

纵览对赌诉讼案件，自世恒公司、迪亚公司与海富公司、陆某增资纠纷案[1]以来的历年裁判，最高人民法院和各地各级法院之所以认定目标公司回购股东股权的对赌行为无效，几乎都是出于守住资本维持原则的底线以保护债权人利益的考量而作出的相应裁判。

在面对全国范围内大面积和高金额的对赌争议案件裁判时，裁判者能够不仅追求个案裁判结果的公平，还能以更大的视野和格局谨慎对待类案中各方利益分配的裁判公平，在此基础上提出保护债权人利益的裁判理念，其社会责任感令人赞赏。为了达成努力让人民群众在每一个司法案件中能感受到公平正义的目标，裁判者必须在社会公平和个案公平之间进行把握和权衡。这种利益平衡，置于对赌诉讼案件的复杂裁判工作中，应当首先体现为普通债权人利益保护和股东债权人利益保护之间的平衡。如果解决了这个平衡难题，则所有的对赌争议难题都将迎刃而解。

一、关于债权人利益保护的现行法律规定

公司作为法律拟制的法人实体，其不仅享有以股东认缴的出资（即注册资本）和该等注册资本在交易或投资中所衍生的孳息（公司资产）为限对债

* 郑绪华：北京金诚同达（深圳）律师事务所律师，深圳市律师协会第十一届公司法律专业委员会主任。

〔1〕 参见最高人民法院民事判决书，(2012)民提字第11号。

权人承担有限责任的权利,还因其意思表示和处分行为均由法人机关或代表作出,存在被内部人(控股股东、实际控制人等)不当操纵从而损害外部债权人利益的可能。为此,2023 年修订的《公司法》(以下简称新《公司法》)出于保护债权人利益的目的,特别对公司和内部人作了如下规定。

(一)禁止股东滥用股东权利和法人独立地位损害公司和债权人利益

若股东利用其股权所形成的对公司直接或间接的控制权,通过关联交易甚至非交易形态的其他行为(如挪用、侵占等),不正当地转移、侵占或减损公司资产,其行为将直接损害公司利益,也将间接损害债权人利益。为此,新《公司法》作了如下规定:

第 21 条规定:“公司股东应当遵守法律、行政法规和公司章程,依法行使股东权利,不得滥用股东权利损害公司或者其他股东的利益。公司股东滥用股东权利给公司或者其他股东造成损失的,应当承担赔偿责任。”

第 22 条规定:“公司的控股股东、实际控制人、董事、监事、高级管理人员不得利用关联关系损害公司利益。违反前款规定,给公司造成损失的,应当承担赔偿责任。”

第 23 条第 1 款规定:“公司股东滥用公司法人独立地位和股东有限责任,逃避债务,严重损害公司债权人利益的,应当对公司债务承担连带责任。”

第 53 条第 1 款规定:“公司成立后,股东不得抽逃出资。”

(二)禁止董事、监事、高级管理人员等内部人损害公司利益

若公司的实际控制人、董事、监事和高级管理人员利用其管理控制公司的便利,不正当减损公司资产,将直接损害公司利益;且由于公司系以其财产对债权人承担责任,故损害公司利益的行为也会间接损害债权人利益。为此,新《公司法》作了如下规定:

第 22 条规定:“公司的控股股东、实际控制人、董事、监事、高级管理人员不得利用关联关系损害公司利益。违反前款规定,给公司造成损失的,应当承担赔偿责任。”

第 180 条第 1 款规定:“董事、监事、高级管理人员对公司负有忠实义务,应当采取措施避免自身利益与公司利益冲突,不得利用职权牟取不正当利益。”

第181条规定："董事、监事、高级管理人员不得有下列行为：（一）侵占公司财产、挪用公司资金；（二）将公司资金以其个人名义或者以其他个人名义开立账户存储；（三）利用职权贿赂或者收受其他非法收入；（四）接受他人与公司交易的佣金归为己有；（五）擅自披露公司秘密；（六）违反对公司忠实义务的其他行为。"

第182条第1款规定："董事、监事、高级管理人员，直接或者间接与本公司订立合同或者进行交易，应当就与订立合同或者进行交易有关的事项向董事会或者股东会报告，并按照公司章程的规定经董事会或者股东会决议通过。"

第183条规定："董事、监事、高级管理人员，不得利用职务便利为自己或者他人谋取属于公司的商业机会。"（但书条款除外）

第184条规定："董事、监事、高级管理人员未向董事会或者股东会报告，并按照公司章程的规定经董事会或者股东会决议通过，不得自营或者为他人经营与其任职公司同类的业务。"

（三）禁止违法分配利润及公司资产

公司违法向股东分配利润或其他资产的行为，属于不正当地向股东无偿转移公司资产的行为，该行为将导致公司资产不正当地减少，从而损害公司利益进而损害债权人的利益。为此，新《公司法》作了如下规定：

第211条规定："公司违反本法规定向股东分配利润的，股东应当将违反规定分配的利润退还公司；给公司造成损失的，股东及负有责任的董事、监事、高级管理人员应当承担赔偿责任。"

（四）减资程序中保护债权人利益

公司未经债权人同意而违规减资的行为，将导致公司公开承诺用以清偿债务的基础财产（即注册资本）不正当减少，损害了债权人通过公示信息而产生的信赖利益，更直接损害了债权。为此，新《公司法》作了如下规定：

第224条第2款规定："公司应当自股东会作出减少注册资本决议之日起十日内通知债权人，并于三十日内在报纸上或者国家企业信用信息公示系统公告。债权人自接到通知之日起三十日内，未接到通知的自公告之日起四十五日内，有权要求公司清偿债务或者提供相应的担保。"

第226条规定："违反本法规定减少注册资本的，股东应当退还其收到的资金,减免股东出资的应当恢复原状;给公司造成损失的,股东及负有责任的董事、监事、高级管理人员应当承担赔偿责任。”

综上,新《公司法》关于债权人利益保护的规定,其核心在于禁止公司自行或受股东、董事、监事、高级管理人员等内部人操纵而不正当地减少其资产的行为。

二、对赌债权的产生并无内部人控制或滥用内部人权利等因素影响

对赌债权,是指投资方因为对赌条件成就而对目标公司或签署股东所享有的请求回购股权或给付补偿的权利。因此,对赌债权的产生原因,取决于两个条件:第一,双方之间存在对赌合同关系;第二,对赌条件成就。

对赌合同签署时,投资方尚未成为目标公司股东,此时双方并非关联方,故不存在投资方滥用其股东权利操纵对赌条件或对赌回购价格的可能。

虽然对赌条件成就时,投资方因其在此前已经通过增资行为而正式成为目标公司股东,但此时双方并未基于关联方身份而进行磋商订约,也未对对赌条件和对赌回购价格进行任何调整,只是因为此前约定条件的成就而使得已经磋商成立的合同直接进入生效阶段和履行环节。故,即便目标公司在此环节依约向投资方给付补偿资金,也完全排除了内部人控制或滥用内部人权利等因素。

综上,对赌债权并非由于内部人控制或滥用内部人权利等原因而产生,其产生完全属于平等且利益对立的双方之间的合同行为,不具有损害债权人利益的动机。

三、对赌债权的履行并无内部人控制或滥用内部人权利等因素导致的不公平情形

若需论证对赌债权的履行有无内部人控制或滥用内部人权利等因素影响,则需论证两个问题:一是对赌债权是否以优于其他债权的清偿顺位获得清偿;二是公司向对赌投资方回购股权或给付补偿的行为是否构成分配公司的财产?

(一)对赌债权是否以优于其他债权的清偿顺位获得清偿

若双方正常履行对赌合同,虽然此时投资方已经成为目标公司股东,但

其一般并非控股股东,也非实际控制人。因此,投资方作为普通股东对目标公司不能施加不正当的控制力和影响力。

在对赌债权履行时,投资方与目标公司或控股股东之间因对赌债务的清偿而处于利益对立的立场,故投资方应当不可能获得优先于其他债权人而获得清偿的机会。即对赌债权应当与其他普通债权平等受偿,处于同一清偿顺位。若其他债权人对目标公司享有法律明确规定的优先受偿权(如建筑工程款优先受偿等)时,对赌债权将与其他普通债权一样处于劣后受偿的地位。

因此,对赌债权实际与其他普通债权一样,处于平等受偿的地位,并未以优于其他债权的清偿顺位获得清偿。

(二)公司向对赌投资人回购股权或给付补偿的行为不构成分配公司财产,而是偿债行为

新《公司法》并未确定公司向股东分配公司财产行为的具体含义。根据新《公司法》第 236 条第 3 款的规定,"公司财产在未依照前款规定清偿前,不得分配给股东",分配行为应是清偿债务后对公司净资产的处置行为。究其本源,分配行为不是基于债务清偿而发生的,而是仅基于股东与公司之间的身份关系而发生的财产转移行为。

在对赌条件成就后,目标公司向投资方回购股权或给付补偿时所支付的资金,既不是偿债前经过股东会非法决议的违法分红行为,也不是公司因受投资方操纵(投资方一般达不到此种股权比例)而为的变相分红行为,也不是基于章程的特别分配条款而单独向投资方股东而非其他股东所作的优先分红行为,更不是公司未偿债而注销前的资产分配行为。此种资金给付行为唯一正确的定性,就是偿债行为。

综上,对赌债权的履行未享有优先清偿顺位利益而是与其他债权一样平等受偿;因对赌回购或给付补偿而产生的资金给付行为不是违法分红或变相违法分配公司剩余资产的行为,而是偿债行为。对赌债权的履行并未受内部人控制或被内部人滥用权利等而致不公平,不损害债权人利益。

四、对赌债权不因投资方成为股东而消灭

既然对赌债权的产生及其履行均不存在内部人控制或滥用内部人权利

等不正当情形,那么,除非对赌债权因投资方成为目标公司股东而消灭,否则对赌债权就应当与其他普通债权一样合法存续且平等地得到保护。

那么,对赌债权是否因投资方成为股东而消灭呢?

(一)法定的债的消灭原因

《民法典》第557条规定:"有下列情形之一的,债权债务终止:(一)债务已经履行;(二)债务相互抵销;(三)债务人依法将标的物提存;(四)债权人免除债务;(五)债权债务同归于一人;(六)法律规定或者当事人约定终止的其他情形。合同解除的,该合同的权利义务关系终止。"

上述关于债的消灭的原因,概括而言主要有三类:

第一类,债务清偿,即债务人履行债务,如上述规定第1款第1项、第2项和第3项;

第二类,债务豁免,即债权人主动免除债务人的债务,如上述规定第1款第4项;

第三类,债的丧失,即债权因基础丧失而不复存在,如上述规定第1款第5项和第2款。

(二)对赌债权是否因投资方成为股东而消灭

经比较上述债的消灭情形,投资方在投资交易完成后成为目标公司股东的情形不属于上述任一情形。

在对赌协议中,投资方未承诺待其成为目标公司股东后主动豁免对赌债务,且投资方成为股东后并不导致目标公司或原股东主动清偿该等债务,也不导致合同解除、债权债务混同的情形。故对赌债权不因投资方成为股东而消灭。

综上,投资方因对赌协议而享有的针对目标公司的债权,不因投资方成为股东而消灭,投资方仍对目标公司享有债权,该等债权持续存在并平等受法律保护。

五、如何平衡保护股东债权人和外部债权人

如前所述,股东债权人与外部债权人的债权一视同仁,应受同等保护。

如此,外部债权人就可能产生隐忧,毕竟内部股东基于其对公司资产信息和财务信息的掌握,在债权清偿问题上较外部债权人无疑具有更大的优

势。若是涉及控股股东对公司所享有债权的清偿问题,则更可能发生控股股东利用其控制权获得更好的清偿条件从而损害其他外部债权人平等受偿权利的后果,甚至出现控股股东利用控制权虚构债权损害公司和外部债权人利益的情形。为此,需要区分不同情况对内部债权人的债权予以适当限制。限制的路径类型主要如下。

（一）严格审查并适当限制控股股东、实际控制人与目标公司通过关联交易而形成的债权

最高人民法院《关于适用〈中华人民共和国民法典〉合同编通则若干问题的解释》第42条第2款、第3款规定:"转让价格未达到交易时交易地的市场交易价或者指导价百分之七十的,一般可以认定为'明显不合理的低价';受让价格高于交易时交易地的市场交易价或者指导价百分之三十的,一般可以认定为'明显不合理的高价'。债务人与相对人存在亲属关系、关联关系的,不受前款规定的百分之七十、百分之三十的限制。"第43条规定:"债务人以明显不合理的价格,实施互易财产、以物抵债、出租或者承租财产、知识产权许可使用等行为,影响债权人的债权实现,债务人的相对人知道或者应当知道该情形,债权人请求撤销债务人的行为的,人民法院应当依据民法典第五百三十九条的规定予以支持。"最高人民法院《关于适用〈中华人民共和国公司法〉若干问题的规定(五)》第2条规定:"关联交易合同存在无效、可撤销或者对公司不发生效力的情形,公司没有起诉合同相对方的,符合公司法第一百五十一条第一款规定条件的股东,可以依据公司法第一百五十一条第二款、第三款规定向人民法院提起诉讼。"

基于一般的商业逻辑,控股股东或实际控制人对于其与目标公司通过对赌交易而形成的债权,一般不会通过司法诉讼程序主张该等对赌债权,而是通过操纵公司径行清偿。

若其基于特定目的需要通过司法诉讼或仲裁的方式主张对赌债权,司法裁判机构则要严格审查该债权的真实性和正当性,包括债权是否真实存在、交易价格是否公允和偿还方式是否合理等。凡交易价格畸高或畸低的幅度达到上述司法解释规定的相应情形时,可由法院以"行为人与相对人以虚假的意思表示实施的民事法律行为无效"为由主动宣告对赌合同无效,以保护外部债权人的利益。

（二）对于公司在清算或破产环节对内部债权人的债权进行优先清偿的行为限制

若公司已经进入清算环节或者破产程序，则对于内部债权人的债权清偿应更加严格审查和限制。

1. 清算环节不得对关联方的个别债权进行清偿

新《公司法》第235条第3款规定："在申报债权期间，清算组不得对债权人进行清偿。"

2. 破产申请前一年、前6个月至破产受理后，不得对关联方进行个别清偿

《企业破产法》第16条规定："人民法院受理破产申请后，债务人对个别债权人的债务清偿无效。"第31条规定："人民法院受理破产申请前一年内，涉及债务人财产的下列行为，管理人有权请求人民法院予以撤销：（一）无偿转让财产的；（二）以明显不合理的价格进行交易的；（三）对没有财产担保的债务提供财产担保的；（四）对未到期的债务提前清偿的；（五）放弃债权的。"第32条规定："人民法院受理破产申请前六个月内，债务人有本法第二条第一款规定的情形，仍对个别债权人进行清偿的，管理人有权请求人民法院予以撤销。但是，个别清偿使债务人财产受益的除外。"

根据上述法律规定，若在诉讼过程中发现目标公司在清算环节或在前述法定期限内存在向控股股东或实际控制人等关联方就对赌债权进行个别清偿或以不正当价格清偿关联方的对赌债权的情形时，法院亦可以以"违反法律的强制性规定"或"行为人与相对人以虚假的意思表示实施的民事法律行为无效"为由主动宣告对赌合同无效或个别清偿行为无效，以保护外部债权人的利益。

六、结语

基于一般情况下投资方在签署对赌协议时与目标公司根本对立的利益立场，且当时投资方尚不是公司股东可知，对赌债权并非滥用股东权利向股东输送利益而形成，其履行也不存在受内部人控制或影响而导致的不公平情形。对赌债权合法持续存在，且不因投资方成为股东而消灭，故应处于与其他债权一样平等受保护的地位。只是，为了避免内部股东利用其优势地位获得更好的债权清偿条件和清偿顺位，需要对内部股东债权人的对赌债

权予以更严格的识别和限制,以实现实质上同等保护内外债权人的目的,此为内外债权人利益的平衡保护,也是法院在此类案件的审判中应当特别关注的价值目标。

(特约编辑:黄霆)

《九民纪要》之后各类“对赌”方式可行性辨析

陈华庭*

“对赌条款”,又称“估值调整条款”,是在进行股权投融资交易时,为了解决投资方与融资方关于公司信息不对称导致的对公司未来发展及股权价值判断的偏差,而设计的一种估值调整机制的相关约定,这类条款往往构成股权投融资合同的组成部分。实践中,常见的对赌方式包括股权回购、现金补偿、股权调整等,对赌目标包括上市目标、经营业绩、其他企业发展目标等,与投资方对赌的对象包括股东或实际控制人(以下统称股东)、公司,对赌约束包括单向对赌、双向对赌。由于投资方在交易中往往占据强势地位,大量的“对赌条款”是从投资方角度出发进行设计的,实际效果是,赌赢了,投资者获得高额的投资回报,赌输了,投资者通过回购或补偿不仅可以回收投资本金,还可以获得不低于银行贷款利息的收益,这样不仅极大地降低了投资方的投资风险,而且事实上使得股权投资更接近于存在最低保底收益的借贷,走向了股权投资的反面(债权投资)。因此,“对赌条款”自从引入我国的股权投资实践后就一直备受争议。

最高人民法院在对赌第一案——世恒公司、迪亚公司与海富公司、陆某增资纠纷案[1](以下简称“海富案”)中确立了“与股东对赌有效,与公司对赌无效”的裁判规则后,投资界一片哗然,法律界对“对赌”的争议不仅没有

---

* 陈华庭:北京金诚同达(深圳)律师事务所律师,深圳市律师协会第十一届公司法律专业委员会委员。

〔1〕 参见最高人民法院民事判决书,(2012)民提字第11号。

平息，反而更加激烈。中国国际经济贸易仲裁委员会于2014年9月作出的〔2014〕中国贸仲京裁字第0779号仲裁裁决书中对与公司对赌的效力作出了与最高人民法院不同的认定；江苏省高级人民法院在华工公司与扬锻公司、潘某虎等请求公司收购股份纠纷案[1]中亦持与"海富案"相反的观点，认可了投资方与公司对赌条款的效力。此外，对于投资方与股东对赌，公司提供担保的效力，最高人民法院又通过通联公司与新方向公司、久远公司与公司有关的纠纷案[2]（以下简称"通联案"），以及强某延与曹某波、瀚霖公司股权转让纠纷案[3]（以下简称"强某延案"），分别确立了"有股东会决议担保有效""无股东会决议担保无效，公司部分担责"的裁判规则。2019年11月8日，最高人民法院公布《全国法院民商事审判工作会议纪要》（法2019〔254〕号，以下简称《九民纪要》），在第二部分"关于公司纠纷案件的审理"第1条（总第5条）对"对赌"纠纷提供了最新裁判规则指引，可见对于这一争论，统一裁判思路的工作已经迫在眉睫。

正是由于这些影响巨大的司法裁判规则提供的预期和指导，股权投资实践中，顾问律师和投资方也随之纷纷调整"对赌条款"的设计和实践。在这些调整过程中，也出现了一些"头痛医头，脚痛医脚"的现象，往往为了解决这个问题又出现那个问题，最终导致防范投资风险的目的再次落空。结合《九民纪要》公布后一段时间来笔者看到的各种关于"对赌条款"设计的建议及笔者本人的一些思考，本文试图对其可行性进行梳理分析，以期对股权投融资参与者有所启发。

一、与股东或实际控制人对赌

自从最高人民法院"海富案"判决公布后，很多投资方已放弃与公司直接进行对赌，转而选择仅与股东进行对赌。《九民纪要》第二部分"关于公司纠纷案件的审理""（一）关于'对赌协议'的效力及履行"中指出，"对于投资方与目标公司的股东或者实际控制人订立的'对赌协议'，如无其他无效事由，认定有效并支持实际履行，实践中并无争议"，进一步肯定了投资方与股

〔1〕参见江苏省高级人民法院民事判决书，（2019）苏民再62号。

〔2〕参见最高人民法院民事判决书，（2017）最高法民再258号。

〔3〕参见最高人民法院民事判决书，（2016）最高法民再128号。

东对赌的有效性。但这一做法面临的问题也很明显,具体分析如下。

（一）履约能力和条件问题

大量创业者的资产全部投入公司,一旦对赌失败,股东履行对赌协议的能力较弱,而公司由于获得了股东的资金支持和股权融资,可能还有部分转化的资产和留存的现金。在此情况下,仅要求资产已消耗殆尽的股东履行对赌义务支付回购款或现金补偿,显然不能很好地保护投资方的利益。相较于投后管理期间投资方可以定期获取公司财务报告及可以查阅财务资料的便利条件而言,我国对于个人财产公示制度的规定尚不完善,也进一步增加了投资方寻找股东财产获得对赌债务受偿的难度。

对此,笔者提出优化建议:在投资方与股东对赌时,由股东以其持有的目标公司股权或其他资产提供质押或抵押担保。

（二）夫妻共同财产清偿问题

由于公司的有限责任属性,我国目前在国家立法层面尚未建立个人破产制度,这意味着个人将会对自己的债务承担无限责任。如果股东是个人,投资方选择与股东个人对赌在理论上有更大的受偿机会,但是这给股东个人及家庭造成的冲击也是显而易见的。自从“小马奔腾对赌案”引爆社会关注后,各界对创业公司股权融资过程中形成的股东对赌债务到底是个人债务还是夫妻共同债务展开了激烈争辩,最高人民法院为此也紧急出台了《关于审理涉及夫妻债务纠纷案件适用法律有关问题的解释》(法释〔2018〕2号,已失效)。根据该解释精神,结合股权融资的实践(股权投资的融资方往往是公司而非股东,创业型公司在前期大量的投入无法形成可分配利润的情况下,股东个人的家庭无法从公司的股权融资中直接受益),如果没有个人股东配偶的确认,对赌债务大概率可能会被认定为股东的个人债务,不能用夫妻共同财产进行清偿,对赌股东的责任财产可能会大打折扣。即使投资方能找到股东的财产,在执行阶段其配偶也可以提出执行异议,这本来就会极大地增加投资方实际获得清偿的难度,一旦股东通过离婚析产方式转移财产逃避债务,那么投资方获得清偿的机会就会更加渺茫。

对此,笔者提出优化建议:对赌条款由回购或补偿义务人的配偶确认属于夫妻共同债务,同意共同承担连带清偿责任。

（三）其他债权人的撤销权问题

在回购型对赌中,作为股东的回购人支付回购价款可以获得公司股权作为对价，但是在现金补偿型对赌中，作为股东的补偿义务人除了支付补偿款外，并没有获得任何对价，也不享有对公司的追索权，在公司股权融资过程中也没有直接获得投资方的投资资金，因此，股东对投资方进行现金补偿等同于无偿处分了其自有财产（也有学者认为，股权投资过程中股东的股权被高估本身也是一种获益，可以视为对赌补偿的对价，但笔者认为，随着公司对赌目标的落空，股东原先持有的公司股权价值被高估部分已然下降乃至归零，所谓的获益并未成为现实，因而不能被视为现金补偿的对价）。如果该股东还有其他债权人（创业者孤注一掷举债投入公司的情况也比较普遍），该等无偿处分行为可能会损害其他债权人的利益（导致股东无力清偿对其他债权人的债务），依据《民法典》第 539 条的规定，存在被撤销的风险。从《民法典》第 539 条及历年来相关司法解释的规定来看，债权人对无偿处分财产行为的撤销权并不以债务人具有主观恶意为前提，只要损害了债权人的利益即可。对赌失败后，股东向投资方进行现金补偿的行为，只要被其他债权人申请撤销，投资方的补偿请求权就可能落空或出现障碍。虽然目前笔者还没有检索到相关案例，且司法实践中为了维护交易安全，对撤销权的支持也会受到严格限制，但是仍不妨作为一个应对切入点，尤其是股东的其他债权人。

对此，笔者提出优化建议：采取双向对赌，股东以对赌成功时可能获得的额外股权奖励为对价，承担对赌失败时的补偿义务，由此将“对赌条款”明确或靠近为“射幸条款”，尽量避免将股东对赌失败时的补偿认定为无偿处分财产的风险。

二、与股东对赌，由公司担保

这种“对赌条款”使得投资方在对赌失败后可以根据偿债能力和资产线索灵活地选择股东或公司要求履行对赌的回购或补偿义务。《九民纪要》虽然原则上肯定了投资方与股东对赌的效力，但是对于公司为股东对赌义务提供担保并无直接的指导意见，而是在后面的第 18 条中，肯定了公司可以在符合 2018 年《公司法》第 16 条（即 2023 年《公司法》第 15 条）规定的前提下召开股东会作出决议为股东提供关联担保。结合最高人民法院此前在“通联案”和“强某延案”中确立的裁判规则，基本可以判断，只要公司依法作出股东会决议，其为股东履行对赌义务向投资方提供担保并不存在法律上的障碍，但是在实践中需要注意下列问题。

（一）与股东对赌条款被撤销的问题

由于在这种“对赌条款”的安排下，对赌的主债务人是股东，公司是从债务人，如前文所述，抛开偿债能力不论，一旦股东的其他债权人撤销现金补偿的“对赌条款”的请求被支持，那么主债务将不存在，公司的担保义务也会不复存在，而且在此情况下公司因为没有过错，更不需要对投资方承担任何责任。

（二）担保的决议问题

公司仅在包含“对赌条款”的股权投资合同上盖章，确认公司为股东对赌义务提供担保，不能产生有效的担保效果，还需要公司另行召开股东会作出决议。虽然《九民纪要》第 19 条第 4 项规定只要参与签约的股东持有公司表决权的 2/3 以上可以不用召开股东会作出担保的决议，但这毕竟是例外情形，而且在计算签约股东所持表决权时，根据 2018 年《公司法》第 16 条第 3 款的规定，被担保股东（通常是大股东或实际控制人）或被实际控制人支配的股东需要回避表决。为了避免因此发生争议，笔者建议抓住股东和公司热切期盼投资的时机，还是要公司依法作出同意担保的股东会决议。根据《九民纪要》第 29 条意见，召开股东会作出决议是公司内部治理范围，不能通过诉讼方式强制要求。因此，在设计公司为股东对赌义务提供担保的“对赌条款”时，就需要将召开股东会作出有效决议这一对公司内部治理活动的要求转化为参与签约的各股东的义务。

对此，笔者提出优化建议：在股权投资合同中约定，在投资方履行出资义务之前，签约股东应限期提议召开股东会，并积极参会和投票表决，促成公司作出同意为股东对赌义务向投资方提供担保的有效股东会决议；此外要求公司在股东会决议之外另行向投资方提供担保函（因为股东会决议只是完成了内部决策程序，对外进行意思表示需要签订单独的担保函），并将股东会决议作为担保函附件一并提供给投资方。

三、与公司对赌，由股东提供担保

《九民纪要》已经明确改变关于与公司进行对赌的态度，转而确立了原则上认定有效的态度，虽然在实际履行中设置了前置性条件，导致有些人认为认定与公司对赌有效不过是给投资方画了一个根本就吃不上的饼,[1]但是对于对赌义务的担保人而言,效果就完全不同了,即使与公司对赌的约定有效但不能实际履行,担保不会因此无效,投资方依然可以要求提供担保的股东承担其对于对赌义务的担保责任。在股东为公司对赌义务提供担保时,公司是对赌义务的主债务人,股东承担担保责任后还可以向公司追索,因而也免除了股东无偿承担债务而可能损害其他债权人利益导致被撤销的风险。因此,《九民纪要》出台后,在设计"对赌条款"时,从对象选择上来看,由投资方与公司进行对赌,并由股东提供担保目前暂无明显障碍,但在实践操作中仍然需要注意如下问题。

(一)《公司法》对公司回购自己股权的限制

2018 年《公司法》第 142 条(即 2023 年《公司法》第 162 条)原则上禁止股份有限公司收购自己的股份,一旦投资的公司改制为股份有限公司,则公司回购股权将在法律上不可行(公司因对赌回购自己的股份,不属于法定的例外许可情形)。

《公司法》对有限责任公司回购自己的股权虽然没有明文禁止,在我国民商合一的立法体例下,根据私法领域"法无禁止即可为"的原则理解,该回购安排应为可行;但是实践中,除非公司回购的股权同步另行转让或公司同时通过减资方式注销回购的股权,公司登记机关普遍无法办理有限责任公司自己持有自己股权的登记手续,这也导致有限责任公司回购自己的股权无法实际履行。虽然公司可以不办变更登记手续,仅变更股东名册记载完成回购交易,但是根据《市场主体登记管理条例》第 24 条的规定,公司股东发生变更之日起 30 日内应当办理变更登记手续,因此,该等变通做法只有 30 日的期限,不能解决根本问题。若投资方收到回购款后,因为其他债务导致已由公司回购但未办理变更登记手续的股权被冻结,则还会引发一系列的其他纠纷,也将妨碍公司再次引入其他投资方。

(二)股东为公司或合伙企业时的决议问题

如果为公司对赌义务提供担保的股东是公司或合伙企业,由于签订包括"对赌条款"的股权投资合同时,担保的股东可能并没有依法作出股东会

---

[1] 参见最高人民法院民事审判第二庭:《〈全国法院民商事审判工作会议纪要〉理解与适用》,人民法院出版社 2019 年版,第 115、118 页。

决议或合伙人会议决议，而股东的股东或合伙人也不是股权投资合同的当事方，不能按照《九民纪要》第19条第4项认定为完成担保的决策过程，因此，需要投资方在股权投资合同之外另行跟进，取得股东公司或合伙企业同意提供担保的股东会决议或合伙人会议决议。为了将这个决议与股权投资合同的履行关联起来，保障投资方在出资前获得有效担保，建议在股权投资合同中约定，股东提供有效的同意担保决议文件作为投资方履行出资义务的前提条件之一。

（三）个人股东的配偶确认问题

如前文所述，个人股东的对赌债务可能被认定为个人债务，那么为公司对赌提供担保而产生的债务就更可能被认定为个人债务了。为了扩大责任财产范围，增加对投资方的保障，在股东个人提供担保之外，建议尽量由其配偶确认担保债务属于夫妻共同债务，愿意与担保股东共同承担连带保证责任。

四、回购类——事先通过附条件生效的股东会决议

《九民纪要》第5条第2款规定，因对赌而要求公司回购股权的，需要以公司履行减资的程序为前置条件，这一规定的出发点是为了维护资本维持原则和保护债权人利益。根据我国《公司法》的规定，减资事项需要经过公司股东会特别多数决议，而这一决议又属于公司内部治理的范围，投资方无法通过起诉的方式判决目标公司作出减资决议。因此，实践中一旦触发对赌履行条件，公司往往难以通过减资的特别决议，导致“对赌条款”事实上无法履行。为了解决这一难题，有人建议要求公司股东事先签署好相关附生效条件的涉及减资的股东会决议，待约定的条件成就时决议即产生效力，保证对赌条款的有效履行。[1] 尽管我国《民法典》第134条已经将公司决议行为列为民事法律行为的一种，同时也认可民事法律行为可以附生效条件（按其性质不得附条件的除外），但是公司决议行为能否附生效条件、所附生效条件是针对决议行为本身还是针对决议的履行行为，这些都可能发生争议。

---

〔1〕 参见张未：《“九民纪要”第5条：公司回购型对赌协议中的问题、风险及解决方案|法客帝国》，载微信公众号“法客帝国”2020年2月22日，https://mp.weixin.qq.com/s/unasMjSNkbAZ_vBMRo0EIQ。

抛开这些争议不论，下面两个问题可能也会导致这一建议执行起来困难重重。

（一）其他债权人的减资异议问题

根据2018年《公司法》第177条第2款（即2023年《公司法》第224条第2款）的规定，公司应在作出减资决议后及时通知债权人并进行公告，债权人有权要求公司清偿债务或提供担保。我们将这一环节简称为“债权人异议”环节。需要注意的是，《九民纪要》第5条第2款尾句所述的“未完成减资程序”的驳回回购请求，此处所指“减资程序”除了公司作出减资决议之外，是否还包括“债权人异议”环节？根据最高人民法院民事审判第二庭的解读，之所以要求目标公司必须履行先减资的程序，实质上是正确处理公司股东与公司债权人之间的关系；在目标公司没有履行减资程序以保护债权人利益的情况下，对投资方有关目标公司回购期股权的请求，不应予以支持。[1] 从上述解读可以看出，减资程序就是为了保护债权人利益，“债权人异议”环节是完成减资程序的应有之义，仅仅事先作出一个减资的股东会决议，仍不能顺利完成减资程序。

抛开起诉方式不考虑，如果公司事先作出的减资决议所附生效条件成就后，不通过“债权人异议”环节，由公司直接通过减资方式回购投资方所持股权是否可行？在德力西公司诉江苏博恩公司、冯某、上海博恩公司买卖合同纠纷案[2]中，上海市第二中级人民法院认为，公司未对已知债权人进行减资通知时，该情形与股东违法抽逃出资的实质以及对债权人利益受损的影响，在本质上并无不同，并据此判决公司减资的原股东仍然要在收回减资款的范围内对公司债务承担补充责任。在万丰光伏公司诉广力投资公司、丁某焜等买卖合同纠纷案[3]中，江苏省高级人民法院也支持了公司债权人要求减资前的原股东对公司债务承担补充责任的请求。《最高人民法院公报》2017年第11期和2018年第12期先后刊载了上述两个案例，学术界对

---

〔1〕 参见最高人民法院民事审判第二庭：《〈全国法院民商事审判工作会议纪要〉理解与适用》，人民法院出版社2019年版，第117页。

〔2〕 参见上海市第二中级人民法院民事判决书，(2016)沪02民终10330号。

〔3〕 参见江苏省高级人民法院民事判决书，(2015)苏商终字第00140号。

这一问题的意见也基本一致。[1] 由此可见，在对赌回购条件成就后，即使公司依据事先作出的减资股东会决议，如果没有经过“债权人异议”环节即回购了投资方的股权，投资方可能也会面临公司其他债权人的追索，不能实现全身而退的目的。

（二）决议生效前股东或股权变更问题

股权投资的对赌条件一般会有几年的周期，在这期间如果公司继续进行股权融资，就可能导致股东和股权比例都发生变化，原先签字的股东可能会退出，而新加入的股东可能并没有在附生效条件的减资决议上签字，甚至有可能原先已签字的股东所持股权比例已稀释至不足 2/3。根据 2023 年《公司法》第 224 条第 3 款[2]的规定，有限责任公司对投资方股东股权回购后进行定向减资，需要经过全体股东同意（如前文分析，股份有限公司不能通过回购股份减资），如有新加入的股东，可能也难以满足这一条件。在此情况下，原先签署的附生效条件的减资决议，在条件成就后能否对新股东产生约束力、能否继续履行都将面临极大的不确定性。如果所附生效条件是针对股东会决议本身的，因股东或股权变化导致在条件成就时具备股东资格的表决票数已不满足决议通过的要求，因而减资决议也不能发生效力，从而无法达到减资的目的，因而回购请求也可能无法得到支持。

五、回购类——预设股东开会表决减资义务

既然完成减资程序需要公司作出股东会决议，有人选择在股权投资合同中约定，对赌回购条件成就时，股东有限期召集股东会和参会表决同意减资的义务，从而将不可诉的公司内部治理活动转化为参与签约各股东的合同义务，一旦各股东不积极推动公司作出减资决议，则将公司的回购障碍转化为股东的违约责任，从而保障投资方回收投资成本及收益。由于这种开会表决义务的设定，与要求股东承担回购义务或回购担保义务相比更容易履行，且本身并不涉及经济责任，即使要求全体股东承担这样的义务，也会

---

〔1〕 参见李志刚主编：《民商审判前沿：争议、法理与实务》（第 1 辑），人民法院出版社 2019 年版，第 465 ~ 467 页。

〔2〕 2023 年《公司法》第 224 条第 3 款规定：“公司减少注册资本，应当按照股东出资或者持有股份的比例相应减少出资额或者股份，法律另有规定、有限责任公司全体股东另有约定或者股份有限公司章程另有规定的除外。”

比回购担保义务的阻力小很多。这一做法在比较完善的“对赌条款”设计中已经有大量实践,操作性也比较强,但是仍然与第四种“对赌条款”设计一样面临着债权人异议和股东及股权变更导致的难题。

六、回购类——在章程中设定公司回购股权条件

此种做法是在股权投资合同约定之外,另外在公司章程中直接将对赌条件设定为公司阶段性发展目标,并规定在目标未能完成时,如投资方股东提出要求,公司应回购其股权。章程是公司自治的宪法,对全体股东当然都具有约束力,不因股东或股权变更而受影响。这样一来,对赌回购条件成就时,公司回购投资方股东持有的股权,不仅是公司的义务,而且全体股东都有义务促成公司这一回购行为,包括召开股东会作出同意回购及如何处置股权的决议。这一设计源于最高人民法院第 96 号指导性案例的启发:该案的裁判观点指出,有限责任公司章程中明确约定公司回购股权条款可以不局限于 2013 年《公司法》第 74 条(即 2023 年《公司法》第 89 条)规定的几种情形,只要不违反法律强制性规定,就可以认定有效。如今《九民纪要》原则上确认了对赌条款中关于公司回购投资方股权的有效性,公司章程中进行这样的约定更没有障碍了。但这一设想面临如下两个不确定性的问题。

(一)回购时的前置减资程序问题

《九民纪要》将股权投资合同中回购条款的效力与实际履行进行了分离,要求公司实际履行回购义务还要以完成减资程序为前置性条件,那么依据公司章程规定进行的回购,是否也必须以完成减资程序为前置性条件呢?首先,从最高人民法院第 96 号指导性案例的裁判要点第二句可知,公司回购股权要得到支持,也须以对股权通过转让等方式进行合理处置为条件,而减资显然也属于合理处置的方式之一,因此,依据章程回购股权还是必须完成前置减资程序。其次,由于包含对赌回购条款的公司章程通过备案进行过一定程度的公示,公司的债权人(尤其是公司章程备案公示后出现的债权人)理论上应该知道公司可能会因回购投资方的股权而需要减资,在此情况下,因为受偿风险的可预见性,债权人的安全保障利益就应相对受到限制,依据章程规定回购股权而进行的减资程序中,债权人异议是否可以阻却公司通过减资方式回购投资方股权,还有待司法实践的进一步探讨。特定情

况下公司是否可以不经“债权人异议”环节直接进行减资，这一问题并非空穴来风。2023 年《公司法》第 225 条[1]就规定了公司无须通知债权人直接进行简易减资。2018 年《公司法》第 142 条第 3 款（即 2023 年《公司法》第 162 条第 3 款）中规定公司回购股份后应当在 6 个月内转让或注销。注销股份将导致股本减少，而股本减少也会伴随着股份公司的注册资本相应减少，因此可以理解为注销股份就是减资。依据该款规定，公司可以在特定情况下先回购再减资，而此时的减资程序中如果不能得到债权人认可（即“债权人异议”环节卡壳）又该如何处置？是否意味着此时可以不经“债权人异议”环节就直接进行减资注销已回购的股份？

（二）股份有限公司的可行性问题

2018 年《公司法》第 142 条[2]关于股份公司回购股份的规定是“原则上禁止，特定情况例外”，而例外情况中并未授权股东可以在章程中自由设定回购条件，而最高人民法院第 96 号指导性案例只适用于有限责任公司，最高人民法院民事审判第二庭也认为《九民纪要》中投资方股东要求公司回购其股权只有减少注册资本这一情形[3]，因此，在章程中直接设定公司回购股份条件的做法不适用于股份公司（也有学者认为，在股份有限公司章程中约定公司回购股份条件的做法符合 2018 年《公司法》第 142 条第 1 款第 1 项规定，回购与减资只是重合而已。笔者认为这可能涉及一个先后问题，对于《公司法》的该项规定到底是允许为了减资而回购，还是为了回购而减资，可能会存在不同理解，但无论如何，在章程中预设股份回购条件的做法，似乎都与该条第一句“公司不得收购本公司股份”的原则相违背）。即使在进行股权投资时目标公司的组织形式是有限责任公司，可以在章程中约定公司回购条件，但一旦公司组织形式变更为股份有限公司，原先的章程就需要修改，包含回购条件的新章程可能也无法在市场监管部门进行备案公示。

---

[1] 2023 年《公司法》第 225 条第 1 款、第 2 款规定：“公司依照本法第二百一十四条第二款的规定弥补亏损后，仍有亏损的，可以减少注册资本弥补亏损。减少注册资本弥补亏损的，公司不得向股东分配，也不得免除股东缴纳出资或者股款的义务。依照前款规定减少注册资本的，不适用前条第二款的规定，但应当自股东会作出减少注册资本决议之日起三十日内在报纸上或者国家企业信用信息公示系统公告。”

[2] 2023 年《公司法》第 162 条的规定基本维持了 2018 年《公司法》第 142 条的规定。

[3] 参见最高人民法院民事审判第二庭：《〈全国法院民商事审判工作会议纪要〉理解与适用》，人民法院出版社 2019 年版，第 117 页。

七、补偿类——约定不能实际履行时的违约责任

《九民纪要》第5条在肯定投资方与公司对赌的效力后，对股权回购类对赌的实际履行要求公司先行完成减资程序，对现金补偿类对赌的实际履行要求公司必须有足够的利润，但对于有效的"对赌条款"不能履行的后果并没有明确态度。法谚云："无救济即无权利。"根据《民法典》第577条的规定，公司未履行对赌回购或补偿义务的，理应承担继续履行或赔偿损失的违约责任。既然因不能减资或没有利润而继续履行不能，那么在股权投资合同中是否可以对不进行回购或现金补偿的行为约定以违约金的方式进行救济，从而变相实现投资方获得现金补偿或收回股权投资的目的呢？这个设计是否可行取决于对赌失败后公司回购或补偿的性质到底是合同义务本身，还是违反合同义务后的民事责任。

如果之前的对赌目标只是倡导性约定，并不具有合同强制性，而回购股权或现金补偿才是合同义务的话，[1]对合同义务的违反将导致进一步的民事责任救济，因此，在对赌条款中设计将公司不回购或补偿认定为违约行为，进而约定相应的违约金就具有法理依据，这样将可以绕开《九民纪要》要求回购前置减资程序和补偿需有可供分配利润的条件限制，通过直接追究公司违约责任的方式实现对赌回购或补偿的目的。在此基础上，如果公司拥有固定资产的，还可以要求公司用固定资产提供抵押担保，从而实现收回投资的目的。

如果之前的对赌目标就是合同义务，具有合同强制性，那么公司回购股权和现金补偿本身就是违约后承担民事责任的方式，合同中就不能对不承担责任的行为再进一步约定责任，而只能转而诉求公力救济（如诉讼、仲裁）。而《九民纪要》关于驳回未完成减资程序的回购请求和无利润的补偿请求的意见，将产生公力救济穷尽的后果，进而将会事实上导致投资方最初要求公司实现对赌目标的权利落空。

如果公司存在其他债权人，投资方作为股东，即使可以绕开减资前置程

---

〔1〕 司法实践中，最高人民法院及其他法院曾有判决持"对赌补偿不属于违约责任而是合同义务"的裁判观点，参见浙江省高级人民法院民事判决书，(2015)浙商终字第84号；最高人民法院民事判决书，(2015)民申字第2593号。

序和可分配利润要求公司承担违约责任，其受偿顺序也值得关注。在我国的司法实践中，已有部分司法裁判中支持股东债务劣后于普通债权人清偿的观点（源于美国公司法领域的“深石原则”），但适用情形非常受限，[1]且理论界和司法实践还远没有引起足够关注。因此，目前股东通过追究公司违约和担保责任而优先实现债权的思路还存在较大的施展空间。

八、股权调整类——重新估值调整股权结构

在包含“对赌条款”的股权投资合同中，约定的股权投资价格和股权结构是以假定的对赌目标完全实现为前提的，当对赌目标未能实现的时候，则证明投资方获得原有股权付出的对价过高，为调整出价过高的偏差而常见的股权回购、现金补偿方式，又因实际履行前置条件实现起来困难重重，那么通过股权调整的方式对投资方进行补偿似乎更为可行。具体调整方式可以包括股权转让和定向增资。

（一）股权转让

按照实际完成对赌目标的情况对公司重新进行估值，确定投资方应获得的股权比例，在此基础上，由全体股东或部分股东通过转让股权的方式补偿给投资方股东。这种方式不改变公司现有的资产结构，不损害公司债权人利益，而且股东之间转让股权也不需要经过其他股东同意，也不存在其他股东优先购买权问题，简便易行。只是此时股权转让往往是无偿的或象征性地支付人民币 1 元，如果转让方股东的其他债权人主张该转让行为属于以显著低价处分财产而申请撤销，可能面临纠纷而无法顺利实现。即使转让方股东的其他债权人不申请撤销，也可能因为与转让方股东的其他债务纠纷而查封进而拍卖其所持股权，则投资方股东的股权补偿要求将不得不转而寻求替代的金钱赔偿救济。

对此，笔者提出优化建议：尽量采取双向对赌方式，以免被认定为无偿转让，并要求承担补偿义务的股东将其所持公司股权质押给投资方作为担保，以对抗股东可能出现的其他债权人的追索。

---

〔1〕 参见最高人民法院 2015 年 4 月 1 日公布的典型案例之沙港公司诉开天公司执行分配方案异议案。

（二）定向转增注册资本

按照实际完成对赌目标的情况对公司重新进行估值，确定投资方应获得的股权比例，在此基础上，将公司原有的资本公积中的全部或部分转增为投资方认缴的公司新增注册资本，从而实现投资方股权比例扩大的目的。这种股权补偿实际上等同于公司向投资方进行现金补偿，只不过投资方必须将补偿的现金继续认缴为公司注册资本。根据2018年《公司法》第168条（即2023年《公司法》第214条）的规定，公积金可用于转增注册资本。公积金转增注册资本只涉及调整公司的资产类别，不会减少公司资产，不会损害公司债权人利益，因此实施起来也相对简便。资本公积金是由全体股东按照股权比例享有最终权益的，在此类股权调整过程中，将部分资本公积金全部转为投资方的出资，可能导致其他股东利益的减少，因此，公司定向转增注册资本的股东会决议可能需要由全体股东一致同意才可以作出。虽然我国在2023年《公司法》实施前并无法律或司法解释对公司不同比例增资或减资的股东会决议作出特别要求，但江苏省高级人民法院在陈某和与联通公司公司决议效力确认纠纷案[1]、上海市第一中级人民法院在华某伟诉圣甲虫公司决议纠纷案[2]中，均认为不同比减资是需要全体股东一致同意的，这一规则在司法实践中获得较广泛的认可，[3]并最终在2023年《公司法》第224条第3款中被立法确认，但对于定向转增是否适用同样规则，还需要进一步探索。

对此，笔者提出优化建议：在股权投资合同中，要求全体股东参与签约，并将对赌失败后召集股东会，且参会表决促成公司作出以公积金为投资方股东定向转增注册资本的股东会决议约定为全体股东的义务，并相应约定违约责任，且在后续融资中要求新加入股东也确认承担该等义务。

无论是股权转让还是定向转增注册资本，多数情况下只能起到暂时安慰投资方的作用，因为公司经营发展已不如预期，退出风险加大，如果情况继续恶化，投资方即使获得更多股权，也仍然不能实现退出和盈利，而且如

---

〔1〕 参见江苏省高级人民法院民事判决书，(2017)苏02民终1313号。

〔2〕 参见上海市第一中级人民法院民事判决书，(2018)沪01民终11780号。

〔3〕 参见樊永强、周洁：《浅析有限公司定向减资——基于〈九民纪要〉关于与目标公司"对赌"的规定》，载微信公众号"股权投融资法律服务中心"2020年3月17日，https://mp.weixin.qq.com/s/yDmncqihl0HSnsAkZSsbEA。

果公司实际控制人的股权比例降低，也会弱化其继续全身心投入公司经营发展和融资的动力，甚至可能会进一步加剧公司经营的恶化。

九、或有对价类

近几年来，越来越多的法律和投资界人士将美国实践中的“earn - out 条款”（又称“或有对价”）条款与“对赌条款”进行比较，但“earn - out 条款”主要应用于并购领域，需要投资方根据目标公司的运营目标分期支付价款，不能满足公司进行股权融资时对资金的现实需求，因此，我国股权投资实践中采取“earn - out 条款”的比较少见，但这并不妨碍我们按照这个思路对“对赌条款”进行改造。

（一）“债转股”方式

根据《九民纪要》第 5 条的规定，以股权回购和现金补偿方式与公司对赌实际履行起来需要满足先决条件，而不能依据“对赌条款”约定直接履行，主要障碍是在对赌失败时，投资方已经取得公司股权，同时具有股东和债权人的双重身份，因此还需要适用《公司法》保护其他债权人的利益。如果投资方以单纯的债权投资方式进入，并约定在对赌目标达到后将债权投资转变为股权投资（即“债转股”），如果对赌目标未达到，即可通过行使债权的方式从公司收回投资。通过这种方式，投资方在行权转为股东之前与公司之间就是单纯的合同关系，进可攻退可守，不受股东身份的负累，其他常见的股权投资方权利，一部分（如知情权、委派董事及重大事项一票否决权、优先认购权等）完全可以通过合同约定实现，另外一部分（如优先清算权、优先分红权）甚至就完全可以放弃掉，但这个方法面临三个不确定的风险。

1. 经营借贷业务的嫌疑

虽然最高人民法院《关于审理民间借贷案件适用法律若干问题的规定》（法释〔2015〕18 号，已于 2020 年两次修改）认可了企业之间临时资金周转借款的合法性，但对于主要经营借贷业务的企业和个人发放的借款依然是认定无效的。如果按照“债转股”的方式进行股权投资，虽然股权投资方以债权投资方式进入公司的目的不是发放借款，但是如果投资方同时投资多个项目，而且经常出现对赌失败后以债权方式退出的情形（这在风险投资领域属于大概率事件），则在相当长的投资期内，投资方的主要现金收益可能都会来源于债权退出时的利息收入(无论名目如何,本质就是利息),就难以摆脱“经营借贷业务”的嫌疑。司法实践中对于这种变通的股权投资方式是否认可,还有待进一步观察。

对此,笔者提出优化建议:在债权投资合同中将股权投资目的明确化,且约定在对赌期限届满前不收取利息,仅在对赌失败退出时才与投资本金一起收回,并约定在对赌目标达成时免除之前的债务利息,且投资方无权选择直接以收回债权方式退出投资,进一步坐实股权投资的内容。

2. 作为私募基金的投资方备案及监管困境

我国目前股权投资机构的组织形式大多为合伙制的私募基金,根据《私募投资基金监督管理暂行办法》的规定,私募基金应当在中国证券投资基金业协会(以下简称基金业协会)备案,而基金业协会在备案时,对于经营借贷业务的基金是不予备案的。[1] 此外,中国证监会 2020 年 12 月 30 日公布的《关于加强私募投资基金监管的若干规定》第 8 条虽然允许以股权投资为目的的借贷,但仍有诸多限制(不超过 1 年期,到期日不超过股权退出日,借款总额不超过基金实缴出资的 20%)。2023 年 9 月 1 日生效的《私募投资基金监督管理条例》第 24 条第 2 款更是对私募基金财产用于借贷予以禁止。因此,股权投资私募基金需要慎重对待。

对此,笔者提出优化建议:在私募基金合同中对股权投资的具体形式加以概括列举,将“债转股”方式包含在内,并明确其投资目的为股权投资,且注意投资规模符合证监会要求,如果能够通过备案,或许会在一定程度上缓解不确定性带来的经营风险。

3. 对后续融资的影响

公司进行股权融资,往往是一个持续的过程。先进入的投资方以“债转股”方式投资后,在对赌目标完成前,如果公司需要继续进行股权融资的,由于此时公司的资产负债情况和股权结构都存在较大的不确定性,估值及投资入股的比例都会变得更加复杂。如果先进入的投资方未来通过行权将债权转为对公司的股权时,后进入的投资方的股权比例也要相应稀释,而且全部投资方的投资合同条款可能都要进行再次修改,后进入的投资方面临的

[1] 参见《私募投资基金备案指引第 2 号——私募股权、创业投资基金》,中国证券投资基金业协会 2023 年 9 月 28 日发布。

局面将进一步复杂化。正因为通过“债转股”方式进行股权投资尚不普遍，实践中公司、投资方和中介机构之间如何协调应对可能都还需要进一步探索。

（二）“股加债”方式

如果投资方以一小部分投资款认缴公司出资成为公司股东的同时，将另外的大部分投资款以股东借款的方式投入公司，形成对公司的债权，在约定的对赌目标达成后直接放弃借款债权，如果对赌目标未达成，投资方则可以直接要求公司偿还借款债务，收回大部分投款本金和利息。这种方式尽管投资方拥有股东身份，但其向公司提供借款而产生的债权与以股东身份享有的股权是平行且独立存在的，可以单独主张用以保障投资安全，不会因为要保护其他债权人的利益保护而受到限制（如前文所述，股东债权劣后清偿的“深石原则”在我国立法和司法实践中尚未获得广泛共识）。相比较而言，这种方式可以在一定程度上缓解“债转股”方式存在的不确定性：首先，这种方式虽然也难逃“放贷”的嫌疑，但是由于公司经营过程中大量存在股东借款，就算是在最高人民法院《关于审理民间借贷案件适用法律若干问题的规定》出台之前，也很少被认定为无效，其合法性已为监管部门和司法机关普遍认可。其次，由于投资方进入后股权结构已经固定，而且投资方放弃债权形成的资产将直接计入公司资本公积，对公司估值起到积极作用，即使对赌失败后主张收回债权，也不会对公司现有的股权结构造成冲击，因此，“股加债”方式对后续股权融资不会产生显著的不利影响。但是，作为私募基金的投资方，因此面临的备案监管问题依然需要与基金业协会进一步沟通确认。如果个人天使投资者采取“债转股”或“股加债”的方式进行股权投资，在公司上市前退出的，可能就不存在上述问题了。但无论是个人投资者还是私募基金，对于已经认缴公司出资部分的股权投资，在对赌失败后，投资方可能还是需要通过股东回购和公司担保方式完成退出。

十、结语

对赌的起源众说纷纭，一说源于美国，一说“硅谷无对赌”，中国才是发源地，但不可否认的是，“对赌条款”的设计与实践在我国股权投资领域确有全面普及和不断演化的趋势，其中固然可以归因于我国立法、资本市场监管和司法实践提供规则的逐渐变化。同时,在经济下行的“新常态”下,大量对赌失败后合同约定的纸面权利无法实现,从而形成的倒逼压力也不可忽视。《九民纪要》提供的裁判规则,无疑将会给股权投资、司法实践带来深远的影响,在“对赌条款”的设计中如何在综合考虑《民法典》、《公司法》乃至《民事诉讼法》和相关司法解释的规则基础上切实保护投资方的利益,又如何找准“对赌条款”的瑕疵降低资本对实体经济的压榨,对参与股权投融资的律师同行、投资机构和创业企业都是一个极大的考验。

（特约编辑:黄霆）

疫期管控对对赌协议履行的影响

郑绪华*

始于2019年12月的新冠疫情,在当时不仅造成了主要疫区武汉和湖北其他城市的封城和交通隔绝,更造成了全国鼠年春节假期的延长、大中小学校开学延期和企业开工或复工日期的不定期延长,给全社会各行各业的正常发展造成了巨大的影响。

对于疫期管控对企业生产经营的影响,法律界已经有很多专业人士撰文给出了有价值的指引,本文仅从合同目的的认定角度出发,选取合同目的的认定对对赌回购协议的影响这一视角进行分析和评价。

一、疫期管控对于对赌协议是否构成不可抗力

(一)并非疫情管控对于所有合同的履行均构成不可抗力

不可抗力,是指不可预见、不可避免并不可克服的客观情况。一般是指意外事件、自然灾害和战争等。

疫情的发生的确具备不可预见,且不可避免的要素,但其是否不可克服,则要视其对合同履行的影响进行判定,不可一概而论。

如演出合同、运输合同和买卖合同等,疫情防控所采取的交通管制和聚会隔离等措施,导致上述相应合同中应提供运输服务或交货义务的当事人不能履行其义务,或导致上述合同义务在一定期间内无法履行。故在上述合同中,疫情管控构成相应当事人履行该等合同的不可抗力。

---

* 郑绪华:北京金诚同达(深圳)律师事务所律师,深圳市律师协会第十一届公司法律专业委员会主任。

但是,对于其他特定合同,或者对于该等合同的对方当事人而言,合同义务的履行或一方合同义务的履行并不受疫情管控的影响。如买方的付款义务可以通过网银支付方式实现,通过网络形式交付工作成果的设计合同等也不受疫期管控的影响。此等合同虽遇疫期管控,但并不构成不可抗力。

因此,并非疫情管控对于所有合同的履行均构成不可抗力。

(二)疫期管控对于对赌协议不构成不可抗力

股权回购型对赌协议中,负有对赌回购义务的当事人(原股东或实际控制人)在具备特定条件的情况下,负有以约定价格购买投资方所持有的目标公司股权的义务。即原股东在对赌协议项下的义务实为付款义务。

若在对赌回购行为发生前,目标公司所在地发生疫期管控,目标公司的经营和管理受到一定程度的不利影响。但原股东所负的回购义务实际上是向投资方支付一定价款的义务,该等义务的履行不同于上述运输义务或聚会组织等义务,除非发生重大自然灾害导致电信中断从而无法通过网络支付价款,否则,即便出现疫期管控,也不妨碍原股东履行对赌回购义务。

故疫期管控对于对赌协议不构成不可抗力。

二、疫期管控能否导致对赌协议合同目的不能实现

(一)合同目的的认定

《合同法》(已失效)条文中有多处提及"合同目的",它关乎合同能否解除、合同如何适当履行以及合同如何解释等重大合同问题。但是究竟何为合同目的,原《合同法》并未明确规定。

首先,从合同解除条件考察,合同目的为一方当事人向对方当事人履行主要合同义务。

原《合同法》第 94 条是关于合同法定解除相应情形之规定,其内容为:(1)因不可抗力致使不能实现合同目的;(2)在履行期限届满之前,当事人一方明确表示或者以自己的行为表明不履行主要债务;(3)当事人一方迟延履行主要债务,经催告后在合理期限内仍未履行;(4)当事人一方迟延履行债务或者有其他违约行为致使不能实现合同目的;(5)法律规定的其他情形。

《民法典》第 563 条第 1 款规定:"有下列情形之一的,当事人可以解除合同:(一)因不可抗力致使不能实现合同目的;(二)在履行期限届满前,当

事人一方明确表示或者以自己的行为表明不履行主要债务;(三)当事人一方迟延履行主要债务,经催告后在合理期限内仍未履行;(四)当事人一方迟延履行债务或者有其他违约行为致使不能实现合同目的;(五)法律规定的其他情形。”条文内容基本与原《合同法》第 94 条一致。

上述合同解除的法定情形,虽然表述情形不同,但是归纳起来,其实均为不履行根本/主要合同义务。现分析如下。

第一种情形,根据原《合同法》第 117 条和第 118 条关于不可抗力的规定(“因不可抗力不能履行合同的”)可知,不可抗力影响的是一方当事人履行合同义务的可能性,主要和直接关乎合同义务的履行。故不可抗力并不能直接导致合同目的能否实现,它是通过影响合同义务的履行而间接影响合同目的。即原《合同法》第 94 条第 1 种情形规范的是因不可抗力致使不能履行合同主要义务的。

第二种情形,“当事人一方明确表示或者以自己的行为表明不履行主要债务”实为明示的不履行主要义务。

第三种情形,“当事人一方迟延履行主要债务,经催告后在合理期限内仍未履行”,是指当事人虽未明确宣告不履行义务,但其怠于履行主要义务的方式被法律推定为不履行主要义务的默示方式。

第四种情形,“当事人一方迟延履行债务或者有其他违约行为致使不能实现合同目的”,是指当事人虽未明确宣告不履行义务,但其既有的违约行为被法律推定为默示的不履行主要义务,致使不能实现合同目的。

纵观上述法律规定,一方当事人不履行或被推定不履行合同主要义务,即为合同目的不能实现。故合同目的为对方当事人向本方当事人履行主要合同义务。

其次,从典型合同内容考察,合同目的为双方当事人通过订立合同及履行合同本身所希望直接获得的利益。

以买卖合同为例,合同目的对于卖方来讲是取得标的物的对价货款,对于买方来说是取得标的物的所有权。

以租赁合同为例,合同目的对于出租方来讲是取得租金,对于承租方来说则是取得租赁房屋的占有和使用权,即能正常使用租赁房屋的权利。

再以委托合同为例,合同目的对于委托方来讲是取得受托方(代理人)提供特定服务(即处理委托事务)的权利,对于受托方(代理人)来说则是取得服务对价即委托费用的权利。

复以发起人协议为例，合同目的为通过订立协议而成立公司，并规范各方对公司的权利义务，等等。

考察上述合同的目的，结合合同目的的文义，归纳而言，就会发现合同目的应指双方当事人通过订立合同及履行合同这一行为所希望直接获得的利益，对一方而言是取得标的物（行为）的对价款项，对另一方而言则是取得对方所提供的标的货物或服务的权利。

（二）合同目的与合同关联目的的异同

合同目的是双方当事人通过合同行为本身所追求的目的。

合同关联目的是指双方非基于合同行为本身，而是基于与合同有关的其他行为或包含合同行为在内的其他组合行为所进一步追求的目的。

合同目的（即合同本身目的）与合同关联目的是非常容易混淆的一对概念。

如前所述，合同目的是双方通过订立及履行合同这一行为本身所希望直接取得的利益，如买卖合同中卖方的合同目的在于取得标的物的价款，买方的合同目的在于取得标的物所有权。

合同关联目的，并非双方通过合同行为本身所追求的目的，而是以合同目的为基础或桥梁或条件所进一步追求的目的；也不是仅通过合同行为即可实现，而是要在合同目的的基础上结合其他条件才能实现的目的。比如，买方在买卖合同项下的合同目的是取得标的物的所有权，但其取得标的物所有权后的进一步目的可能是改装成新产品出售或其他；卖方在买卖合同项下的合同目的是取得标的物的价款，但其取得标的物价款后的进一步目的可能是购买其他所需物品等。

（三）合同目的认定之例证

在章某清、烨扬公司股权转让纠纷案[1]中，关于"合同目的"两审法院观点如下。

一审法院认为：关于合同目的。双方当事人签订合同的名称为股权转让协议，合同的核心内容是烨扬公司以6803.16万元对价受让章某清所持和

---

〔1〕 参见最高人民法院民事判决书，（2019）最高法民终686号。

源公司12%的股权,协议中并无和源公司上市等相关内容,故《股权转让协议》的签订,系双方当事人就和源公司股权买卖达成的合意,章某清作为股权出让方以获取股权转让对价款为合同订立目的,烨扬公司作为股权受让方以获得和源公司12%的股权为合同订立目的。烨扬公司主张签订《股权转让协议》的目的是推进和源公司上市,与合同约定不符,不予支持。

二审法院认为:和源公司能否上市与《股权转让协议》的合同目的无关。双方《股权转让协议》的核心内容是烨扬公司以6803.16万元对价受让章某清所持和源公司12%的股权,合同并未涉及和源公司上市事宜。烨扬公司主张签订该协议的目的是和源公司上市,缺乏合同依据。即使如烨扬公司所称,其受让章某清的和源公司股权,最终目的是推进和源公司上市,那也是和源公司的经营目标,而非案涉《股权转让协议》的合同目的。故和源公司的经营行为对其能否上市的影响,与案涉《股权转让协议》应否解除无关。

而在业丰公司、长城公司合资、合作开发房地产合同纠纷案[1],二审法院对"合同目的"的裁判观点如下:关于中山大学是否有权单方解除合同的问题。本案中,判断中山大学是否有权单方解除《合建协议》《补充协议》的关键事实依据在于,业丰公司与长城公司在履行《合建协议》《补充协议》的过程中是否存在致使中山大学无法实现合同目的之根本违约行为。法院认为,作为教学科研单位,按时获得通过竣工验收的房屋系中山大学按期开展教学科研工作的前提。中山大学按照约定在2002年4月20日获得质量合格并可使用的房屋系其签署《补充协议》的根本合同目的,故业丰公司与长城公司未能按期交房的违约行为致使中山大学的合同目的无法实现。

三、以股权为标的的合同目的之认定

以股权为标的的合同大体可以分为股权转让合同及增资扩股合同两大类。对赌回购合同因其权利义务表现为融资方(目标公司或原股东)购买投资方的股权,故仍属于股权转让合同。

(一)股权转让合同的目的

股权转让合同是转让方向受让方转移其所持目标公司股权的合同,本质上属于买卖合同的范畴。

---

[1] 参见最高人民法院民事判决书,(2019)最高法民终596号。

最高人民法院《关于审理买卖合同纠纷案件适用法律问题的解释》第32条规定："法律或者行政法规对债权转让、股权转让等权利转让合同有规定的，依照其规定；没有规定的，人民法院可以根据民法典第四百六十七条和第六百四十六条的规定，参照适用买卖合同的有关规定。权利转让或者其他有偿合同参照适用买卖合同的有关规定的，人民法院应当首先引用民法典第六百四十六条的规定，再引用买卖合同的有关规定。"

由此，股权转让合同的目的，对于转让方而言，在于取得所转让股权的对价款；对于受让方而言，在于取得标的股权。申而言之，受让方在股权转让合同项下的目的，在于取得目标公司对其股权份额及股东身份的确认（章程记载或股东权利证明书记载）或取得相应的股权变更商事登记。

（二）增资扩股合同的目的

增资扩股合同表面看起来并无转让方，但是，目标公司发行新股（或新增注册资本）和拟加入股东认购增资（或新增资本）的行为，仍然具有买卖合同的本质特征。即目标公司为标的股权的出让方，拟加入股东为标的股权的认购方。

如此，增资扩股合同的目的，对于出让方（发行方）而言，在于取得新增注册资本的对价和吸纳新股东；对于认购增资方而言，则在于取得新增股权或新增注册资本对应的股东权利。

（三）对赌回购合同的目的

对赌回购型合同，是一种包含股权转让/增资扩股以及股权回售（股权回购）两种行为的复合型合同。其合同目的视履约阶段不同而有所不同：在合同履行初期，其合同目的对于融资方（目标公司或原股东）来讲，在于取得标的股权的对应价款及吸纳新股东，对于投资方来说则为取得标的股权；在合同履行后期，其合同目的对于融资方来讲，在于在符合特定条件下支付溢价股权回购款以回购投资方的股权，对于投资方来说则为按约定溢价取得股权对价款。

四、如何判定股权类合同目的不能实现

（一）普通买卖合同目的不能实现的判定

如前所述，合同目的在于追求合同对方当事人履行合同义务的后果。

一般买卖合同的目的在于卖方取得价款,买方取得货物或服务的所有权或控制权。当一方怠于或拒绝履行其主要合同义务时,相对方的合同期望将落空,其合同目的将不能实现。故可以以对方当事人是否履行其主要合同义务为依据判定一方的合同目的能否实现。

(二)股权类合同目的不能实现的判定

股权转让合同或增资扩股合同的目的,也应严格遵守上述关于合同目的认定的方法予以确定,即以相对方是否履行其主要合同义务为标准予以认定。

或有观点认为,股权类合同的目的不仅在于取得标的股权,更在于对标的公司的经营和盈利。故凡阻碍股东对标的公司进行正常生产经营及盈利的事件,均将导致股权类合同目的不能实现。

但上述观点混淆了股权类合同的目的与股权类合同关联目的的区别,将目标公司正常生产经营这一合同关联目的视为合同本身目的,从而据此认为目标公司不能正常生产经营属于合同目的不能实现。这一观点已被最高人民法院在前述案例中以"目标公司正常生产经营属于目标公司的经营目标,不是合同目标"为由予以批判和否定。

五、融资方能否以疫期管控不能实现合同目的为由而解除对赌条款

(一)疫期管控对于对赌回购协议不构成不可抗力

对赌回购协议中,负有对赌回购义务的当事人——原股东或实际控制人——在满足特定条件的情况下,负有以约定溢价购买投资方所持有的目标公司股权的义务。即原股东在对赌回购协议项下的义务实为付款义务。

若在对赌回购行为发生前,目标公司所在地发生疫期管控,目标公司的经营和管理将受较大程度的不利影响。但原股东所负的回购义务实际上是向投资方支付一定价款,该等付款义务的履行不同于依赖现实交通条件的运输义务或交货义务,除非发生重大自然灾害导致电信中断从而无法实现网络付款;否则,即便出现疫期管控,也不妨碍原股东履行对赌回购义务。

故疫期管控对于对赌回购协议不构成不可抗力。

(二)疫期管控不能阻碍合同目的的实现

疫期管控(如交通管制和聚集隔离等)虽然可能暂时导致相关股东会决

议及股权变更登记和支付价款等事项无法现场办理,但是可以通过网络形式予以办理,即疫期管控不仅不能导致受让方支付价款的合同义务不能履行,也不能阻碍转让方或目标公司通过网络形式履行其变更股权的主要合同义务。故不能导致股权类合同双方当事人的合同目的不能实现。况且,即便影响股权类合同目的在短期无法实现,其经过一段时间后仍能实现合同目的。

故疫期管控不能导致股权类合同的目的不能实现,任一方当事人均不能以不能实现合同目的特别是对赌回购合同目的为由而请求解除对赌回购合同。

六、融资方能否以疫期管控导致的显失公平为由主张免除或减轻对赌回购责任

如前所述,疫期管控虽然对股权类合同的履行不构成不可抗力,但是其确实严重影响了目标公司的经营业绩。此时,若因目标公司的经营业绩触发了对赌回购条款而启动对赌回购,则在目标公司已经遭遇重大不利的意外事件的基础上,又要求目标公司或原股东按照原溢价条款回购投资方所持股权,这对于目标公司及其原股东而言无异于雪上加霜,从平衡双方利益的角度考量,构成不公平。

为此,当疫期管控导致目标公司经营业绩触发对赌回购条款时,应当允许融资方与投资方股东协商变更原对赌回购条款,或由融资方以情势变更为由申请变更或解除对赌回购条款。

七、结语

对合同目的的精准认定,不仅可以清晰界定合同解除条件是否成就以及合同解释的方向和原则,而且可以有效地阻止将经营目标与合同目的相混淆进而为经营不利时解除合同寻找借口的不诚信行为,特别对于疫期管控下对赌回购行为的正确实施和有效救济,具有很大的指导意义。

(特约编辑:黄霆)

从商业判断和法律判断相区分的角度评挂钩市值对赌案

——兼评公共利益被损害的可能性及裁判路径建议

郑绪华*

上海市高级人民法院一则有关未清理的挂钩市值对赌协议案的判决引发了广泛关注，究其原因，社会公众不仅关注其高达7.7亿元的对赌金额，更重要的是，该案涉及与通常对赌不一样的多处奇特之处，让投融界和法律界都颇为好奇。

一、案情简介

根据上海市第二中级人民法院（2020）沪02民初234号民事判决书查明的相关事实，案情如下：江苏硕世成立于2010年4月，主营业务为体外诊断产品的研发、生产和销售。2015年，房某某（普通合伙人）、梁某某（有限合伙人）以1∶9的比例出资成立绍兴闰康（有限合伙），并以此为持股平台，持有江苏硕世1560万股，占公司总股本的35.49%。

2016年12月，高科新创和高科新浚（以下简称高科系）共同认购绍兴闰康新增出资1260.0321万元，合计认购价款为1亿元。认购后，高科新创占合伙比例7.0449%，对应江苏硕世109.9万股；高科新浚占合伙比例13.0833%，对应江苏硕世204.0995万股，二者合计对应314万股。

* 郑绪华：北京金诚同达（深圳）律师事务所律师，深圳市律师协会第十一届公司法律专业委员会主任。

入股期间,高科系与房某某、梁某某签署了相关对赌协议,设定了未上市回售条款、上市后回售条款。

其中上市后回售条款很特别,其约定在江苏硕世完成合格IPO之日起6个月届满之日,高科系有权通知房某某、梁某某、绍兴闰康回售其合伙份额,并以发出通知之日前30个交易日江苏硕世在二级市场收盘价平均值作为回售价款的计算依据。

2019年12月5日,江苏硕世在科创板挂牌上市交易,当日开盘价为52.33元,绍兴闰康为控股股东,房某某、梁某某为实际控制人。

上市后半年内,江苏硕世股价高涨,2020年6月2日至2020年7月13日的30个交易日,江苏硕世的股票价格涨幅达155.7%,2020年7月盘中股价最高触及476.76元。

2020年7月13日,高科新浚发出回售通知书,要求房某某、梁某某、绍兴闰康按照上市后回售条款回购其所持全部合伙份额遭拒,后高科新浚向上海市第二中级人民法院提起诉讼,要求房某某、梁某某、绍兴闰康共同向高科新浚支付合伙份额的回售价款499,023,228.60元及逾期利息损失。

上海市第二中级人民法院经审理认为,对赌协议所约定的直接与二级市场短期内股票交易市值挂钩的价格计算方式,涉及破坏证券市场秩序、损害社会公共利益、违反公序良俗之情形,应属无效条款。遂驳回高科新浚要求支付回购价款的诉求。高科新浚提起上诉,上海市高级人民法院二审判决驳回上诉,维持原判。

二、法院裁判观点

如上海市第二中级人民法院所述,本案的争议焦点为上市后回售权条款是否有效。

高科新浚主张其所持合伙企业份额对应的江苏硕世股份权益在上市交易锁定期内的"上市后回售权",其实质系高科新浚通过主张回售绍兴闰康合伙企业份额的方式,就其基于该合伙企业份额所对应持有的江苏硕世204.0995万股份权益,在该股份权益的上市禁售期内提前进行转让后获利。

通常在司法实践中,在绍兴闰康已就高科新浚主张回售的合伙份额作出诸如同意退伙、减资清算等程序性安排,且无其他无效事由的情况下,对于高科新浚主张的其与房某某、梁某某、绍兴闰康协议约定的案涉回售事项应认定有效而予以判决履行。

但本案问题在于：高科新浚就其所持江苏硕世股份权益在禁售期内提前进行转让获利的行为，是否存在严重影响发行人持续经营能力等情形。更为关键的是，高科新浚主张的回售价格的计算方式，直接与江苏硕世发行上市后的股票交易市值挂钩，且回购时间节点完全由回购权人掌控，该种计价方式极易因逐利致使二级市场的股票交易价格在短期内背离公司正常估值而产生波动，影响了金融市场交易秩序和国家金融安全。此种对赌协议条款本属于江苏硕世在申报作为科创板股票发行上市前依规应予清理的对赌事项。

另外，依据江苏硕世股票在2020年7月13日（即高科新浚向房某某、梁某某、绍兴闰康发出回售通知书之日）前后的交易价格走势，本案不排除在二级股票交易市场存在人为操纵江苏硕世股价的可能。

综上，对赌协议所约定的直接与二级市场短期内股票交易市值挂钩的价格计算方式，涉及破坏证券市场秩序、损害社会公共利益、违反公序良俗之情形，应属无效条款。

归纳而言，本案法院认为投资人转让持股平台的合伙份额，其实质是在禁售期内通过转让平台份额提前间接转让上市公司股份获利。该行为属于科创板股票发行上市申报前应予清理的对赌事项，可能严重影响发行人的持续经营能力，可能导致二级市场的股票交易价格在短期内背离公司正常估值并产生波动，影响金融市场交易秩序和国家金融安全，进而破坏证券市场秩序、损害社会公共利益、违反公序良俗，故应认定为无效条款。

三、投资人向合伙人主张回购可能产生的法律后果

投资人向合伙人主张回购可能导致所持上市公司持股平台合伙的份额变动，该等变动是否会严重影响上市公司的持续经营能力？并不确定。

如上述信息所示，投资人向原合伙人主张回购合伙份额，其结果为原合伙人回购其合伙份额，从而导致上市公司持股平台（合伙企业）的合伙份额变动。

此时，可能导致如下两种结果。

其一，自主回购情形下，若原合伙人资金充裕可以支付回购价款，则投

资人退出合伙企业，原合伙人的合伙份额增加，合伙企业中的普通合伙人(或控制人)并无变化；其二，强制执行情形下，若原合伙人的资金不足以回购合伙份额被投资人胜诉后申请强制执行以支付回购价款，此时会导致原合伙人按照拍卖价变现部分合伙份额。本案中可能被强制执行承担连带责任的合伙人包括普通合伙人和有限合伙人，由于普通合伙人所持合伙企业份额一般较小，而有限合伙人一般持有较大的合伙份额，因此，从强制执行的目的(即清偿债务)来讲，一般会优先强制执行有限合伙人的较大合伙份额，从而不会影响普通合伙人的份额和普通合伙人对合伙企业的控制。

上述情形不会改变上市公司的实际控制人，也不会影响上市公司的资产和现金流，故不会影响上市公司的持续经营能力。

四、投资人向合伙企业主张回购可能产生的法律后果

(一)要求合伙企业回购即为要求退伙

在此种情形下，若投资人基于合伙企业持有上市公司股票利于抛售，变现兑现回购，可能会积极要求合伙企业回购合伙人的份额，此时实质上是投资人要求从合伙企业退伙的问题。

《合伙企业法》第 51 条第 1 款规定："合伙人退伙，其他合伙人应当与该退伙人按照退伙时的合伙企业财产状况进行结算，退还退伙人的财产份额。退伙人对给合伙企业造成的损失负有赔偿责任的，相应扣减其应当赔偿的数额。"据此，投资人要求退伙时，各合伙人应与投资人结算并退还投资人的财产份额。此时应注意的是，如果主张退伙时的全体合伙人仍然是当初投资人入伙时的全体合伙人，且当初的回购协议经由全体合伙人签署，则投资人可以主张全体合伙人当时已经同意按照约定价格结算退伙；否则，若回购协议仅经执行合伙人或部分合伙人签署，又或者入伙后又新增了新的合伙人，则退伙时能否按照回购协议约定的价格结算，恐怕要经所有回购协议之外的其他合伙人同意方为有效。

(二)要求退伙不必然导致二级市场股票不正常波动

退而言之，即便执行回购时的全体合伙人均同意按照回购协议约定的价格进行退伙结算，合伙企业可能会支出诉请要求的近 5 亿元资金。那么合伙企业如何筹集资金进行支付？除非合伙企业的现金非常雄厚，否则其大

体有如下两种筹资渠道:其一,可能要抛售其所持上市公司股票,从而引起上市公司股价的波动;其二,是增加注册资本,引入新的合伙人充实资本并以此偿债,虽然此时引入新合伙人的价格可能会较低于当时的对应股票价格,但那是合伙平台内部的事;同时合伙企业能支付回购价款,自然就解决了影响二级市场风吹草动的根源,保障二级市场股票不会非正常波动。

也就是说,要求退伙虽然确实存在持股平台抛售股票引起二级市场的股票交易价格短期异常波动的可能性,但这仅为可能性之一部分而非全部,至少同时存在且大概率存在引入新合伙人扩充资本偿债的可能性。同时,仍然存在原合伙人通过拍卖或变卖合伙份额的方式筹集资金救助合伙企业摆脱困境的可能。

因此,在上述可能的情况下,合伙企业并不必然抛售股票,从而也不必然导致二级市场的股票价格波动。

(三)要求退伙不必然影响上市公司的持续经营能力

如上所述,无论是由合伙人变卖合伙份额筹资帮助合伙企业完成退伙,还是由合伙企业增资引入合伙人筹资完成退伙,都是合伙平台的内部事务,且一般都不会影响合伙企业普通合伙人对合伙企业的掌控,从而不会影响上市公司的实际控制人,也不会影响上市公司的持续经营。

五、司法裁判者对商业判断的局限与权限

在本案或类案中,如果从极端情况去设想,确实存在因强制执行普通合伙人的合伙份额而可能导致普通合伙人被强制执行而致合伙企业易主,从而导致上市公司变更实际控制人的可能。

但这只是理论上存在的众多可能性中的一种,至少理论上还同时存在不发生上述结果的其他可能性,况且即便上述可能性发生,普通合伙人也可能通过处置自有资产或融资等方式履行回购债务,并不必然导致上市公司变更实际控制人或丧失持续经营能力。

至于导致上市公司变更实际控制人或影响其持续经营能力的众多可能性中哪一种情形更可能发生,或者其发生将在多大概率或多大程度上导致或影响结果的发生,这其实是一个存在多重因素且结果不确定的商业判断问题,不是一个前提因素确定且因果关系对应的法律评价问题。正如对

于确定存在经营风险甚至不可回避的法律风险的业务应否开拓的决策，应交由公司董事根据风险、经验和收益等多重因素综合作出判断，而不应由法官仅根据法律规定的后果作出相对简单的判断。简而言之，商业风险交由商人决断，法律风险或责任由法官判断，二者不可僭越。若任由司法裁判者对商业风险进行决断，将会因其职业保守性而致商业发展裹足不前。

回到本案中，对于挂钩市值回购上市公司持股平台份额的约定是否必然导致上市公司变更实际控制人或丧失持续经营能力，或在多大程度上导致该结果的发生，这是一个商业判断问题而非法律评价问题。在不能确定某一可能性确定损害证券市场公众利益的情况下，司法裁判者不宜介入该等商业判断问题，更不能以相应判断为前提评价相关商业安排的有效性，因为这已经超越了司法裁判者的职权范围和能力范围。

六、可行的裁判路径建议

证券市场秩序必须予以保护，公众投资者的公共利益必须依法保护。这也是人民法院在审理案件中必须遵循的基本原则。

依前述论证，本案中法院仅以回购合伙份额将引起二级市场股票价格波动为由认定损害社会公共利益的论证恐难服众。

但若另辟蹊径，从上市公司的控股股东或实际控制人的信息披露义务出发，若能查明对赌双方在签订对赌合同时有意不披露该对赌条款，或明知应当披露而不予披露该条款，致使相关公众投资者的知情权以及以此为基础的证券投资行为可能因股票价格波动而受到损失的，可以以对赌双方恶意串通损害公众投资者的合法权益为由，认定对赌条款无效。如此，殊途同归，就能理由更充分地保护公共利益。

七、结语

根据公开的案件信息，综合全文论证，投资人对上市公司持股平台发起的挂钩市值对赌回购诉讼，不仅不必然引起上市公司实际控制人的变更，不影响上市公司的持续经营能力；也因相应回购可能被合伙平台的合伙人连带偿债或合伙平台增资偿债而不必然引发抛售股票所导致的二级市场股价非正常波动，从而即使违反证券市场秩序但并不必然损害公共利益。

因此，笔者认为，上海两级法院虽有维护证券市场规则的良好愿望，但其论证尚不足以证成损害社会公益,判决理由值得商榷。若能证成对赌双方应当进行信息披露而未披露,并据此认定恶意串通,将能更有效地保护公共利益,体现司法服务社会的积极性。

（特约编辑:黄霆）

股权代持篇

浅析有限责任公司股权代持纠纷

吉同燕*

《公司法》于1993年制定后,1999年、2004年对个别条款进行了修改,2005年进行了全面修订,2013年、2018年又对公司资本制度的相关问题作了两次重要修正。2023年修订的《公司法》(以下简称新《公司法》)已由第十四届全国人民代表大会常务委员会第七次会议通过,自2024年7月1日起施行。新《公司法》第22条明确规定了实际控制人利用关联关系损害公司利益给公司造成损失的,应当承担赔偿责任;第192条明确规定了实际控制人从事损害公司或者股东利益的行为的,与该董事、高级管理人员承担连带责任。本文拟对有限公司股权代持纠纷产生的原因进行剖析,梳理有限公司股权代持纠纷的相关法律规定,结合新《公司法》中实际控制人的责任承担相关规定,分析股权代持中隐名股东进行股权转让的指导案例,并对有限公司股权代持纠纷的解决提出相应的可行办法。

一、股权代持的概念及产生原因

(一)股权代持的概念

根据最高人民法院《关于适用〈中华人民共和国公司法〉若干问题的规定(三)》(以下简称《公司法解释三》)的归纳,笔者将股权代持定义为:股东名册上登记的显名股东与实际出资人之间达成股权代持合意,由实际出资人对股权实际出资负责,并享有实际收益权,但是在商事登记上不以实际出

* 吉同燕:广东华商律师事务所合伙人、律师,深圳市律师协会第十一届公司法律专业委员会副主任。

资人自己的名义出现的代持股情况。

（二）股权代持纠纷产生的原因

股权代持纠纷主要围绕资产收益归属权纷争、隐名股东显名化以及隐名股东瑕疵出资追责、实际控制权人责任承担等问题展开。纠纷产生原因主要有以下几个。

第一，实际投资人与名义股东之间的合同效力问题。实践中，如果设定股权代持的目的在于以合法形式掩盖非法目的或规避法律、行政法规等强制性规定，该协议无效。

第二，名义股东滥用股东权利损害实际投资人利益。隐名股东和名义股东基于代持股协议，赋予名义股东行使股东权利，并且通过工商登记进行名义股东的股权确认。实践中，名义股东滥用经营管理权进行表决、参与分红，甚至擅自出让或质押股权，善意第三人基于外观主义，在支付合理对价后获得股权，会损害实际出资人的利益。因此，隐名股东的利益受损时，只能根据合同相对性起诉名义股东，要求赔偿损失。

第三，名义股东的自身风险损害实际投资人利益。名义股东自身出现其他不能偿还的债务时，法院执行时会影响实际出资人的股权利益。

第四，隐名股东显名化未能实现。新《公司法》虽然不再要求“需要向股东以外的人转让股权时，应当经过其他股东经过半数同意”，但是新《公司法》第 84 条第 2 款规定：“公司章程对股权转让另有规定的，从其规定。”因此，如果公司章程对股权转让另有规定“向股东以外的人转让股权时，应当经过其他股东经过半数同意”，则如内部股东不同意的比例超过了半数，那么隐名股东显名化就无法实现。

第五，隐名股东的股权转让给第三人，显名股东持反对意见。隐名股东有权转让自己的股权，当第三人明知实际出资人存在，并从实际出资人处受让股权时，如果名义股东以工商登记为由提出反对，应当进入确权程序。实际出资人首先要显名化申请，确定自己的股东资格的同时禁止名义股东转让自己的股权，股东资格确认的过程中有确认成功和确认失败两种结果，如果股权确认成功，股权就按新《公司法》规定的股权转让程序进行，股权确认失败则向法院起诉。

第六，隐名股东损害公司利益。隐名股东若是新《公司法》第 192 条中规定的实际控制人，隐名股东身份虽然无工商登记的权利外观，但是并不影响有限公司内部其他股东对其隐名身份的知晓，若隐名股东作为实际控制人支配或者联合高级管理人员、董事做出损害公司利益，根据新《公司法》的相关规定，应对公司承担赔偿责任。

二、股权代持纠纷的法律适用

（一）解决股权代持纠纷的现行法条

在实务判例中，针对股权代持问题主要依据《公司法解释三》第 24～26 条，前述司法解释条文规定了投资权益归属于实际出资人、名义股东处分其名下股权属于无权处分以及实际出资人显名适用“股权对外转让”的标准。代持协议的效力主要适用《民法典》的相关规定。

（二）新《公司法》中关于实际控制人责任承担的规定

在新《公司法》中，与股权代持纠纷相关的主要是实际控制人损害公司利益承担责任的内容，规定在新《公司法》第 22 条和第 192 条。

新《公司法》保留了 2018 年《公司法》第 20 条第 1 款、第 2 款的规定，同时，增加第 22 条关于股东或实际控制人利用关联关系损害公司利益的承担责任的规定；以及第 192 条的规定，强调控股股东、实际控制人利用其对公司的影响，指使董事、高级管理人员从事损害公司或者股东利益的行为，给公司或者股东造成损失的，与该董事、高级管理人员承担连带责任。

以上相关规定从直接和间接方面对董事、高级管理人员义务和责任进行的划分，也是对实际控制人的权利进行的规制。根据新《公司法》第 265 条第 3 款的规定，实际控制人是指通过投资关系、协议或者其他安排，能够实际支配公司行为的人。控股股东与实际控制人的区别在于，控股股东是公司股权名义上和实际上的双重直接控制权的拥有者。因此，实际控制人不排除是隐名股东的可能，隐名股东作为实际出资人，存在有限公司的其他股东知晓其代持情况，隐名股东支配董事、高级管理人员损害公司利益的行为，最后产生损害的结果。因此，在责任承担的追究上，可否依据新《公司法》的前述相关规定对隐名的实际控制人进行追责，值得进一步探究，也将进一步检验条款的实际效力。

三、股权代持纠纷案例评析

(一)实际出资人伪造名义股东签章将股权转让给自己,转让行为是否有效?

在A公司诉韩某等股权转让纠纷案[1]中,A公司与韩某签订股权代持协议,代持C公司的股权。韩某为实际出资人,A公司仅为名义股东。转让C公司股权协议等文件上的签字印章系伪造,郭某作为A公司的法定代表人,在2008年明确知道股权登记已作变更,但A公司在此后的5年时间内未对涉案股权转让协议提出异议,并继续与股权登记变更后的C公司共同投资经营D公司,故应当视A公司履行了涉案股权转让协议的内容。据此,审理法院认为原判决认定即使案涉文件上的签字及印章不真实,A公司也已经以其实际行为追认了股权转让协议,并无不当,并裁决驳回了A公司的再审申请。

由上述案例可见,未经显名股东同意,隐名股东伪造显名股东的签章订立股权转让合同将公司股权转让给自己的,该合同并不当然无效。显名股东知情后并未对合同内容提出异议,并以自己的行为实际履行该合同的,股权转让合同对其发生法律效力。

(二)隐名股东是否有权转让股权?如果有权转让,需要满足哪些特定条件?

在焦某成等与毛某随股权转让纠纷案[2]中,D公司的法定代表人为焦某成,主要股东为焦某成、E公司。E公司的法定代表人为焦某。2008年,毛某与D公司签订协议,向D公司投资3000万元。2008年3月,焦某成、焦某分别以生产用款为由向毛某借款400万元、500万元。2009年,毛某与D公司签订的《股权认购协议书》中约定:“毛某占该公司总股份35200万元12%的股权”“现公司股权以本协议为准,与工商注册无关”。协议同时还约定毛某与D公司原来的协议全部终止。《股权认购协议书》签订后,双方未办理工商注册变更登记。2013年,毛某与焦某成签订《股权转让合同》,约定将毛某拥有的D公司12%的股权作价1亿元转让给焦某成。2014年12月

---

〔1〕 参见最高人民法院民事裁定书,(2016)最高法民申1474号。

〔2〕 参见最高人民法院民事判决书,(2016)最高法民终18号。

6日，毛某与焦某成、焦某、A公司签订《补充协议书》，约定焦某与D公司为焦某成的全部债务提供连带责任保证。毛某向法院提起诉讼，请求判令：焦某成给付股权转让价款1亿元及违约金；焦某、D公司承担连带保证责任。最后，最高人民法院认为毛某作为隐名股东有权转让股权，判决驳回上诉，维持原判。

由上述案例可见公司向股东出具的确认股东身份及份额的文件有效。即使该股东非工商登记的股东，也可据此享有以隐名股东身份持有的股权。隐名股东可以依法转让股权。如股权转让的受让人明知其系隐名股东，且公司及其他登记股东均未对股权转让提出异议，则《股权转让合同》合法有效。

四、股权代持纠纷的解决

结合以上论述，笔者认为，为了更好地解决有限公司股权代持纠纷，不能采取“一刀切”的方式，直接不承认隐名股东的地位，而是应该在制定持股协议的过程中注意规避风险。

首先，应当保障代持股协议有效。代持股协议的有效性是在发生纠纷时，实际出资人向名义股东主张自身权利的基础，也是名义股东代替实际出资人对外主张权利的依据。合同中违反法律法规、强制性规定的约定必然会使协议无效。

其次，对于实际出资人和名义股东的权利义务应制定详尽。《民法典》等相关法律均尊重当事人的意思自治，代持股协议在不违反法律法规的前提下，约定有效。为了避免出现滥用权利或者瑕疵出资的问题，应当明确约定相关权利义务及其履行完毕与否的认定标准，同时约定相应的违约责任，如此，当实际出资人寻求股东显名化的诉求受阻时，还可以主张其他救济权利。

再次，将代持股权办理质押登记。《民法典》第443条规定：“以基金份额、股权出质的，质权自办理出质登记时设立。基金份额、股权出质后，不得转让，但是出质人与质权人协商同意的除外。……”代持股权质押后，可以从程序上有效阻碍名义股东向第三人转让代持股权。

最后，有效控制名义股东的财产权处分权。由于名义股东为公司对外商事登记的权利人，善意股权受让人在一定条件下可以取得名义股东持有的公司股权。因此,为了避免名义股东违背实际出资人的意愿,擅自处分代持股权,应严格控制名义股东的财产处分权。

（特约编辑:黄霆）

隐名股东抽逃出资问题探讨

张高爽*

隐名股东，是相对显名股东而称的股东，是指借用他人名义向公司出资或认购出资，不登记在公司章程、股东名册、工商部门登记公示中的实际出资人。隐名股东一般基于规避法律规定、审批制度、政策限制、不愿公开身份等原因而隐名。实务中，隐名股东的股东资格认定是常见的公司纠纷，本文所述隐名股东均默认为其他股东及公司认可其股东资格，其股东资格的认定不在此赘述。

抽逃出资具有很强的隐蔽性，是指在公司验资并注册后，股东非经法定程序，将所缴出资暗中撤回，同时继续保留股东身份和原有出资数额的一种欺诈性违法行为，是《公司法》严令禁止的行为。隐名股东抽逃出资会影响公司资本的稳定性，同时还会损害公司及债权人的利益，故隐名股东也同样受法律的制约，不能抽逃出资。那么，在何种情形下才会被法院认定为抽逃出资呢？

一、隐名股东被认定抽逃出资的法定情形

法院认定为抽逃出资的行为一般有两个必备要件，一为实质要件，二为形式要件。其中，实质要件即损害公司的利益，这是最基本的要件；形式要件则是由最高人民法院《关于适用〈中华人民共和国公司法〉若干问题的规定（三）》（以下简称《公司法解释三》）中明确规定的四个要件：制作虚假财

* 张高爽：北京市汉威（深圳）律师事务所律师，深圳市律师协会第十一届公司法律专业委员会委员。

务会计报表虚增利润进行分配、通过虚构债权债务关系将其出资转出、利用关联交易将出资转出、其他未经法定程序将出资抽回的行为。隐名股东若符合上述实质要件和任一形式要件,则会被认定为抽逃出资。

（一）制作虚假财务会计报表虚增利润进行分配

这种抽逃出资的方式主要通过修改公司的《资产负债表》或《利润表》来实现,如在《资产负债表》中的"资产"项下以"其他应收款"或"现金"方式长期挂账、"长期投资",或虚构"银行存款"项等,以达到资产账面上的平衡,以此来掩盖公司资产被侵蚀的状态。通过上述方式进行抽逃出资的隐名股东一般为公司的实际控制人，实际掌控公司的财务。

正常的减资、利润分配等均需要公司股东决议、报纸公告、满足特定财务指标等条件。上述抽逃出资的方式通常会虚构或缺少这些特定条件,作为原告方应当注意收集这些证据。另外,由于财务文件的专业性较强,必要时还需要财务审计人员的辅助。

（二）通过虚构债权债务关系将其出资转出

隐名股东以借款名义抽逃出资是一种常见的形式,主要包括虚构交易、虚构借款等。在笔者曾代理的案件中,隐名股东名为公司在其出资后未办理股权变更手续,实为规避对外债务为由,与公司达成《借款协议》,将出资款转变为借款,要求公司返还出资款。仲裁庭最终认定隐名股东的出资款是以出资的名义进入公司,即转变为公司法人财产,且《借款协议》未经股东会决议,该借款行为属抽逃出资,是《公司法》严令禁止的行为,遂驳回了隐名股东要求返还投资款的仲裁请求。

当然,实务中隐名股东也确有属于真实借款行为的,那么,如何区分隐名股东是抽逃出资还是借款行为?最高人民法院在爱华电池公司、爱华电子公司股东出资纠纷案[1]中认为:区分股东抽逃出资行为和股东向公司借款行为的关键问题为:是否有真实合理的债权债务关系。股东抽逃出资,往往在股东与公司之间无实质的债权债务关系,如无须支付对价和提供担保,无返还期限的约定等,或违反了有关金融管理、财务制度的规定等。故,判断是否为借款不能仅凭一份《借款协议》进行认定,需要进行综合判断。作

〔1〕 参见最高人民法院民事裁定书,(2020)最高法民申 4625 号。

为公司方,应当保留好用以证明转出资金对应的债权债务关系的真实原始凭证,以及证明该转出资金行为并未降低公司风险抵御能力的证据。

(三)利用关联交易将出资转出

这种抽逃出资的方式主要是利用不当的交易将公司的资金转移至关联公司。根据最高人民法院《关于适用〈中华人民共和国公司法〉若干问题的规定(五)》的规定,关联交易损害公司利益,原告公司依据《民法典》第 84 条、《公司法》第 21 条规定请求控股股东、实际控制人、董事、监事、高级管理人员赔偿所造成的损失,被告仅以该交易已经履行了信息披露、经股东会同意等法律、行政法规或者公司章程规定的程序为由进行抗辩的,法院不予支持。实务中,有判决认为,关联交易并不能必然认定属于抽逃出资,还需判断该关联交易是否损害公司权益,是否向公司支付公正合理的对价,〔1〕只有实质要件和形式要件同时符合才能认定为抽逃出资。

在锦龙公司、中网公司损害公司利益责任纠纷案〔2〕中,陈丽某是名义股东,代持陈某晖在安徽省某电气有限公司的股权。中网公司凭借其控股股东地位,利用其关联公司中网建设公司、安徽省某电气有限公司,将以中网建设公司的名义从银行贷款的 2600 万元,在两家公司之间以支付货款的形式进行流转,并最终转入陈某晖的个人账户,由陈某晖归还了董某霞的借款 2600 万元。中网建设公司与安徽省某电气有限公司之间并无真实、合理的交易行为,通过虚构的债权债务关系,达到了最终将其出资 2600 万元转出的目的。故法院认定其行为属于利用关联交易将出资转出,符合抽逃出资行为的特点。

(四)其他未经法定程序将出资抽回的行为

该条款为兜底条款,只要股东非法转出出资,损害了公司的权益,即可构成抽逃出资。2011 年发布的《公司法解释三》中曾有另一条认定抽逃出资的形式要件:将出资款项转入公司账户验资后又转出。该条在 2014 年《公司法解释三》修订时被删除。在实务中,此种行为是否还会被认定为抽逃出资呢? 在诺贝儿公司、黄某等股东出资纠纷案〔3〕中,法院认为:2014 年 2 月

---

〔1〕 参见最高人民法院民事判决书,(2020)最高法民终 55 号。

〔2〕 参见最高人民法院民事判决书,(2020)最高法民终 87 号。

〔3〕 参见广东省深圳市中级人民法院民事判决书,(2021)粤 03 民终 17863 号。

20日发布的《公司法解释三》虽删除了“将出资款项转入公司账户验资后又转出”的规定，但删除该规定系公司法资本制度改革取消了最低资本额要求后公司法顺应商业实践发展而对自身规制的调整，并不能构成认定抽逃出资的障碍，且修订后的《公司法解释三》第12条第4款将“其他未经法定程序将出资抽回的行为”作为兜底条款，已然涵盖了验资后未经法定程序将资金转出的行为。故股东“将出资款项转入公司账户验资后又转出”的行为仍然可以认定为抽逃出资。

在天翼航空公司与天翼科技公司、王某超等股东出资纠纷案〔1〕中，7名隐名股东向公司转入出资款项完成验资后，次日又将等额出资款项转出，虽辩称转出款项系返还借款，后续又陆续转账归还借款，但其均无法提供相关《借款合同》《股东会决议》、公司账目或其他证明转出款项性质为股东借款的证据，无法证明转出款系经法定程序，故法院认定其行为符合抽逃出资的形式要件。

二、隐名股东抽逃出资的法律后果

（一）民事责任

1.对内责任

隐名股东抽逃出资的，公司或其他股东可以请求名义股东返还出资本息，隐名股东承担连带责任。

根据《公司法解释三》第14条第1款的规定，股东抽逃出资，公司或者其他股东请求其向公司返还出资本息、协助抽逃出资的其他股东、董事、高级管理人员或者实际控制人对此承担连带责任的，人民法院应予支持。隐名股东抽逃出资，名义股东放任隐名股东抽逃出资，公司可以要求名义股东返还出资本息，同时要求隐名股东对此承担连带责任。

如在陈某声、湛某松等追收抽逃出资纠纷、股东出资纠纷案〔2〕中，陈某声和湛某松是名义股东，代持胡某华在广州某贸易有限公司的股权。陈某声、湛某松、胡某华在广州某贸易有限公司注册资本验资实缴两日后，将注册资本以支票形式转出给个人，同时又没有证据证明公司股东会对此作出

---

〔1〕 参见上海市第三中级人民法院民事判决书，(2021)沪03民终11号。

〔2〕 参见广东省广州市中级人民法院民事判决书，(2021)粤01民终20678号。

决议，陈某声、湛某松、胡某华三人主张注册资本金系由中介提供并单方操作转出也没有证据证实，法院以未经法定程序将出资抽回并损害公司权益为由，认定抽逃出资事实存在。最终法院判决名义股东陈某声和湛某松向广州某贸易有限公司返还出资款及利息，隐名股东胡某华承担连带清偿责任。

若公司或其他股东作为原告应当注意，被告股东不能以诉讼时效为由进行抗辩，即抽逃出资的股东对公司返还出资的责任是不受诉讼时效限制的。

2. 对外责任

隐名股东抽逃出资的，公司债权人可以请求名义股东在抽逃出资本息范围内对公司债务不能清偿的部分承担补充赔偿责任，隐名股东承担连带责任。

根据《公司法解释三》第 14 条第 2 款的规定，公司债权人请求抽逃出资的股东在抽逃出资本息范围内对公司债务不能清偿的部分承担补充赔偿责任、协助抽逃出资的其他股东、董事、高级管理人员或者实际控制人对此承担连带责任的，人民法院应予支持。债权人可以要求名义股东在抽逃出资的本息范围内承担补充赔偿责任，隐名股东承担连带责任。名义股东承担赔偿责任后，可以向隐名股东追偿。

例如，在简某昌与方某斌及华某公司、黄某、陈某、吴某股东损害公司债权人利益责任纠纷案[1]中，简某昌是名义股东，代持吴某、黄某、陈某在华某公司的股权。简某昌、华某公司的增资资金进入华某公司的账户 7 日后，华某公司即将等额资金转给深圳市沈某公司。虽然华某公司提供了与深圳市沈某公司的合同，但该合同载明的项目与债权人方某斌提交的网页新闻相矛盾，简某昌和华某公司均未提交证据证明相关合同的履行情况，被法院认定为抽逃出资。最终法院判决名义股东简某昌就华某公司对债权人方某斌所负债务在抽逃出资的本息范围内承担补充赔偿责任，隐名股东吴某、黄某、陈某对前述债务承担连带清偿责任。

需要注意的是，此种情形下，被告股东也不能以诉讼时效为由进行抗辩。但其抗辩理由有先决条件，即债权人的债权必须未超过诉讼时效期间。

---

〔1〕 参见广东省深圳市中级人民法院民事判决书，(2019)粤 03 民终 17343 号。

（二）刑事责任

股东违反《公司法》的规定，在公司成立后又抽逃其出资，数额巨大、后果严重或者有其他严重情节的会构成抽逃出资罪。抽逃出资罪只适用于依法实行注册资本实缴登记制的公司。实践中，隐名股东也可以是成立抽逃出资罪的犯罪主体。如在周某化虚假出资、抽逃出资案[1]和周某虚假出资、抽逃出资案[2]中，两案被告人周某化和周某均为隐名股东，但均被法院认定犯抽逃出资罪，被判处相应有期徒刑，并处罚金。

三、结语

公司资本是公司存在和正常运营的物质基础，抽逃出资是危害公司资本稳定的行为，无论是名义股东还是隐名股东，均不得随意抽回资金，否则将侵犯公司、股东及债权人的合法权益，扰乱社会经济秩序，甚至触犯刑法。因此，隐名股东应在切实履行出资义务的同时，维护公司资本的充实安全。

（特约编辑：吉同燕）

---

〔1〕 参见江苏省扬州市中级人民法院刑事裁定书，(2020)苏10刑终186号。

〔2〕 参见四川省富顺县人民法院刑事判决书，(2020)川0322刑初99号。

外资企业隐名股东的相关争议简析

廖晓斌*

实践中，出于规避政府审批、跨境税务筹划等各种目的，境外企业或自然人通常会采取VIE架构模式向中国境内投资设立公司或者进行公司股权并购、增资扩股等。由于这种模式天然具有法律、政策的规避性质，常会被中国法律所审视、挑战。本文集中探讨，外资企业隐名股东会出现的有关股东资格确认、股权代持、股权转让等争议。

一、外商投资的相关法律规定

在《外商投资法》颁布及相关法律修订之前，外资企业的设立、股权变更等事项需要经过政府核准，手续繁复，标准严苛。随着我国进一步扩大对外开放，积极促进外商投资，《外商投资法》随之颁布，一统原来的《外资企业法》等三部"外资法"。根据《外商投资法》第28条等相关规定，我国对外商投资全面实行负面清单管理制度，外商投资准入负面清单以外的领域，按照内外资一致的原则实施管理，对于负面清单规定的禁止投资领域，外资不得进入，而限制性投资领域，外资应当符合负面清单规定的条件，需要办理投资项目核准、备案的，应当按照有关规定执行。

因此，若涉及的投资标的公司在负面清单之外，则外资企业隐名股东的相关争议可以参考境内隐名股东的处理规则。

然而，若涉及的投资标的公司在负面清单之内，而外资企业隐名股东并

* 廖晓斌：北京市盈科（深圳）律师事务所律师，深圳市律师协会第十一届公司法律专业委员会委员。

未按照规定办理投资项目的核准、许可等，则在外资企业隐名股东的股东资格确认、与境内名义股东签订的股权代持协议等方面或存在巨大的法律瑕疵。

二、外资企业隐名股东的股东资格确认

根据最高人民法院《关于审理外商投资企业纠纷案件若干问题的规定(一)》(以下简称《外资企业纠纷若干问题规定(一)》)第14条之规定，实际出资人请求确认其外商投资企业的股东身份，或者请求变更外商投资企业股东的，需要同时满足以下三个条件："(一)实际投资者已经实际投资；(二)名义股东以外的其他股东认可实际投资者的股东身份；(三)人民法院或当事人在诉讼期间就将实际投资者变更为股东征得了外商投资企业审批机关的同意。"

由此可见，法院在认定外商投资企业有无变更股东时，需要征求审批机关的意见。自从《外商投资法》于2020年实施之后，在负面清单之外的外商投资企业，一般不存在政府审批的问题。然而，若该外商投资企业系于负面清单之内的，境外实际出资人若无法按照规定获得审批机关的同意，则无法被确认股东资格。参考广东省高级人民法院审理的潘某强诉张某、韶赣汽车城公司股东资格确认纠纷案[1]以及广东省珠海市中级人民法院审理的香港宏丰公司诉珠海宏洋公司、梁某坤、林某光等股权确认案[2]两案，隐名股东请求确认股东身份的，法院应当基于主管部门对外商投资审批核准权进行审理，若诉讼期间都不能获得审批机关的同意的，则仅能确认其实际出资人身份，而应驳回其确认股东资格的诉讼请求。

2022年最高人民法院发布的《全国法院涉外商事海事审判工作座谈会会议纪要》对上述问题进行了归纳统一。该纪要第29条规定，在满足前述《外资企业纠纷若干问题规定(一)》第1条第1项及第2项情形的前提下，实际投资者请求确认外商投资企业股东身份或者变更股东身份的：(1)外商投资企业在负面清单禁止投资领域的，法院不予支持；(2)外商投资企业属于负面清单以外投资领域的，法院应当判决由名义股东履行将所持股权转

---

[1] 参见广东省高级人民法院民事判决书，(2014)粤高法民四终字第48号。

[2] 参见广东省珠海市中级人民法院民事判决书，(2010)珠中法民四终字第13号。

移登记至实际投资者名下的义务，外商投资企业负有协助办理股权转移登记手续的义务；(3)外商投资企业属于负面清单限制投资领域的，法院应当判决由名义股东履行将所持股权转移登记至实际投资者名下的义务，并协助外商投资企业办理报批手续。判决可以同时载明，不履行报批手续的，实际投资者可自行报批。

因相对人已从名义股东处善意取得外商投资企业股权，或者实际投资者依据前述第3项报批后未获外商投资企业主管机关批准，导致股权变更事实上无法实现的，实际投资者可就隐名投资协议另行提起合同损害赔偿之诉。

三、境外隐名股东与境内主体签订的股权代持协议

虽然此种股权代持协议的合法有效性在实践中存在巨大争议，但争议并不在于隐名股东或者实际出资人的投资是否经过政府审批。根据《外资企业纠纷若干问题规定(一)》第15条第1款之规定，合同约定一方实际投资、另一方作为外商投资企业名义股东，不具有法律、行政法规规定的无效情形的，人民法院应认定该合同有效。一方当事人仅以未经外商投资企业审批机关批准为由主张该股权代持协议无效或者未生效的，人民法院不予支持。这与最高人民法院《关于适用〈中华人民共和国公司法〉若干问题的规定(三)》的规定是一致的。外资企业隐名股东可以依据协议约定，获得投资收益，并请求名义股东履行相关义务。

然而，此种股权代持协议(包括为了搭建VIE架构而签订的各种为了实现协议控制的合同)，可能会面临因违反强制性法律规定，而导致合同无效的法律风险。

曾经轰动金融投资圈的华懋公司诉中国中小企业公司案[1]，最高人民法院最终认定，双方签订的委托书等系列合同，规避了当时的金融管理强制性制度，以“以合法形式掩盖非法目的”为由，确认合同无效。笔者认为，我国并非判例法国家，该案作为个案具有其复杂的历史背景和其特殊性，不能以该案直接断定我国法律否认VIE架构的合法性。如果标的公司是涉及负面清单的完全禁入领域，由于涉及巨大的社会公共利益，这种情况下，境外

---

[1] 参见最高人民法院民事判决书，(2002)民四终字第30号。

投资不存在可以获得政府批准的可能，因此在禁入领域中的股权代持行为，可能会因违反强制性法律法规而无效。

至于代持协议无效之后处理规则，《外资企业纠纷若干问题规定（一）》中有详细具体规定。简言之，该司法解释充分保障了实际投资者的资金安全，除非存在损害第三人、集体或国家利益的情形，即便合同无效，实际投资者的投资成本乃至投资收益也仍然有合理的取回保障。

四、外资企业隐名股东的股权转让

这是基于隐名股东的股东资格能够被确认的前提下，才能进一步探讨的问题。若股东资格无法被确认，隐名股东与受让方签订的股转协议或将面临无权处分的法律瑕疵。

若隐名股东的股东身份可以被确认，股转协议还需要面临是否需要经过审批机关批准生效的问题。

根据《外资企业纠纷若干问题规定（一）》第 1 条之规定，对于外资企业的变更等过程中订立的合同，依法律、行政法规的规定应当经审批机关批准后才生效的，自批准之日起生效；未经批准的，应当认定该合同未生效。然而，请确认合同无效的，法院不予支持。笔者认为，对于企业而言，不必纠结于“未生效”和“合同无效”的法理区别，因为两者均以无法实现商业目的告结，且实际造成的经济后果相似。因此，在全面实行负面清单管理制度的今天，更应关注标的公司是否在负面清单之内，从而判断股转协议是否需要经审批后生效。

至于股转协议因未报批，或者经报批后未获审批而不生效的处理规则，《外资企业纠纷若干问题规定（一）》亦有相关规定。简言之，受让方均可请求退还股转款，主张赔偿因未履行报批义务的实际损失，或者根据转让方的过错大小，主张转让方经报批后未获审批的损失赔偿；当然，若受让方已经实际参与经营且获利，转让方也有权主张其退回或扣除相关成本后的收益。

（特约编辑：吉同燕）

隐名股东法律风险及应对策略

熊忠香*

本文通过案例分析了与隐名股东有关的若干裁判规则，以此提醒拟作为隐名股东的实际投资人，其与名义股东间签订的股权代持协议的法律关系为委托代持股权关系，法律保护其投资权益，并不保障其当然获得股东资格。因此采取股权代持的方式，隐名股东需要采取合理有效的应对措施，以确保自身的合法权益不受侵犯。

一、隐名股东与名义股东之间的委托代持关系及其风险防范

（一）隐名股东与名义股东之间的法律关系定性

隐名股东与名义股东通过签订代持股协议建立委托代持股权关系，股权归属关系与委托代持股权关系是两个层面的法律关系，前者因合法的投资行为形成，后者则因当事人之间的合同行为形成。因此，享有股东资格的仅是记载于股东名册中的名义股东，而实际投资人并非公司的股东，不能仅以存在合法的委托投资关系为由主张股东地位，名义股东也不能以存在持股比例限制为由否定代持股协议的效力。

（二）隐名股东法律风险防范

在委托代持股权关系中，隐名股东应重点防范以下两大法律风险。

第一，应当签署书面的股权代持协议防止名义股东侵占股权。代持股关系基于委托关系形成，委托关系是当事人基于共同意思表示而建立的双

* 熊忠香：广东鹏浩律师事务所合伙人、律师，深圳市律师协会第十一届公司法律专业委员会委员。

方法律行为，并签订代持股协议，单方法律行为不能建立委托代持股权关系。对未签订代持股协议但双方当事人有事实行为的，也可以依法认定存在委托代持股关系，并以此法律关系确定双方当事人的民事权利和义务，但是主张存在事实行为的当事人应当承担举证责任。

第二，采用隐名的方式出资时，应确保委托代持协议不属于《民法典》第146条规定的“行为人与相对人以虚假的意思表示实施的民事法律行为无效”及其他无效的情形，否则该协议无效。

二、隐名股东与其他股东及公司之间的法律关系

隐名股东欲要显名，要求公司承认其股东资格，保障其股东权利，并要求对相关的公司文件进行变更时，则会在隐名股东与其他股东及公司之间发生法律关系，这种关系通常以隐名股东资格确认或者股权归属纠纷的形式表现出来。在这层法律关系中隐名股东的股东资格确认以及其股权的保障，不仅要以实际出资行为为依据，为了保护公司的人合性，还要考虑其他股东的意见。

（一）隐名股东与公司之间的股东资格确认关系

1. 隐名股东（实际出资人）主张股权，必须证明已经真正出资

隐名股东向公司主张股权的，必须首先证明其有出资行为，出资行为是其取得股东资格并享有股权的意思表示。

最高人民法院《关于适用〈中华人民共和国公司法〉若干问题的规定（三）》（以下简称《公司法解释三》）第22条规定：“当事人之间对股权归属发生争议，一方请求人民法院确认其享有股权的，应当证明以下事实之一：（一）已经依法向公司出资或者认缴出资，且不违反法律法规强制性规定；（二）已经受让或者以其他形式继受公司股权，且不违反法律法规强制性规定。”虽然该条并不是规定股东资格确认的实质要件，但是其对股权归属发生争议时主张权利一方当事人的证明责任的规定，可以适用于隐名股东资格认定的判定，即主张隐名股东资格或者股权的人应该提出证据证明其已经依法向公司出资或者认缴出资，且不违反法律法规的强制性规定。

应对建议如下：隐名股东可以依据其与名义股东之间的代持股协议或者其他出资事实证明其为真正的出资人，并将代持股权出资款足额交付名

义股东，专用于隐名股东对目标公司的出资，显名股东予以确认。同时，保留其向名义股东支付出资的记录，以及名义股东向公司注资的记录，尽量保证专卡专用，并在同一时间段内支付（证明已出资）。

2. 实际出资人变更工商登记成为股东，需要经公司其他股东半数以上同意

有限公司隐名股东显名化是需要经过其他股东认可的，因为这样才可以保证有限公司的人合性不被破坏。实际出资人取代名义股东成为股东，实质上类似于有限公司的股权的对外转让，均涉及对“新的股东”的接受。

《公司法解释三》第24条第3款规定：“实际出资人未经公司其他股东半数以上同意，请求公司变更股东、签发出资证明书、记载于股东名册、记载于公司章程并办理公司登记机关登记的，人民法院不予支持。”据此，实际出资人变更工商登记成为股东，需要经公司其他股东半数以上同意。

即使其他股东并没有明确作出承认或者同意隐名股东股东身份的意思表示，或者没有相关的书面文件作为其他股东承认或者同意隐名股东身份的依据，也可以通过其他股东的行为进行推断。此处的“行为”主要是指其他股东对于隐名股东实际享有股东权利的知情和认可行为，即其他股东在诉讼期间或公司经营期间明知隐名股东行使或者享有了股东权利，但是并未表示反对，可以视为一种默许。

在金某洪与金地公司股东资格确认纠纷案〔1〕中，法院认为：《公司法解释三》规定“实际出资人成为股东需经其他股东半数以上同意”，体现了有限责任公司的人合性，但认定其他股东是否同意不仅限定在诉讼中征得其他股东同意，还包括在公司成立时或经营期间其他股东是否认可，该事实可由当事人举证证明。本案中，长广公司在金地公司成立时即认可金某洪享有金地公司40%股权，且金某洪自金地公司成立时至2015年1月一直担任金地公司的法定代表人，参与公司经营管理，长广公司在诉讼中表示不同意不足以磨灭其曾经同意金某洪入股的事实，故金某洪成为金地公司股东的条件已经满足。

正如有学者所言，“有限责任公司半数以上的其他股东明知实际出资人的出资，并且公司一直认可其以实际股东的身份行使权利的，如无其他违背

---

〔1〕 参见浙江省湖州市中级人民法院民事判决书，（2016）浙05民终443号。

法律规定的情节，人民法院可以确认实际出资人对公司享有股权，但应责令当事人根据实际出资情况依法办理有关登记手续”。[1]

应对建议如下：隐名股东需要取得公司其他股东认可其为真正股东的证明，以及目标公司予以确认的证明，如通过股东会决议、公司章程修正案等方式确认或公司向隐名股东签发加盖公章的出资证明书、股东名册等。隐名股东还可以参与公司的实际经营，行使股东权利，使其他股东对自己作为股东形成一种默认状态。

（二）隐名股东转让股权与其他股东之间的关系

在毛某随与焦某成、焦某等股权转让纠纷案[2]中，毛某随与石圪图煤炭公司于2009年1月12日签订了《股权认购协议书》，约定毛某随的股份占该公司总股份的12%，还明确了“现公司股权以本协议为准，与工商注册无关”以及“此协议是确认股东身份的唯一依据”等内容。2013年12月28日，毛某随与焦某成签订了《股权转让合同》，约定将毛某随拥有的石圪图煤炭公司12%的股权作价1亿元转让给焦某成。后焦某成未按约支付股权转让款，毛某随遂起诉至法院。焦某成提出毛某随非工商登记的股东，毛某随与其签订的《股权转让合同》无效。法院最终认为，第一，从《股权认购协议书》中的首部内容看，焦某于与石圪图煤炭公司全体股东签订了《股权转让合同书》，但依据石圪图煤炭公司的工商登记材料，焦某始终未出现在石圪图煤炭公司工商登记的股东名册中。据此，可以认定石圪图煤炭公司存在登记股东与实际股东不一致的情形，因此，不能仅依据工商登记之有无而断定毛某随是否为石圪图煤炭公司的股东。第二，在公司内部涉及股东之间的纠纷中，法律并未明确规定未经登记的股东不具备股东资格，而是应当结合其他证据进行综合认定。石圪图煤炭公司以签订《股权认购协议书》的形式，确认了焦某及毛某随股东之身份，并认可该二人享有公司股东的权利及义务，据此，可以确认毛某随系石圪图煤炭公司隐名股东这一身份，其股东资格不因未工商登记而被否定。第三，对于《股权认购协议书》中确定毛某随持有12%的股权是否有效的问题，法院认为，对公司外部而言，公司的股权应当以对外公示的工商登记为准；而在公司内部，有关隐名股东身份及持股

---

〔1〕 李国光主编：《中国民商审判》（第2卷），法律出版社2002年版，第145页。

〔2〕 参见最高人民法院民事判决书，（2016）最高法民终18号。

份额之约定等属于公司与实际出资人或名义股东与实际出资人之间形成的债权债务的合意,除非隐名股东要求变更为名义股东以外,该约定不会引起外界其他法律关系的变化,亦不会破坏有限责任公司的人合性,故一般应当认可其有效性。

从该案可知,隐名股东在符合下列三个条件下依法转让股权的合同有效:第一,公司向股东出具的确认股东身份及份额的文件有效。即使该股东非工商登记的股东,也可以据此享有以隐名股东身份持有的股权。第二,股权转让的受让人明知其系隐名股东。第三,公司及其他登记股东均未对股权转让提出异议。

(三)隐名股东与公司之间的分红关系

名义股东、实际出资人与公司共同约定"实际出资人在成为正式股东之前按照其出资比例分得股息、红利"系各方真实意思表示的,合法有效。据此,隐名股东在显名前能直接从公司获得分红。下文以华夏银行股份有限公司与润华集团、联大集团股权确认纠纷案[1]为例展开说明。

1997 年,联大集团、润华集团(前身为销售公司)与华夏银行签订三方协议,约定联大集团持有华夏银行的 3 亿元出资包含了润华集团的 2 亿元实际出资,在条件允许,润华集团成为华夏银行股东之前,华夏银行要在联大集团名下的应得红利中按照润华集团的出资比例相应扣除,并直接将分派的股息、红利支付给润华集团。华夏银行据此将 1998 ~ 2000 年的红利支付给润华集团,但未将 2003 年下半年和 2004 年的红利支付润华集团,而是将全部股息支付给联大集团,并用于扣收了联大集团在该行的贷款。2003 年,华夏银行按照每 10 股转增 2 股的比例,将资本公积金转增股本,股东按照比例增持股份。至此,联大集团所持股数量为 3.6 亿股。2005 年,润华集团向山东省高级人民法院提起诉讼:(1)请求确认联大集团所持有的股权中有 2.4 亿股属于润华集团所有;(2)华夏银行向润华集团支付尚未派发的红利 2600 万元。本案经山东省高级人民法院一审、最高人民法院二审,最终判定:将联大集团持有的 2.4 亿股份变更到润华集团的名下,华夏银行支付红利 25,178,203.83元。

华夏银行败诉的原因在于,我国公司法在制度设计上以商事外观主义

---

[1] 参见最高人民法院民事判决书,(2006)民二终字第 6 号。

为原则，因此对股东资格的取得条件是内外有别的，公司内部就股东资格确认产生纠纷，以实质形式为要件——是否出资；如果涉及外部第三人就股东资格产生纠纷，则以形式为要件——工商登记。因此工商登记并没有创设股东资格的效果，只是对外证明股东资格的表面证据，以保护第三人的信赖利益。故在出现出资纠纷时，不能仅以工商登记来确认股东资格。名义股东与实际出资人之间发生股权确认纠纷，应当根据当事人之间的约定探究其真实意思表示。润华集团获得分红拥有合同依据，润华集团获取分红的依据是其真实的出资行为及三方当事人的协议约定，而不是以其是否为华夏银行的在册股东为条件。华夏银行未经润华集团同意而不支付红利的行为属于违约行为。

综合上述论述可知，隐名股东在与其他股东及公司之间的法律关系中，为了最大限度地保护自己的权利，可以争取与名义股东及公司三方签订协议，要求公司出具确认股东身份及份额的文件，并在三方协议中约定“待实际出资人作为正式股东的条件成就时，名义股东和公司共同完成使实际出资人成为正式股东的工作”。若隐名股东投资的是有限责任公司，应尽可能要求其他过半数股东也在三方协议上签字确认，避免其他股东以行使优先购买权为由，阻碍隐名股东变更为名义股东。

三、隐名股东与第三人之间的法律关系

隐名股东与第三人之间的法律关系即隐名股东与公司外部的法律关系，解决公司外部的法律关系的基本立场是：保护权利人还是保护善意第三人，亦即是尊重当事人意思自治原则还是商事外观主义原则之争。

《公司法解释三》第 25 条第 1 款规定：“名义股东将登记于其名下的股权转让、质押或者以其他方式处分，实际出资人以其对于股权享有实际权利为由，请求认定处分股权行为无效的，人民法院可以参照物权法第一百零六条的规定处理。”《民法典》第 311 条规定：“无处分权人将不动产或者动产转让给受让人的，所有权人有权追回；除法律另有规定外，符合下列情形的，受让人取得该不动产或者动产的所有权：（一）受让人受让该不动产或者动产时是善意；（二）以合理的价格转让；（三）转让的不动产或者动产依照法律规定应当登记的已经登记，不需要登记的已经交付给受让人。受让人依据前款规定取得不动产或者动产的所有权的，原所有权人有权向无处分权人请

求损害赔偿。当事人善意取得其他物权的,参照适用前两款规定。"可见,在隐名股东与第三人的法律关系中,隐名股东主要的法律风险就是名义股东"无权处分"股权。

值得注意的是,此处的第三人仅限于与名义股东存在股权交易的第三人,商事外观主义原则的适用范围不包括非交易第三人,在适用外观主义时,对民事权益的保护必须是基于对该标的物的外观产生的信赖利益而做出的民事行为。

四、结语

综上所述,隐名股东在与名义股东的法律关系中,因委托持股协议的存在,实践中法律风险较弱。在与公司及其他股东的关系中,公司法的制度设计亦以实际出资作为取得股东资格的要件,工商登记只是证权程序而非设权程序,在条件许可的情况下显名股东可以要求公司及其他股东过半数同意股权代持,并由公司在股东名册上记载,这样在公司内部显名股东实际上已具有股东资格;同时隐名股要积极参与公司的经营,包括但不限于参加股东会、董事会所涉及的公司重大利益问题的讨论。为了加强对目标公司的控制,可以妥善制定公司章程,与其他股东签订协议,对公司的重要文件以及印章等可以安排适合的人掌管。在与第三人的法律关系中,基于物权法上的善意取得制度以及公司法上的商事外观主义原则,工商登记的名义股东的债权人债权优先于隐名股东的权益,因此风险较高。在应对策略上,主要应加强与第三方的法律关系的风险控制,可以通过风险转移策略:第一,在委托持股协议中确认隐名股东作为实际出资人,对公司享有实际的股东权利并有权获得相应的投资收益;名义股东不享有任何收益权或处置权;名义股东无权处分股权应当承担赔偿责任;第二,约定在条件具备时,将相关股东权益转移到自己名下;第三,办理股权质押并进行登记,在签订代持股协议的同时双方对所涉及的股权办理质押并进行登记,这样可以防止出现显名股东擅自处分股权的风险,同时也可以应对出现显名股东作为被告而导致代持股权被法院强制执行的被动局面。

（特约编辑:吉同燕）

股东/高级管理人员
损害赔偿篇

关联交易损害公司利益责任纠纷探析

杨银笛*

公司是虚拟法人,公司股东在设置上分为很多层级,其本质是自然人。在中国这个熟人社会,关联关系公司、个人之间进行关联交易非常普遍,即使是公开发行上市的公司也难免存在关联交易。关联交易是一柄“双刃剑”,如果该交易是利于公司的,是股东、母子公司、兄弟公司、家属亲人在帮扶公司;如果交易中存在不合理的对价,或者故意侵占公司资产、损害公司的利益,就变成侵蚀公司的蛀虫,导致企业肌体的腐败、损害公司利益,严重的会掏空公司财产,将公司拖垮。因此,对关联交易应当建立健全相应的管理监督机制,从而保障公司的交易权利和公司间的交易秩序。关联关系有哪些?法律法规对关联关系、关联交易的规定有哪些?关联交易损害公司利益时如何救济?本文将对上述问题进行解析。

一、什么是关联关系

依据2023年修订的《公司法》(以下简称新《公司法》)第265条第4项的规定,关联关系,是指公司控股股东、实际控制人、董事、监事、高级管理人员与其直接或者间接控制的企业之间的关系,以及可能导致公司利益转移的其他关系。但是,国家控股的企业之间不仅因为同受国家控股而具有关联关系。新《公司法》第265条第1项规定,高级管理人员,是指公司的经理、副经理、财务负责人,上市公司董事会秘书和公司章程规定的其他人员。

---

* 杨银笛:广东卓建律师事务所合伙人、律师,深圳市律师协会第十一届公司法律专业委员会委员。

根据上述规定，可以把关联交易分为两类，一类是《公司法》列举的直接认为是关联关系的主体和职位，直接构成关联关系的；另一类是间接的，“可能导致公司利益转移的其他关系”。

（一）直接关联关系主体、职位示意

为了便于下文的论述，笔者就直接关联关系下的主体、职位以图1进行形象展示：

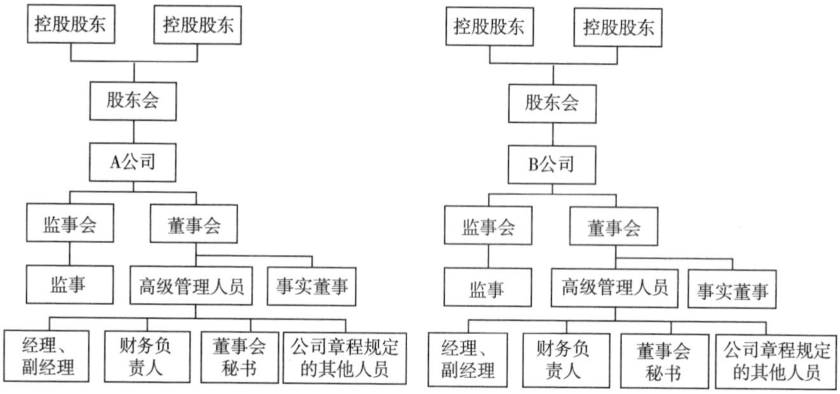

图1　直接关联关系主体、职位示意

直接关联关系比较明显的表现就是直接持股超过50%、两个公司的董事、监事、高级管理人员的人员互相交叉。直接关联关系包含以下情形：(1)当A公司和B公司受同一控股股东或实际控制人时，A公司、B公司构成关联关系；(2)当A公司和B公司中属于图1中职位的人员交叉任职时，A公司、B公司构成关联关系。

（二）可能被认定为关联关系的其他情形

除了直接列举的关联关系外，对于《公司法》规定的关联关系包括“以及可能导致公司利益转移的其他关系”，又应如何理解呢？

根据国家税务总局《关于完善关联申报和同期资料管理有关事项的公告》的规定，企业与其他企业、组织或者个人具有下列关系之一的，构成关联关系。

第一种是一方直接或者间接持有另一方的股份总和达到25%以上；双方直接或者间接同为第三方所持有的股份达到25%以上。如果一方通过中间方对另一方间接持有股份，只要其对中间方的持股比例达到25%以上，则其对另一方的持股比例按照中间方对另一方的持股比例计算。两个以上具有夫妻、直系血亲、兄弟姐妹以及其他抚养、赡养关系的自然人共同持股同一企业，在判定关联关系时持股比例合并计算。

第二种是双方存在持股关系或者同为第三方持股，持股比例虽未达到上述直接或间接持股25%的规定，但是具有以下任一情形的，视为关联关系：(1)双方之间的借贷资金总额占任一方实收资本比例达到50%以上，或者一方全部借贷资金总额的10%以上由另一方担保(与独立金融机构之间的借贷或者担保除外)；(2)一方的生产经营活动必须由另一方提供专利权、非专利技术、商标权、著作权等特许权才能正常进行；(3)一方的购买、销售、接受劳务、提供劳务等经营活动由另一方控制。上述控制是指一方有权决定另一方的财务和经营政策，并能据以从另一方的经营活动中获取利益。

第三种是一方半数以上董事或者半数以上高级管理人员(包括上市公司董事会秘书、经理、副经理、财务负责人和公司章程规定的其他人员)由另一方任命或者委派，或者同时担任另一方的董事或者高级管理人员；或者双方各自半数以上董事或者半数以上高级管理人员同为第三方任命或者委派。

第四种是具有夫妻、直系血亲、兄弟姐妹以及其他抚养、赡养关系的两个自然人分别与双方具有本条上述项关系之一。如图1中A公司相关职位人员的配偶在B公司担任图中职位，就是可能的关联关系。

第五种是双方在实质上具有其他共同利益。

因此，在任职情形下，持股比例低但实质影响公司之间的关系，或者公司之间具有控制关系、依赖关系，夫妻关系、亲属关系等实质上具有共同利益的其他关系，也可能会被认定为关联关系。

(三)新《公司法》新增关联方范围

新《公司法》第182条第2款规定："董事、监事、高级管理人员的近亲属，董事、监事、高级管理人员或者其近亲属直接或者间接控制的企业，以及与董事、监事、高级管理人员有其他关联关系的关联人，与公司订立合同或者进行交易，适用前款规定。"新《公司法》首次新增关联交易的主体为董事、监事、高级管理人员的近亲属，扩大了关联方的范围。《民法典》第1045条第2款规定："配偶、父母、子女、兄弟姐妹、祖父母、外祖父母、孙子女、外孙子女为近亲属。”董事、监事、高级管理人员的近亲属适用前述范围。具体而言，新《公司法》扩大后的关联方如下。

1. **董事、监事、高级管理人员或者其近亲属直接或者间接控制的企业**

根据新《公司法》第 182 条第 2 款的规定，董事、监事、高级管理人员或者其近亲属直接或间接控制的企业也为关联交易规制的对象，为新增关联方。直接或间接控制的企业可以从新《公司法》对控股股东和实际控制人的角度进行理解，包括但不限于股权控制、表决权控制以及通过投资、协议或其他安排，能够实际支配公司行为的人。

2. **与董事、监事、高级管理人员有其他关联关系的关联人**

该条内容依然源于新《公司法》第 182 条第 2 款的规定，与董事、监事、高级管理人员有其他关联关系的关联人也为新的关联方。这类主体更像是兜底条款，作为一种泛化的规定，也为审判实践预留了一定的空间。

3. **“事实董事”**

新《公司法》第 180 条规定：“董事、监事、高级管理人员对公司负有忠实义务，应当采取措施避免自身利益与公司利益冲突，不得利用职权牟取不正当利益。董事、监事、高级管理人员对公司负有勤勉义务，执行职务应当为公司的最大利益尽到管理者通常应有的合理注意。公司的控股股东、实际控制人不担任公司董事但实际执行公司事务的，适用前两款规定。”该条为实质性修订条款，首次规定了忠实和勤勉义务的内含，并且新增“事实董事”的内容，即公司的控股股东、实际控制人不担任公司董事但实际执行公司事务的，适用董事的忠实、勤勉义务，而董事为关联方之一、禁止不当关联交易为董事忠实、勤勉义务的具体表现，因而“事实董事”也为新增关联方。

二、关联交易的法律规定

关联交易的相关法律规定主要体现在公司法对董事、监事、高级管理人员的要求上，如任职特别要求和义务：董事、监事、高级管理人员应当遵守公司章程，对公司负有忠实义务和勤勉义务，不得利用职权收受贿赂或者其他非法收入，不得侵占公司的财产。

新《公司法》第 179 条和第 180 条规定，董事、监事、高级管理人员应当遵守法律、行政法规和公司章程，对公司负有忠实义务和勤勉义务。新《公司法》第 181 条第 1 ~ 6 项规定了董监高人员的禁止行为，包括：“（一）侵占公司财产、挪用公司资金;(二)将公司资金以其个人名义或者以其他个人名义开立账户存储;(三)利用职权贿赂或者收受其他非法收入;(四)接受他人与公司交易的佣金归为己有;(五)擅自披露公司秘密;(六)违反对公司忠实义务的其他行为。"违反上述禁止义务要承担的后果,在新《公司法》第186条、第188条和第191条有明确规定,董事、高级管理人员违反前款规定所得的收入应当归公司所有;公司的控股股东、实际控制人、董事、监事、高级管理人员不得利用其关联关系损害公司利益,给公司造成损失的,应当承担赔偿责任。

三、新《公司法》新增对关联交易的程序性规范

新《公司法》对关联交易的规制从程序和实体两个方面进行考察。程序方面新增了关联交易报告义务和回避表决规则。

(一)程序方面新增关联交易报告义务和回避表决规则

新《公司法》第182条第1款规定:"董事、监事、高级管理人员,直接或者间接与本公司订立合同或者进行交易,应当就与订立合同或者进行交易有关的事项向董事会或者股东会报告,并按照公司章程的规定经董事会或者股东会决议通过。"这是新《公司法》增加的程序性规制条款,明确了关联交易方的报告义务,该报告义务发生在关联交易之前,属于事前控制,仅董事会或股东会决议通过的才能开展相关关联交易。新《公司法》第182条第2款同时规定,前述扩大范围的关联方也需遵守报告义务的约束,其程序性规制的范围也相应统一。新《公司法》将关联交易报告义务首次进行了明确,但是对于报告义务的具体内容并未规定,针对关联交易信息披露充分的要求,报告内容应至少包括关联关系、交易内容、交易条件等。

除前述新增关联交易报告义务外,新《公司法》第185条规定:"董事会对本法第一百八十二条至第一百八十四条规定的事项决议时,关联董事不得参与表决,其表决权不计入表决权总数。出席董事会会议的无关联关系董事人数不足三人的,应当将该事项提交股东会审议。"在以往《公司法》中仅对上市公司的回避表决有相应规定,非上市公众公司并无相关规定,此次新增这一表决规则也是完善程序规范的表现。虽然该条仅限制关联董事表决,但是有不少意见认为无法形成董事会决议需经股东会审议时,关联股东

也需进行相应回避,非关联股东表决也可能受董事影响,但应尽力保持程序公正。

（二）实体方面继续要求关联交易实质公平

最高人民法院《关于适用〈中华人民共和国公司法〉若干问题的规定（五）》第1条第1款规定:“关联交易损害公司利益,原告公司依据民法典第八十四条、公司法第二十一条规定请求控股股东、实际控制人、董事、监事、高级管理人员赔偿所造成的损失,被告仅以该交易已经履行了信息披露、经股东会或者股东大会同意等法律、行政法规或者公司章程规定的程序为由抗辩的,人民法院不予支持。”可见,法律并不禁止关联交易,而是禁止损害公司利益的不正当关联交易。即关联交易的内容应合法,需符合诚实信用、等价有偿的原则,其核心实质要件是交易对价公允。

四、不正当关联交易损害公司利益的救济途径

（一）通过公司法设计的协商、监督程序进行交涉

1. 监事监督

新《公司法》第78条第2项、第3项规定,监事会、不设监事会的公司监事行使以下职权:对董事、高级管理人员执行职务的行为进行监督,对违反法律、行政法规、公司章程或者股东会决议的董事、高级管理人员提出解任的建议;当董事、高级管理人员的行为损害公司的利益时,要求董事、高级管理人员予以纠正。由此可见,监事会以及不设监事会的公司监事对不正当的关联交易可以进行监督。

2. 股东发函

新《公司法》第189条规定:“董事、高级管理人员有前条规定的情形的,有限责任公司的股东、股份有限公司连续一百八十日以上单独或者合计持有公司百分之一以上股份的股东,可以书面请求监事会向人民法院提起诉讼;监事有前条规定的情形的,前述股东可以书面请求董事会向人民法院提起诉讼。监事会或者董事会收到前款规定的股东书面请求后拒绝提起诉讼,或者自收到请求之日起三十日内未提起诉讼,或者情况紧急、不立即提起诉讼将会使公司利益受到难以弥补的损害的,前款规定的股东有权为公司利益以自己的名义直接向人民法院提起诉讼。他人侵犯公司合

法权益,给公司造成损失的,本条第一款规定的股东可以依照前两款的规定向人民法院提起诉讼。公司全资子公司的董事、监事、高级管理人员有前条规定情形,或者他人侵犯公司全资子公司合法权益造成损失的,有限责任公司的股东、股份有限公司连续一百八十日以上单独或者合计持有公司百分之一以上股份的股东,可以依照前三款规定书面请求全资子公司的监事会、董事会向人民法院提起诉讼或者以自己的名义直接向人民法院提起诉讼。”

因此,发现董事、监事或者高级管理人员存在不利于公司利益的关联交易情形的,股东有权向监事会或董事会发函并请求对此提起诉讼。

3. 股东会会议沟通

根据新《公司法》第59条和第112条的规定,公司的股东会有权选举和更换非由职工代表担任的董事、监事,决定有关董事、监事的报酬事项。因此,当董事、监事中出现有人损害公司利益进行关联交易的情况时,可以将有损公司利益的关联交易的相关情况形成股东会会议上讨论的议案,供各方进行集中讨论,商议出最优解决和救济方案。

(二)行使“归入权”

新《公司法》第186条规定:“董事、监事、高级管理人员违反本法第一百八十一条至第一百八十四条规定所得的收入应当归公司所有。”新《公司法》第181条和182条与关联交易相关,违反关联交易所得收入应返还给公司,本次修订之前,《公司法》仅规定董事和高级管理人员违反忠实义务和关联交易需履行相应归入义务,新《公司法》不仅把监事纳入,还将董事、监事、高级管理人员的近亲属以及事实董事等关联方纳入,具体的审判实践效果有待后续观察。

(三)寻求外部机构的帮助

1. 寻求律师的帮助,通过律师函严重警告、律师谈判、达成和解

公司进行了不利于自身的关联交易后,监事、股东等利害关系人可以通过联系律师向侵害公司权利的相关人发送律师函,警告对方不要继续做出损害公司利益的事情并对已经造成的公司损失承担后果;或者聘请律师与对方进行谈判、详细沟通,将公司的损失降到最低;也可以与对方达成和解协议,双方均作出妥协和让步以达到双赢的目的。

2. 寻求律师、会计师的帮助，要求行使股东的知情权

新《公司法》第 57 条第 3 款规定：“股东查阅前款规定的材料，可以委托会计师事务所、律师事务所等中介机构进行。”因此在股东合法行使知情权时，可以通过会计师、律师的辅助，查阅股东会、监事会、董事会的会议纪要，并要求审计师事务所对公司财务进行审计，从而充分行使知情权，更好地调查损害公司利益的关联交易及其相关细节，并依法对其进行追责。

（四）提起损害赔偿诉讼

董事、高级管理人员损害公司利益时，监事有权提起损害公司利益责任之诉；监事损害公司利益时，董事会（董事）有权提起损害公司利益之诉。

对于上述诉讼，股东代表提出诉讼要求的条件是：有限责任公司的股东、股份有限公司连续 180 日以上单独或者合计持有公司 1% 以上股份的股东，书面请求。

董事、董事会，监事、监事会不履职不提起损害赔偿时，或者有紧急情况时，满足上述条件的股东在履行上述程序后，可以提起损害公司利益责任之诉：监事会、不设监事会的有限责任公司的监事，或者董事会、执行董事收到前款规定的股东书面请求后拒绝提起诉讼，或者自收到请求之日起 30 日内未提起诉讼，或者情况紧急、不立即提起诉讼将会使公司利益受到难以弥补的损害的，前述规定的股东有权为了公司的利益以自己的名义直接向法院提起诉讼。

需要特别注意的问题是，是否关联交易就一定会导致公司承担赔偿责任？答案是否定的，因为还应当实质判断关联交易是否损害公司利益。在东莞真功夫公司与蔡某标、王某斌、蔡某红以及第三人东莞真功夫公司因公司关联交易损害责任纠纷案〔1〕中，法院认定：东莞真功夫公司与志利源经营部、东莞市虎门优中康三鸟经营部构成关联关系，属于关联交易。志利源经营部与“温氏”的合同价格均为 23.5 元/公斤，最终价格志利源经营部较“温氏”便宜 0.1 元。综合以上三个交易条件分析，原审法院认定现有证据显示案涉交易均为合法有效的关联交易并无不当。东莞真功夫公司主张案涉关联交易损害了其利益，应举证证明案涉关联交易损害了其利益，否则东莞真功夫公司应自行承担举证不能的不利后果。

---

〔1〕 参见广东省东莞市中级人民法院民事判决书，(2015)东中法民二终字第 1913 号。

由此可见,合法有效的关联交易应当同时满足交易信息披露充分、交易程序合法、交易对价公允三个要件。如果缺乏这三个要件,则关联交易不合法,公司需要对此承担不利后果。

(五)必要时可以刑事报案

关联交易一般情况下涉及侵权,构成经济纠纷。但也要客观分析案情,从刑事犯罪构成、案件细节上进行判断。如果是虚假的发票、虚构的关联交易,虽然形式上有合同,但实质上没有交易,目的是转移公司款项占为己有,有可能涉嫌职务侵占罪。根据《刑法》第 271 条的规定,公司、企业或者其他单位的工作人员,利用职务上的便利,将本单位财物非法占为己有,数额较大的,处 3 年以下有期徒刑或者拘役,并处罚金;数额巨大的,处 3 年以上 10 年以下有期徒刑,并处罚金;数额特别巨大的,处 10 年以上有期徒刑或者无期徒刑,并处罚金。

五、对公司关联关系的管理建议

企业要做好关联交易管理,应重视在章程中关联交易的分层审核机制设计,设置关联交易的允许条件、程序,禁止条件;设置股东会、董事会、总经理的审批额度。设置通过公开的邀标程序,进行市场公开价格对比等。另外,还可以设置在关联交易中的当事人回避表决制度等。

总之,做好关联交易的管理和侵害防范,增加股东之间的沟通和信任,才能帮助企业长远有序发展。

(特约编辑:吉同燕)

董事、高级管理人员损害公司利益侵权行为与职务侵占罪之识别与区分

郑绪华*

一、问题的提出

甲某系A公司的法定代表人，其在任职期间曾以A公司的名义为自己1000万元债务提供连带保证，后因未能偿债导致A公司承担了该1000万元的担保责任；另外，其将可能的市场机会交由其关联的B公司争取并承做，致使A公司丧失该业务机会；并存在将A公司部分资产低价转让给其关联的B公司的行为。为此，经A公司股东举报，甲以涉嫌职务侵占罪被刑拘并逮捕。

归纳而言，甲的行为主要存在三个方面的问题：越权担保、抢夺业务机会和不公允的关联交易。

从2023年修订的《公司法》（以下简称新《公司法》）的角度评判，甲的行为可能构成高级管理人员损害公司利益的侵权行为；从《刑法》的角度评判，甲的行为可能构成职务侵占罪。

那么，职务侵占犯罪与董事、高级管理人员损害公司利益的侵权行为之间的区别何在？应当如何识别呢？

---

* 郑绪华：北京金诚同达（深圳）律师事务所律师，深圳市律师协会第十一届公司法律专业委员会主任。

二、越权担保行为在职务侵占与董事、高级管理人员损害公司利益侵权行为之间的区分

（一）越权担保行为是否构成董事、高级管理人员损害公司利益的侵权行为

新《公司法》第 180 条第 1 款规定："董事、监事、高级管理人员对公司负有忠实义务，应当采取措施避免自身利益与公司利益冲突，不得利用职权牟取不正当利益。"第 15 条第 1 款规定："公司向其他企业投资或者为他人提供担保，按照公司章程的规定，由董事会或者股东会决议……"

新《公司法》虽然仅规定董事、高级管理人员以公司财产为他人提供担保必须经董事会或者股东会决议方可，并未明确规定董事、高级管理人员以公司财产为自己提供担保也必须经董事会或者股东会决议。相对于公司这一法律主体而言，董事、高级管理人员也属于公司外的"他人"，从而相应担保必须经董事会或者股东会决议。未经董事会或者股东会决议操纵公司为董事、高级管理人员提供担保的越权行为，损害了公司对其财产的自决处分权。

同时，董事、高级管理人员对公司的忠实义务要求董事、高级管理人员应当采取措施避免自身利益与公司利益冲突，不得利用职权牟取不正当利益，即董事、高级管理人员不得与公司争夺利益，不得损害公司的利益。但董事、高级管理人员以公司财产为自己提供担保的行为将可能使公司承担担保责任从而遭受损失，该行为除非征得公司董事会或股东会的决议同意，否则将与公司构成利益冲突，为法律所禁止。

因此，董事、高级管理人员擅自以公司财产为自己提供担保的行为违反了忠实勤勉义务，构成损害公司利益的侵权行为。

（二）越权担保行为是否构成职务侵占罪

职务侵占罪，是指以非法占有为目的，利用职务便利，采取隐秘方式将公司财物据为己有的行为。职务侵占的行为若要成为犯罪，必须具备如下三个要素：以非法占有为目的；利用职务便利；改变公司财物的占有状态。对于越权担保行为是否构成职务侵占罪，笔者的观点如下。

1. 越权担保行为不一定具有非法占有的目的

越权担保行为虽然未经公司内部机关决议，但是董事、高级管理人员的

越权担保行为并不一定会给公司造成实际损失，只有在董事、高级管理人员本人届时不清偿债务时才可能使公司承担清偿责任而实际致损。

故越权担保即便可能给公司造成损失，也是一项可能发生、也可能不发生的不确定损失。

在公司未来是否遭受损失并不确定的背景下，无法判定董事、高级管理人员的越权担保行为一定具有非法占有的目的。

2. 公司是否受损的后果与越权担保行为不一定具有因果关系

在越权担保情形下，担保权人（主债权人）依法负有主动审查该担保行为是否经过公司内部决议的义务，公司也享有未经内部决议而不承担担保责任的合法抗辩权，从而越权担保行为不一定会使公司受损。

故公司是否受损的后果与越权担保行为不一定具有因果关系。

3. 越权担保行为并未改变公司财物的占有状态

越权担保行为即便给公司造成损失，也是由公司向担保权人承担担保责任而交付财物给担保权人，董事、高级管理人员并未因此而取得属于公司的财物；相反，董事、高级管理人员因越权担保而对已经承担担保责任的公司负有偿还义务。

故越权担保行为并未改变公司财物的占有状态。

归纳而言，越权担保行为不可能构成职务侵占罪，其与职务侵占罪的主要区别在于其不一定具有非法占有的目的，也不存在将公司财物据为己有的改变财物占有状态的行为；更因为越权担保行为情形下公司具有合法抗辩权而致担保责任并不一定实际发生，从而隔断了越权担保和公司实际损失之间的因果关系。

三、抢夺业务机会行为在职务侵占与董事、高级管理人员损害公司利益侵权行为之间的区分

抢夺业务机会，是指董事、高级管理人员将本可属于公司的业务机会转移给其关联方，让其关联方获取相应的业务利益。

（一）抢夺业务机会的行为是否构成董事、高级管理人员损害公司利益侵权行为

新《公司法》第 183 条规定："董事、监事、高级管理人员，不得利用职务便利为自己或者他人谋取属于公司的商业机会……"（但书除外）

第 184 条规定:“董事、监事、高级管理人员未向董事会或者股东会报告,并按照公司章程的规定经董事会或者股东会决议通过,不得自营或者为他人经营与其任职公司同类的业务。”

根据上述法律规定,董事、高级管理人员利用职务上接触、掌握商业信息的便利,不仅不代表公司积极获取该商业机会,反而帮助其关联方接触、获取相关商业机会信息,并促使其关联方获得该商业机会的行为,属于董事、高级管理人员违反忠实勤勉义务损害公司利益的侵权行为。

(二)抢夺业务机会的行为是否构成董事、高级管理人员职务侵占罪

抢夺业务机会的行为虽损害了公司的获利机会并可能最终损害了公司利益,但其损害的直接标的是公司的商业机会,而非公司的现成利益或公司财物,公司财物的占有状态并未改变。这是抢夺业务机会不构成职务侵占罪的最主要原因。

四、不公允关联交易行为在职务侵占与董事、高级管理人员损害公司利益侵权行为之间的区分

(一)不公允关联交易行为是否构成董事、高级管理人员损害公司利益侵权行为

新《公司法》第 182 条第 1 款规定:“董事、监事、高级管理人员,直接或者间接与本公司订立合同或者进行交易,应当就与订立合同或者进行交易有关的事项向董事会或者股东会报告,并按照公司章程的规定经董事会或者股东会决议通过。”

由此,董事、高级管理人员如果利用掌控公司或管理公司的机会,不经董事会或者股东会同意,擅自通过关联交易的方式,以高买低卖的方式将公司资产或财物向关联方进行利益输送,其行为违反了董事、高级管理人员对公司的忠实勤勉义务,构成董事、高级管理人员损害公司利益的侵权行为。

(二)不公允关联交易行为是否构成职务侵占罪

不公允关联交易以利益输送为目的,主观上具有非法占有公司财物的目的,客观上实施了通过不公允交易方式将公司财物的占有状态改变为自己或自己控制的公司所占有,实质上改变了公司财物的占有状态;且一般均利用了董事、高级管理人员职务上的便利。

故不公允关联交易行为虽然获利方不一定为行为人，但是最终利益仍间接归属于行为人，该等行为若数量达到法定要求，可能构成职务侵占罪。

五、结语

综上，在越权担保、抢夺业务机会和不公允的关联交易诸行为中，不公允关联交易行为既构成董事、高级管理人员损害公司利益的侵权行为，又可能构成职务侵占罪；而越权担保、抢夺业务机会的行为，可能构成董事、高级管理人员损害公司利益的侵权行为，但不大可能构成职务侵占罪的行为。识别二者最关键的因素在于是否具有非法占有的目的和是否改变公司现有财物的占有状态。

（特约编辑：伍碧波）

股东损害公司利益责任纠纷的诉讼策略

——基于新《公司法》第183条的情形

吴　疆*

2023年修订的《公司法》(以下简称新《公司法》)第183条中规定“董事、监事、高级管理人员,不得利用职务便利为自己或者他人谋取属于公司的商业机会”。本文针对“谋取属于公司商业机会”的情形,结合相关司法实务,从原告角度(进攻角度)谈谈如何举证的问题。

一、裁判思路

在进行举证前,首先得对法官的裁判思路有非常清晰的认识。紧扣法官裁判思路的举证,才能“得重点”“听得进”“有效果”。关于“谋取属于公司商业机会”,裁判思路可以拆分为两个部分:第一,某一商业机会是否原本属于公司;第二,是否存在对该商业机会的“谋取和掠夺”。

在认定“某一商业机会是否原本属于公司”时,裁判思路是:首先,结合公司的经营范围,审查该商业机会是否为公司所需;其次,审查公司是否就此进行过接洽、投入过时间精力以及付出过人力物力和财力。

在认定“是否存在对商业机会的谋取和掠夺”时,裁判思路是:首先,审查实施主体是否对该商业机会知情、是否将该商业机会向公司透露;其次,审查该交易对手是否原本就打算与公司进行交易以及公司当初达成该交易的可能性;再次,审查是否存在通过欺骗、隐瞒等不正当手段诱使公司放弃机会,或者引导客户与其他主体进行交易的行为;最后,审查是否存在利用

---

* 吴疆:广东卓建律师事务所合伙人、律师,深圳市律师协会第十一届公司法律专业委员会委员。

公司业务经验、经办人、联系人等有利身份实施且达成对该商业机会的谋取和掠夺。

二、司法现状

实践中损害公司利益的行为多种多样，这些行为本身与商业行为紧密关联，而且往往具有隐蔽性，导致现实中这类案件的胜诉率并不高，裁判也缺乏统一的标准。

根据公开检索可知，以深圳市为例，股东损害公司利益纠纷案件从2013年的18例逐年上升至2024年的258例。虽然案件数量呈增长趋势，但司法实践中存在较高的诉讼门槛和举证难度，此类案件中撤回起诉的比例约为28%，而获得全部或部分支持的案件仅占12.61%，按此比例推算，2024年深圳市该类案件中获得支持的案例约为30例。

不过，也应当看到的是，虽然有前述诸多不利，但是随着司法人员对该类案件处理经验和能力的提升，以及小股东法治和维权意识的加强，该类案件的数量会继续增多，审判质量也会越来越高。

三、类案的诉讼策略

根据笔者的经验，作为原告，对该类案件的准备和举证策略如下。

第一步，证明所损失的交易机会本该由本公司完成。

具体为：(1)尽可能多地拿到该商业机会的交易资料；(2)梳理该交易的交易客户、交易标的、交易价款、交易条件等基本要素；(3)将前述几个要素与本公司过往的交易进行对比；(4)审查本公司曾经是否与该交易客户合作过；(5)多方面论证该交易的内容，客户大概率是会继续与本公司合作，没有“舍近求远”“舍旧求新”“舍好就坏”的必要。

第二步，证明该交易机会是由于被告的原因而丧失。

具体为：(1)该客户的该类交易以前是否都与本公司合作；(2)为了取得该交易机会本公司是否已经进行了前期的客户接洽和维护(工作)；(3)本公司丢掉了该交易机会的原因；(4)该交易机会被告是否能够接触到；(5)客户是否经由被告的引荐而与其他主体取得联系并进行交涉；(6)促使客户放弃与本公司交易而选择与其他公司交易的主要原因。

第三步，证明最后取得该交易的主体与被告之间的关联关系。

具体为:(1)该交易主体是如何接洽的客户;(2)该交易主体使用了哪些商业材料;(3)该交易中是否出现过本公司的任何信息,如使用本公司的地址、电话、邮箱等;(4)本公司与夺走交易机会的公司是否存在关联关系。

四、原告方的取证重点

上述证据不一定能够全部取得或者内容明确,因此,需要进一步明确取证的重点和方法。

首先,能够取得客户关于交易的材料和证词最重要。诸多证明内容,如果能够直接从客户那里取得,将会具有非常强的证明力。例如,客户讲述与该“掠夺方”从认识到接洽的过程:是否与本公司进行过交易沟通、又是通过谁接洽该“掠夺方”、是否出示过相关的关联公司证明材料、具体使用了哪些竞标材料和宣传册、是与该“掠夺方”的何人进行的沟通和交涉、最终选择与该“掠夺方”进行合作的理由等。

取证不求完整深入,但只要能够找到一个点并进行深挖,大概率能够获得有利证据。取证的方式可以采取访谈的形式,也可以通过共同的朋友进行了解。

另外,直接取证可能客户的配合意愿不强,所以需要讲究方式方法,如可以从本公司“自我反省”“丢失客户回访”的角度切入。

其次,从本公司内部挖掘证据也非常重要。例如,此客户一开始是谁在负责,本公司当时提供了哪些商务材料、当时抄送给领导的相关邮件、项目的资料底稿、过往的类似交易记录等。

再次,对关联公司的调查。董事和高级管理人员谋取该商业机会,必然是利益驱动,即不仅是让本公司丧失交易,还要能够让自己收益。故最终达成交易的主体必然与其有关联,因此,也需要重点从财务、人员、管理等方面挖掘关联关系,影响法官的自由心证。

最后,取证是一个持续的过程。谋取公司的交易机会,可能只有一笔交易但涉及金额非常大,也可能是与同一个客户的多笔持续交易;对于后者,就需要从长计议,顺藤摸瓜地耐心取证,可能会有很大收获。

五、被告方最常见的几种抗辩及其应对

实践中,被告方几种常见的抗辩思路如下。

第一种,“所有的事情我都没有参与,所有的材料上也都没有我的签字。”

对此,一般的处理方法是申请在材料上直接签字的人作为证人出庭,然后通过公司的日常运行规定及相关书面文件、材料证明此事不可能只是这个层级的人员拍板决策。

此外,如果该客户本身就是被告在负责日常维护和项目沟通的,加上来自客户方的证词,则一般能够证明被告的知情和参与。

第二种,“这个交易机会当时给公司做也做不了,本就不属于公司。”

要反驳这个说法,首先要搜集交易资料,如果之前的相同产品、相同项目该客户都是选择跟本公司交易,就能够完成初步举证工作。

这里有个误区,当被告主张交易条件不一致所以它不属于公司交易机会时,一定要严格区分此不一致是在客户与“掠夺方”确定交易后导致的不一致,还是客户一开始就开出了这样的要求和限制。前者只是被掠夺后的结果,而非客户不选择跟本公司交易的原因。

第三种,“跟谁交易是客户的自主选择,即便交易条款一样客户不选择我们也没办法。”

要反驳这一点,关键在于还原客户最初的交易意愿、对比过往的交易惯例和交易条件。并且,需要在“关联关系”的举证上发力,寻求突破口。

六、结语

新《公司法》第 183 条中同时规定,“但是,有下列情形之一的除外:(一)向董事会或者股东会报告,并按照公司章程的规定经董事会或者股东会决议通过;(二)根据法律、行政法规或者公司章程的规定,公司不能利用该商业机会”。此规定在法律上肯定了作为被告的抗辩理由,故原告在起诉前,应当审视是否符合前述除外情形,避免本就艰难的举证被“釜底抽薪”。

(特约编辑:伍碧波)

禁止股东滥用权利

——公司法人人格反向否认制度的思考

谢得三*

公司法人独立人格和股东有限责任，是公司区别于其他经济组织的最重要特征。但实践中存在股东利用公司法人独立人格逃避债务，继而发生公司法人人格否认的情况。

一、制度背景与司法实践

公司法人人格否认分为正向、横向、反向三态。其中，公司法人人格正向否认规定在2023年修订的《公司法》（以下简称新《公司法》）第23条第1款、第2款中规定："公司股东滥用公司法人独立地位和股东有限责任，逃避债务，严重损害公司债权人利益的，应当对公司债务承担连带责任。股东利用其控制的两个以上公司实施前款规定行为的，各公司应当对任一公司的债务承担连带责任。"公司法人人格横向否认制度的适用，由最高人民法院第15号指导性案例明确，该案裁判要旨指出："关联公司人格混同，严重损害债权人利益的，关联公司相互之间对外部债务承担连带责任"。关于公司法人人格反向否认制度，[1]即在股东为逃避个人债务向公司转移其财产时，公司是否应对股东的个人债务承担责任的问题，无法律明确规定，司法实务中各地法院的态度亦不一，有的直接以"未有实体法规定""缺乏相应依据"

---

* 谢得三：泰和泰（深圳）律师事务所律师，深圳市律师协会第十一届公司法律专业委员会委员。

〔1〕 学理上将反向法人格否认分为"内部否认"和"外部否认"两种，前者指股东主动否认公司人格，后者指股东的债权人要求公司对股东的个人债务承担责任。本文仅着眼于对外部人反向否认公司人格的研究。

等为由，不予支持原告的诉讼请求。

在深圳、河南、辽宁、山东等地虽有少数支持原告反向否认公司人格的案例，但其判决理由却各不相同。有法院扩张解释《公司法》(2018 年，以下简称原《公司法》)第 20 条第 3 款〔1〕，认为"仅适用顺向否认模式，并不能阻止滥用公司法人人格的行为，难以形成对公司债权人有效救济…… 人格混同违背了法人设立的宗旨，公司与股东承担连带责任并无不当"；〔2〕也有法院认为，公司法人人格反向否认的依据是最高人民法院《关于审理民间借贷案件适用法律若干问题的规定》第 22 条〔3〕，甚至扩张解释最高人民法院《关于审理与企业改制相关的民事纠纷案件若干问题的规定》中对"企业"的定义，从国企扩张到一般企业，认为该法第 7 条规定了反向否认的情形；〔4〕亦有法院认为，最高人民法院第 15 号指导性案例包含反向法人格否认的适用。〔5〕

在现实环境中，股东逃避个人债务，以投资名义向公司转移财产的情形屡见不鲜。由于实体法缺位，虽有部分判例，但各地的价值取向和规范说理仍然处于不明确状态，裁决结果的稳定性、可预见性仍不可期待。在大部分情形下，股东债权人基于法人人格独立性的原因，不能向公司直接追索，只能选择执行股东的股权或通过《民法典》第 539 条提起撤销之诉进行保护。一方面，股权的价值往往因公司财产被股东转移而大幅跳水，甚至可能在完成股权评估，债权人通过折价受让股权成为公司股东后，公司情况与当初评估结果出现很大偏差，债权人还未实现债权，就无缘无故地在出资范围内成为其他债权的连带债务人，其债权难以有效保障；另一方面，债权人撤销之

---

〔1〕 相关规定参见新《公司法》第 23 条第 1 款。

〔2〕 江苏省苏州市中级人民法院民事判决书，(2017)苏 01 民终 346 号。类似观点参见辽宁省高级人民法院民事判决书，(2018)辽 03 民终 3920 号；河南省高级人民法院民事裁定书，(2019)豫民再99 号。

〔3〕 最高人民法院《关于审理民间借贷案件适用法律若干问题的规定》第 22 条规定："法人的法定代表人或者非法人组织的负责人以单位名义与出借人签订民间借贷合同，有证据证明所借款项系法定代表人或者负责人个人使用，出借人请求将法定代表人或者负责人列为共同被告或者第三人的，人民法院应予准许。法人的法定代表人或者非法人组织的负责人以个人名义与出借人订立民间借贷合同，所借款项用于单位生产经营，出借人请求单位与个人共同承担责任的，人民法院应予支持。"

〔4〕 参见山东省高级人民法院民事判决书，(2018)鲁 08 民终 3234 号。

〔5〕 参见广东省深圳市中级人民法院民事判决书，(2018)粤 03 民初 871 号。

诉的可操作性不高，证明股东对公司投资的行为具有不正当目的证明难度极高，需要引入复杂的商事判断规则。股东若有意利用公司的独立法人地位转移自身财产，可以轻易地以合法的投资形式作为掩护实施欺诈性转让；且撤销权只能撤销股东与公司之间的交易行为，对股东进一步转让公司财产，做低公司股权价值的行为束手无策。

在此背景下，公司法人人格反向否认制度能够使股东债权人通过较宽松的证明责任，直接同时向股东和公司主张权利，更有利于实现对债权人的保护，具有进一步完善适用的必要性，也因此各地法院亦有创新的判例在不断探索。

二、构成要件与适用原则

公司法人人格反向否认为公司法人人格否认的应有之义，故应类推原《公司法》第20条和《全国法院民商事审判工作会议纪要》（法2019〔254〕号）中明确了的公司法人人格正向否认的构成要件和适用原则，从结果、行为、主体以及因果关系等方面，在个案中具体分析是否符合适用条件，具体说明如下。

（1）结果要件：只有在股东实施了滥用公司法人独立地位及股东有限责任的行为，且该行为严重损害了股东债权人利益的情况下，才能适用。损害债权人利益，主要是指股东滥用权利使其个人财产不足以清偿股东债权人的债权。

（2）行为要件：滥用公司法人独立地位及股东有限责任的行为主要有人格混同、过度支配与控制、资本显著不足等。其中，人格混同主要从人员（如是否有交叉任职、是否代表多家公司进行签字等）、财务（如是否有独立的财务管理制度，是否账户、账簿、资金无法区分；等等）、业务（如交易相对人是否能清楚区分交易对象）等方面考虑。

（3）主体要件：公司股东。就隐名股东、非直接持股的实际控制人是否适用的问题，根据最高人民法院（2015）民一终字第260号、（2020）最高法民终185号等判决的说理，其均可以纳入原《公司法》第20条的“股东”范畴。

（4）因果关系要件：法人人格否认制度的本质仍然是侵权纠纷，因此需要考虑侵权责任成立的因果关系构成要件。

（5）适用原则：不是全面、彻底、永久地否定公司的法人资格，只是在具体案件中依据特定的法律事实、法律关系，突破公司对股东债务不承担责任的一般规则，例外地判令其承担连带责任。

三、公司的追偿权

公司法人人格否认无论是正向、横向抑或是反向，均为在特定情形下，公司与股东/关联公司具有同一人格，不能准确地区分彼此，因此将二者的财产视为同一资金池的财产对债务人承担债务。故类推正向和横向公司法人人格否认制度中股东和关联公司的责任范围，公司法人人格反向否认中公司也应是以其全部财产承担连带责任，而并非就股东隐匿于公司为限承担连带责任。但考虑到该后果系股东过错而非公司意志，故从公平角度，应由过错股东最终承担公司法人人格反向否认带来的一系列不利后果，公司承担责任后有权向股东追偿。上述支持公司法人人格反向否认的判决也肯定了这点，法院在判决公司与股东承担连带责任的同时，亦确认了公司对过错股东的追偿权。

四、结语

公司法人人格反向否认制度能弥补制度缺陷，更有利于保护股东债权人，实现实质公平。在平衡股东债权人和公司及其他利益相关方利益冲突的基础上，构建和完善公司法人人格反向否认的法律规范具有客观必要性和现实意义。

（特约编辑：伍碧波）

浅析“一人公司”股东连带责任制度

伍碧波[*]

“一人公司”是指一人有限责任公司，即只有一个自然人股东或者一个法人股东的有限责任公司。

2023年修订的《公司法》（以下简称新《公司法》）第23条第3款规定：“只有一个股东的公司，股东不能证明公司财产独立于股东自己的财产的，应当对公司债务承担连带责任。”

也就是说，一人公司对外产生债务的时候，债权人除了可以要求一人公司偿还债务，还可以要求一人公司的股东对公司债务承担连带责任。股东必须证明公司的财产和自己的财产是独立的、分割开来的，才能免除自己的责任。

一、要求股东对一人公司的债务承担连带责任的实现路径

（一）债权人对一人公司和股东同时提起诉讼

债权人对一人公司提起诉讼时，可以将一人公司和股东同时列为被告，要求一人公司偿还债务以及股东对一人公司的债务承担连带清偿责任。

这种路径没有任何前提条件，只要是对一人公司提起诉讼，都可以按照这种路径要求股东承担责任。作为一人公司的股东，必须在诉讼中举证一人公司的财产和自己的财产是独立的，否则就要对判决的公司债务承担连带责任。

如果缺少一人公司股东的身份信息，可以通过调取一人公司工商登记

* 伍碧波：广东金唐律师事务所律师，深圳市律师协会第十一届公司法律专业委员会委员。

信息的方式,获取股东的身份证复印件或身份证号码,再通过公安系统调取股东的身份信息。

(二)债权人在强制执行阶段申请追加股东为被执行人

债权人对一人公司提起仲裁时,因为提起仲裁必须要有仲裁协议或仲裁条款,所以在仲裁程序中,不能直接将债务人的股东列为仲裁案件的被申请人。这种情况下,怎么要求股东对一人公司的债务承担连带责任呢?

实现路径就是在强制执行阶段,申请将股东追加为被执行人,这种路径有一个前提,那就是一人公司的"财产不足以清偿生效法律文书确定的债务"。当然,如果一人公司有足够的财产清偿债务,也就没有追加股东作为被执行人的必要了。

在执行阶段,法院进行财产查控之后,没有查询到可供执行的财产,就会作出终结本次执行程序的裁定。这份裁定,能够证明一人公司的财产不足以清偿生效法律文书确定的债务,因此收到这份裁定之后,申请执行人就可以向法院申请追加一人公司的股东作为被执行人了。

二、一人公司的股东对公司债务承担何种责任

新《公司法》第 4 条第 1 款规定,有限责任公司的股东以其认缴的出资额为限对公司承担责任,因此有限责任公司的股东仅在认缴的注册资本限额内对公司债务承担有限责任。

一人公司也属于有限责任公司,那么,一人公司的股东根据新《公司法》第 23 条第 3 款的规定,是在注册资本限额内承担有限责任,还是承担无限责任呢?

笔者认为,一人公司因不能证明财产独立从而对公司债务承担连带责任时,这种责任是无限责任,不以注册资本为限。如果一人公司的股东能够证明其财产独立于一人公司,不需要承担连带责任,只在认缴出资限额内承担有限责任。

新《公司法》第 23 条第 3 款的规定是针对一人公司作出的特别规定,根据法律的适用原则,特别规定的效力优先于一般规定。因此对于一人公司,应当优先适用新《公司法》第 23 条第 3 款的规定。

在从顺公司与大有物业公司、陈某槐等侵权责任纠纷案[1]中，法院判决大有物业公司赔偿租金损失289.03万元，公司的唯一股东不能证明公司财产与其个人财产独立，因此需要对公司债务承担连带责任。大有物业公司的注册资本仅有50万元，股东却要对公司200余万元的债务承担连带责任，从这份判决可以看出，一人公司在这种情况下，需要对公司债务承担无限责任。

三、一人公司的股东规避"连带责任"风险的途径

一人公司相比其他类型的有限责任公司，股东对公司享有100%的股权，可以实现对公司的完全控制，人事权、财产权归于股东一人，在这种情况下，股东没有任何的监督与制约，很容易利用有限责任公司的独立法人地位恶意逃避债务。

因此，为了防止一人公司的股东滥用公司独立法人资格，公司法对一人公司作出特别规定，对一人公司的财产状况实行举证责任倒置，倒逼一人公司的股东严格遵守财务规范，做到公司财产与个人财产独立，否则就要对一人公司的财务承担无限责任。因此，一人公司的股东在享受一人公司的特别优势时，也要承担相应的法律责任和义务。

那么，对于一人公司的股东来说，如何规避相应的风险呢？可以从最高人民法院的相关案例中得到启发。

在弈成科技公司、湘电风能公司债权人代位权纠纷案[2]中，最高人民法院认为："一人有限责任公司如股东和公司能举证证明，其股东财产与公司财产上做到分别列支列收，单独核算，利润分别分配和保管，风险分别承担，应认定公司和股东财产的分离。"

在该案件中，湘电风能公司是湘潭电机公司设立的一人有限责任公司，湘电风能公司和湘潭电机公司为证明相互财产独立提供了以下证据：湘电风能公司的注册资金变化及出资情况、湘电风能公司的财务制度汇总、湘电风能公司与湘潭电机公司的三年财务审计报告、湘电风能公司与湘潭电机公司的营业执照及内部章程。

---

〔1〕 参见江苏省射阳县人民法院民事判决书，(2021)苏0924民初912号。
〔2〕 参见最高人民法院民事判决书，(2020)最高法民终479号。

最高人民法院根据上述证据认为：股东和公司承担了公司财产和股东财产独立的初步证明责任，而弈成科技公司和南通东泰公司并未提出湘电风能公司和湘潭电机公司构成财产混同的任何证据，亦未指出审计报告中存在哪些可能构成财产混同的问题。一审判决认为湘电风能公司和湘潭电机公司不构成财产混同，对湘潭电机公司承担连带责任的主张不予支持，并无不当，二审法院予以维持。

在上述案例中，最高人民法院认为财务审计报告能够初步证明股东和公司的财产相互独立。

在南通二建置业公司建设工程施工合同纠纷案〔1〕中，最高人民法院认为，能源公司虽然提交了置业公司2013年度和2014年度的审计报告以及所附的部分财务报表，但是从审计意见的结论看，仅能证明置业公司的财务报表制作符合规范，反映了公司的真实财务状况，无法证明能源公司与置业公司的财产是否相互独立，不能达到能源公司的证明目的。而且，根据审计报告所附的资产负债表，2013年10月15日置业公司成立后，即有对张家口华富财通公司投资款2900万元，与能源公司在法院二审庭审中关于置业公司只开发案涉国储大厦，无其他业务和对外活动的陈述相矛盾。从能源公司与睿拓公司的《股权转让合同》第3条的约定看，不管是能源公司还是睿拓公司，与置业公司的财务均不是独立的，在股权转让中，双方又将置业公司的财产进行了处置。因此，在能源公司未能提供充分证据证明的情况下，其应当对置业公司的债务承担连带责任。

在更多的司法案例中，法院在认定“股东财产与一人公司财产是否存在混同”时，倾向于“仅有审计报告不足以证明股东和一人公司的财产相互独立”的观点。

除了审计报告之外，法院还要综合公司的日常经营情况、财务收支情况等判断公司的财产是否与股东的财产相互独立，如果公司每一年都做了审计报告，但是从别的证据可以看出股东和公司财产存在混同的可能性或者部分款项收支情况未列入财务审计报告，那么法院将对审计报告不予采纳。

在韵某明、元鑫公司案外人执行异议之诉案〔2〕中，最高人民法院认为，

---

〔1〕 参见最高人民法院民事判决书，(2019)最高法民终1093号。

〔2〕 参见最高人民法院民事判决书，(2019)最高法民终1364号。

《公司法》(2018 年)第 62 条〔1〕规定:“一人有限责任公司应当在每一会计年度终了时编制财务会计报告,并经会计师事务所审计。”第 63 条〔2〕规定:“一人有限责任公司的股东不能证明公司财产独立于股东自己的财产的,应当对公司债务承担连带责任。”一人有限责任公司股东为一个自然人或一个法人,在缺乏股东相互制约的情况下,一人有限责任公司的股东容易利用控制公司的便利,混淆公司财产和股东个人财产,将公司财产充作私用,同时利用公司独立人格和有限责任规避债务,损害债权人利益。在此情况下,为了保护公司债权人利益,降低交易风险,公司法通过年度法定审计和公司人格否认举证责任倒置加重公司和股东的义务,加强对一人有限责任公司的法律规制。

本案中,首先,明兴发公司于 2017 年变更为一人有限责任公司,则应当在每一会计年度结束时编制财务会计报告,并进行审计形成年度报告。现明兴发公司未依法进行年度财务会计审计,违反法律规定的强制性义务,足以令人对明兴发公司股东韵某明的个人财产是否独立于明兴发公司财产形成合理怀疑。

其次,明兴发公司股东韵某明提交了山西财信会计师事务所晋财信财审〔2019〕0103 号《审计报告》,用以证明公司财产与韵某明个人财产相互独立。该会计师事务所出具说明称,该报告系对明兴发公司 2017 年 1 月 1 日至 2018 年 12 月 31 日的财务进行的审计,但《审计报告》所附财务报表仅为明兴发公司 2018 年 12 月 31 日资产负债表、2018 年度利润表及财务报表附注等资料,不包括 2017 年度的财务会计资料。该审计报告不能反映明兴发公司 2017 年度的财务状况。在一审中一审法院要求韵某明提交明兴发公司的财务账册,韵某明未予提交,该《审计报告》依据的财务资料的真实性存疑,故一审法院未予采信该《审计报告》并无不当。同时,根据查明的事实,明兴发公司在对外经营过程中,有使用韵某明个人账户收取公司往来款项的情形,与公司之间的经济往来应当通过公司账户结算的会计准则相悖,且韵某明未提交证据证明其收到明兴发公司的往来款项后,将该款项转付给明兴发公司。因此,现有证据不足以证明明兴发公司的财产独立于韵某明

---

〔1〕 新《公司法》中已无对应规定。

〔2〕 相关规定参见新《公司法》第 23 条第 3 款。

个人的财产,应当由韵某明承担举证不能的不利后果。

四、实务建议

结合新《公司法》的规定以及最高人民法院案例,笔者认为,一人公司的股东应当在日常经营过程中做好以下防范工作。

第一,仍可参照 2018 年《公司法》第 62 条的规定,一人公司在每一会计年度终了时编制财务会计报告,并经会计师事务所审计;

第二,必须保留好公司的财务原始凭证、银行流水等资料,审计报告必须是根据原始凭证做出来的,不能只提交公司自行制作的财务报表;

第三,公司收款和股东个人的账户应当相互独立,如果用个人账户收款,应当如实计入财务会计报告,个人收款后应当及时转入公司。

从本文分析来看,一人公司的股东,无论公司产生什么样的债务,债权人都有权直接将其列为被告或追加其为被执行人,一旦股东不能证明其财产与公司独立,则需要承担无限连带责任。这种责任可以突破公司注册资金的限制,股东只投资有限的资金、承担有限风险进行经营的目的无法实现,相当于在商业社会里用全部身家"裸奔"。因此,一人公司的股东一定要完善公司治理的相关措施,或者放弃对公司的绝对控制权,转而设立多个股东的有限责任公司。

(特约编辑:何巍)

“夫妻型”企业类推为实质性的“一人有限责任公司”之裁判观点浅析报告

邹湘雯*

一、引言

我国夫妻二人共同出资设立企业的现象在当下已经相当普遍，也演绎了无数从白手起家、举步维艰到事业有成、苦尽甘来的美好佳话。由于股东滥用权利损害债权人利益的现象时有发生，实践中债权人为最大限度地保障自身权益，通常会寻求刺破企业面纱，运用人格否认制度等方式追究企业股东的法律责任，其中即不乏将“夫妻企业”类推为“一人有限责任公司”的案例。那么，司法实践中“夫妻公司”是否应被认定为“一人有限责任公司”？“夫妻企业”人格否认制度的适用现状究竟如何？笔者以下文浅析之。

二、分析探讨

（一）一人有限责任公司股东承担连带责任的法律依据

2023 年修订的《公司法》（以下简称新《公司法》）第 23 条第 3 款规定：“只有一个股东的公司，股东不能证明公司财产独立于股东自己的财产的，应当对公司债务承担连带责任。”该法律条文确立了一人有限责任公司举证责任倒置规则，赋予一人公司股东较一般有限责任公司更重的举证义务，若股东无法证明其自身财产独立于企业财产，那么债权人则有权要求一人公司的股东对公司债务承担连带责任。

---

* 邹湘雯：北京市京师（深圳）律师事务所律师，深圳市律师协会第十一届公司法律专业委员会委员。

最高人民法院《关于民事执行中变更、追加当事人若干问题的规定》第20条规定:“作为被执行人的一人有限责任公司,财产不足以清偿生效法律文书确定的债务,股东不能证明公司财产独立于自己的财产,申请执行人申请变更、追加该股东为被执行人,对公司债务承担连带责任的,人民法院应予支持。”该法律条文赋予了公司债权人在进入执行程序时变更、追加一人公司的股东为被执行人的法律权利。

(二)最高人民法院的司法裁判观点及典型判例

“夫妻公司”一般是指股东只有夫妻二人的有限责任公司。此种类型的企业股东具有夫妻关系与股东关系的双重身份属性,因财产利益具有高度一致性,公司的经营状况亦直接影响家庭共同财产收入,因此极易出现夫妻股东对一人公司的过度支配与控制,使一人公司实质上沦为夫妻股东规避责任、逃避债务的工具。

经笔者检索发现,将“夫妻企业”应类推为实质性的“一人有限责任公司”的案例最初源于最高人民法院于2020年4月21日作出的(2020)最高法民申1515号再审裁定书,最高人民法院认为,“高某霞与张某在设立有限责任公司时,并未能向工商登记部门提交分割财产证明。鉴于案涉债务纠纷发生在2014年,虽然张某与高某霞于2015年12月1日协议离婚,但股东高某霞不能证明其个人财产独立于金特嘉公司,即不能证明公司财产独立于股东自己的财产,故原审判决以‘高某霞系张某妻子,涉案债务发生于双方婚姻存续期间’为由,判决高某霞承担共同付款责任并无不当。”即实质性将张某与高某霞夫妻二人共同设立的“金特嘉公司”认定为实质性的“一人有限责任公司”。

最高人民法院随后在2020年6月28日再次作出(2019)最高法民再372号民事判决书,该案在此后亦成为司法实务中参考认定“夫妻企业”实质性为“一人有限责任公司”的典型判例。该案中的再审申请人熊某平、沈某霞两人在夫妻关系存续期间设立了青曼瑞公司,而青曼瑞公司因拖欠再审被申请人猫人公司的货款,起初被猫人公司一纸诉状诉至法院,并经法院组织调解后又未履行民事调解书,后经强制执行未果后,猫人公司遂以青曼瑞公司实质属于“一人有限责任公司”为由申请追加熊某平、沈某霞夫妻股东二人为被执行人,请求对青曼瑞公司的债务承担连带清偿责任,但被法院裁定驳回后，猫人公司遂发起执行异议之诉，二审法院审理认为："青曼瑞公司的全部股权实质来源于同一财产权，并为一个所有权共同享有和支配，该股权具有利益的一致性和实质的单一性……青曼瑞公司在为同一所有权实际控制的情况下，难以避免公司财产与夫妻其他共同财产的混同。在此情况下，有必要参照《公司法》'一人公司'举证责任倒置规则，将公司财产独立于股东自身财产的举证责任分配给熊某平、沈某霞……'夫妻公司'对债权人的利益保护存在天然缺陷，导致债权人与'夫妻公司'发生纠纷时，得不到法律的有力保护，此情况尚待立法及法律适用的完善。但依照我国《婚姻法》确立的夫妻财产共同共有原则，夫妻股东持有的全部股权应构成不可分割的整体，而公司实质充任了夫妻股东实施民事行为的代理人，若依法人有限责任制度认定夫妻股东设立的公司承担有限责任的同时，不对夫妻股东其他义务予以强化和规制，则有违民法的公平原则，也不利于对交易相对方利益的平等保护。"法院分别从法律及法理基础、公司财产混同以及法律效果和社会效果三个维度进行阐述论理，最终判令支持了猫人公司的诉讼请求。熊某平、沈某霞对此不服，遂向最高人民法院提起再审即(2019)最高法民再372号案，最高人民法院经审理后亦认为："青曼瑞公司的注册资本来源于熊某平、沈某霞的夫妻共同财产，青曼瑞公司的全部股权属于熊某平、沈某霞婚后取得的财产，应归双方共同共有。青曼瑞公司的全部股权实质来源于同一财产权，并为一个所有权共同享有和支配，该股权主体具有利益的一致性和实质的单一性……本案青曼瑞公司由熊某平、沈某霞夫妻二人在婚姻关系存续期间设立，公司资产归熊某平、沈某霞共同共有，双方利益具有高度一致性，亦难以形成有效的内部监督。熊某平、沈某霞均实际参与公司的管理经营，夫妻其他共同财产与青曼瑞公司财产亦容易混同，从而损害债权人利益。在此情况下，应参照《公司法》第六十三条[1]规定，将公司财产独立于股东自身财产的举证责任分配给股东熊某平、沈某霞。综上，青曼瑞公司与一人有限责任公司在主体构成和规范适用上具有高度相似性，二审法院认定青曼瑞公司系实质意义上的一人有限责任公司并无不当。"最终判决维持原判。

而同为最高人民法院的司法判例，最高人民法院却在上述(2020)最高

---

〔1〕 本案中适用的是2018年《公司法》，相关规定参见新《公司法》第23条第3款。

法民申1515号再审裁定书、(2019)最高法民再372号再审判决书作出半年后,出现了截然相反的裁判观点。2020年12月30日,最高人民法院作出(2020)最高法民申6688号再审裁定书,对再审申请人新地龙打井中心以(2019)最高法民再372号再审判决书为参考判例主张应将鸿诺空调公司认定为实质上的"一人有限责任公司"并将同为夫妻股东的贾某、梁某琳追加为被执行人对公司债务承担连带清偿责任的再审主张,法院却最终裁定驳回,理由是:"依据《公司法》第五十七条第二款[1]之规定,一人有限责任公司是指只有一个自然人股东或者一个法人股东的有限责任公司。本案中,鸿诺空调公司作为有限责任公司,即使如新地龙打井中心所述是由股东贾某、梁某琳以夫妻共同财产出资设立,将其定性为'一人有限责任公司',仍缺乏法律依据。"这就意味着最高人民法院对在先作出的(2019)最高法民再372号再审判决书中关于"夫妻企业"是否应当类推为实质性的"一人有限责任公司"这一观点又给予了否定性评价。

事实上,最高人民法院早在2018年12月26日作出的(2018)最高法民终1184号民事判决书中即对债权人提出的"夫妻企业"股东应适用一人公司法律规定对企业债务承担连带责任的主张未予支持:"本院认为,结合原审查明的事实,力腾公司系李某和其妻子常某青出资设立,公司股东并非一人且均已全面履行出资义务,天虹公司亦无证据证明李某的财产与力腾公司的公司财产发生混同,天虹公司主张参照一人公司的相关法律规定追究李某的连带清偿责任,法律依据不足;一审判决认定李某不承担连带清偿责任,并无不当,本院予以维持。"

(三)"夫妻企业"股东对公司债务应否承担连带责任的司法审查要素

笔者检索的司法判例中,绝大部分持支持观点的法院主要倾向于从以下几个要素重点审查和判断"夫妻企业"是否应定性为实质性的"一人有限责任公司"并将举证责任倒置:(1)企业的设立资金是否源于夫妻共同财产;(2)是否有证据证明对婚前财产或婚后所得财产归属进行约定或分割;(3)企业经营过程中是否实际受控于夫妻中的一人或者夫妻双方;(4)夫妻股东是否能够提供银行流水、会计凭证、财务账册资料等证据证明个人财产与企业财产明确区分;(5)夫妻股东是否以个人私账收支企业资金;(6)公司

---

[1] 本案中适用的是2018年《公司法》,2023年《公司法》已无对应规定。

行为与股东个人行为是否高度一致;(7)是否具有有效监督机制等。即重点审查企业与股东之间是否存在客观利益高度集中、主观意思表示高度一致等特殊形态,是否足以导致企业丧失人格独立及财产独立性的行为。

持否定观点的法院则在法律无明文规定的情况下对此持更为谨慎的态度,例如,认为应将“公司法对股东身份无限制性规定”“与公司法规定的一人有限责任公司的人数要求不符”“未分割的夫妻共同财产出资设立公司并不必然构成对法人财产独立性的损害,也不必然导致夫妻股东独立人格丧失”“股东个人为企业收支资金的次数及程度”“最高人民法院参考判例仅系个案而非指导性判例”“缺乏明确的法律依据”,并更多地倾向于将证明“股东财产与公司财产是否构成财产混同”“是否存在滥用公司法人独立地位和股东有限责任损害公司债权人的利益的行为”“是否用于夫妻共同生活、共同生产经营或者基于夫妻双方共同意思表示”等举证责任分配给债权人。

三、结语

笔者认为,各地不同审级法院对此问题之所以尚存在较大争议,一方面,系基于我国法律上尚无明文规定夫妻双方共同出资设立公司即为一人有限责任公司;另一方面,系因我国并非判例法国家,最高人民法院作出的上述典型案例并不属于指导性案例或公报案例,仅系针对个案作出,尚不足以具有普遍参考意义,加之法官的自由裁量权,以及具体个案的特殊性,因此难免出现司法裁判尺度不统一的现象。不可否认的是,尽管我国法律上对此类推适用并未明文规定,已有越来越多的法院试图结合事实及法理从具体个案中寻求共性,并对现行“一人有限责任公司”的法律规定及适用角度尝试大胆的突破固有思维及原有限制,使我国的法律能够随着现实生活的发展与变化而处于不断的探索和辩证之中,目的皆是探寻诸如此类的企业在发生了违背公司法规定和公司制度设立的根本目的的情况下,能够恰如其分地运用好举证分配制度从财产混同、人格混同的角度,依照法律规定的精神实质实现突破股东不担责任的约束,最终达到保障对公司拥有合法权益的债权人之根本利益的目的,并以此倒逼不守规则和法律底线的股东与企业回归正轨。

（特约编辑:伍碧波）

公司治理篇

股东知情权保护的司法路径探讨

黄佳兴[*]

股东知情权是股东，尤其是中小股东最为基础的一种权益，其在司法实践中如何保障，是值得关注的问题，本文从法律层面的权利规定到司法实践的实务操作，对股东知情权保护的司法路径进行探讨。

一、股东知情权的程序性规定

《公司法》第57条规定："股东有权查阅、复制公司章程、股东名册、股东会会议记录、董事会会议决议、监事会会议决议和财务会计报告。股东可以要求查阅公司会计账簿、会计凭证。股东要求查阅公司会计账簿、会计凭证的，应当向公司提出书面请求，说明目的。公司有合理根据认为股东查阅会计账簿、会计凭证有不正当目的，可能损害公司合法利益的，可以拒绝提供查阅，并应当自股东提出书面请求之日起十五日内书面答复股东并说明理由。公司拒绝提供查阅的，股东可以向人民法院提起诉讼。股东查阅前款规定的材料，可以委托会计师事务所、律师事务所等中介机构进行。股东及其委托的会计师事务所、律师事务所等中介机构查阅、复制有关材料，应当遵守有关保护国家秘密、商业秘密、个人隐私、个人信息等法律、行政法规的规定。股东要求查阅、复制公司全资子公司相关材料的，适用前四款的规定。"第110条第1款、第2款、第3款规定："股东有权查阅、复制公司章程、股东名册、股东会会议记录、董事会会议决议、监事会会议决议、财务会计报告

---

* 黄佳兴：广东卓科律师事务所合伙人、律师，深圳市律师协会第十一届公司法律专业委员会副主任。

告,对公司经营提出建议或者质询。连续一百八十日以上单独或者合计持有公司百分之三以上股份的股东要求查阅公司的会计账簿、会计凭证的,适用本法第五十七条第二款、第三款、第四款的规定。公司章程对持股比例有较低规定的,从其规定。股东要求查阅、复制公司全资子公司相关材料的,适用前两款的规定。"

根据上述规定,股东知情权的提起,在程序上,需要先穷尽内部救济程序,先向公司书面提出才可以启动,这是诉权的前置程序。

在主体资格方面,在起诉时应该满足具有股东身份的股东为原告,公司为被告的条件。但是也有例外情况,根据最高人民法院《关于适用〈中华人民共和国公司法〉若干问题的规定(四)》(以下简称《公司法解释四》)第7条的规定:"股东依据公司法第三十三条、第九十七条或者公司章程的规定,起诉请求查阅或者复制公司特定文件材料的,人民法院应当依法予以受理。公司有证据证明前款规定的原告在起诉时不具有公司股东资格的,人民法院应当驳回起诉,但原告有初步证据证明在持股期间其合法权益受到损害,请求依法查阅或者复制其持股期间的公司特定文件材料的除外。"因此,原告在起诉时不具有公司股东资格,但有初步证据证明在持股期间其合法权益受到损害的也可以作为适格主体起诉。

《公司法》第57条第2款规定"公司有合理根据认为股东查阅会计账簿、会计凭证有不正当目的,可能损害公司合法利益的,可以拒绝提供查阅"中的"不正当目的"的认定,根据《公司法解释四》第8条的规定,具体有以下4种情况:(1)股东自营或者为他人经营与公司主营业务有实质性竞争关系业务的,但公司章程另有规定或者全体股东另有约定的除外;(2)股东为了向他人通报有关信息查阅公司会计账簿,可能损害公司合法利益的;(3)股东在向公司提出查阅请求之日前的三年内,曾通过查阅公司会计账簿,向他人通报有关信息损害公司合法利益的;(4)股东有不正当目的的其他情形。上述"不当目的"的举证责任在公司,而不在股东。

股东知情权是法定的权利,不能通过章程、股东协议、股东会决议等进行剥夺或设置条件。公司章程、股东之间的协议等实质性剥夺股东依据法律规定享有的查阅或者复制公司文件材料的权利,公司以此为由拒绝股东查阅或者复制的,法院不予支持。

股东往往不是专业法律人士或财会人士,股东依据法院生效判决查阅前款规定的材料,可以委托会计师事务所、律师事务所等中介机构进行。股东及其委托的会计师事务所、律师事务所等中介机构查阅、复制有关材料,应当遵守有关保护国家秘密、商业秘密、个人隐私、个人信息等法律、行政法规的规定。

二、隐名股东是否具备股东知情权诉讼的主体资格

关于隐名股东能否作为适格的原告,这个问题没有统一的定论,普遍的理解是不能。但亦有案例在显名股东、隐名股东和公司都对隐名股东身份不持异议的情况下,法院认定隐名股东具有知情权。北京市高级人民法院《关于审理公司纠纷案件若干问题的指导意见》(京高法发〔2008〕127 号)第 16 条规定,公司的实际出资人在其股东身份未显名化之前,不具有股东知情权诉讼的原告主体资格,其已诉至法院的,应裁定驳回起诉。笔者认为,根据商事外观主义原则,为保护交易安全,维护第三人的信赖利益,同时体现公示公信效力,公司只对其显名股东负有披露公司相关经营信息的义务,隐名股东的相关权益应该通过其与显名股东之间签订的双方协议进行保障,而不宜基于其隐名股东的身份而享有股东知情权。

三、股东知情权的行使是否受到诉讼时效的限制

从立法目的来看,股东知情权行使制度的设定是为了保障股东对公司经营状况全面、客观的了解。公司的存续是一个整体的、连续的、动态的过程。笔者认为,不宜将股东知情权限定在某一个时间节点,否则将失去制度存在的意义。从股东知情权的性质来看,股东知情权是诸多股东权中的一个权益,因此,股东知情权的行使不应受到诉讼时效的限制。

总之,股东知情权是中小股东最基本的权利。股东知情权诉讼往往是股东之间矛盾的"入门诉讼",在获取公司经营材料后为其他诉讼的举证奠定基础;除此之外亦多表现于小股东用以施压大股东,以达成某种相互妥协的结果。

(特约编辑:何巍)

涉代持争议有限合伙人的知情权保护司法实务

陈一涛*

有限合伙企业有限合伙人的知情权是《合伙企业法》所规定的法定权利，但是，如果合伙企业提出有限合伙人持有的财产份额可能是替他人代持、合伙人权益存在争议的情况下，该有限合伙人的知情权是否应该得到法院支持呢？本文从以下4个争议焦点进行分析。

一、类案争议焦点

类案一般具有如下争议焦点：

(1)登记在册的有限合伙人是否具有有限合伙人身份？具有有限合伙人的主体资格是否就可以行使知情权？

(2)是否存在代持情形是否为合伙人行使知情权之前应查明的事实？存在代持情形是否会影响有限合伙人的知情权？是否应因此而中止审理？

(3)有限合伙人的知情权，如果在存在代持的情况下，是应该由显名合伙人还是隐名合伙人行使？

(4)有限合伙人行使知情权，是否需要说明目的？

本文将详细分析如下。

* 陈一涛：北京市炜衡（深圳）律师事务所律师，深圳市律师协会第十一届公司法律专业委员会委员。

二、登记在册的有限合伙人是否具有有限合伙人身份？具有有限合伙人的主体资格是否就可以行使知情权？

本文观点：登记在册的有限合伙人具有有限合伙人的主体资格，并满足了行使知情权的全部必要条件。

（一）法律依据

《公司法》第56条第2款规定，记载于股东名册的股东，可以依股东名册主张行使股东权利。

《合伙企业法》第18条第3项规定："合伙协议应当载明下列事项：……（三）合伙人的姓名或者名称、住所……"第63条规定："合伙协议除符合本法第十八条的规定外，还应当载明下列事项：（一）普通合伙人和有限合伙人的姓名或者名称、住所……"第66条规定："有限合伙企业登记事项中应当载明有限合伙人的姓名或者名称及认缴的出资数额。"

参考《公司法》的有关规定，从《合伙企业法》的相关规定来看，只要是合伙协议及登记事项中载明的有限合伙人，如无特别约定，即可以行使有限合伙人的相关权利。

（二）司法判例

在龚某等与股东知情权纠纷案[1]中，二审法院认为，根据《公司法》及其司法解释的相关规定，股东有权查阅、复制公司章程、股东会议记录、董事会决议、监事会会议决议和财务会计报告。法律并没有规定这里的股东是显名股东还是隐名股东，因此不管龚某是不是雅顺公司实际的股东，其作为雅顺公司的记名股东，有权请求查阅雅顺公司的相关财务资料和公司相关资料。雅顺公司以其不是公司实际股东为由，不同意其查阅公司相关资料没有理由，一审法院判决不予支持是正确的。

裁判主旨：记名股东有权请求查阅公司的相关财务资料和相关资料。

（三）法理分析

根据现行的法律规定及商事外观主义的原理，笔者认为，在善意第三人无从得知是否存在代持情形或不知道代持争议结果最终如何的情况下，合

〔1〕 参见上海市第二中级人民法院民事判决书，(2021)沪02民终7162号。

伙协议或有限合伙企业登记事项中载明的有限合伙人姓名或者名称即为最简洁、稳定及最具公信力的判断标准，且是行使知情权的全部必要条件。否则，将极大地降低交易效率并增加交易成本，并且客观上带来损害有限合伙人正当利益的结果。从另外一个角度来说，即使存在代持情形，那也是双方对包括知情权在内的合伙人权益的让渡和安排，符合各方利益，也符合代持双方的预期。

因此，关于本项争议，法律意义上的股东或合伙人是指登记的股东或合伙人，只要具有了有限合伙人的主体资格，就具备了行使知情权的全部必要条件。

三、是否存在代持情形是否为合伙人行使知情权之前应查明的事实？存在代持情形是否会影响有限合伙人的知情权？是否应因此而中止审理？

本文观点：在已经查明有限合伙人主体资格的情况下，是否存在代持情形与知情权的行使无关。即使存在代持情形也不可能影响显名合伙人的法定知情权的行使，无须以另案审理结果为依据，不应中止审理。

（一）法律规定

《合伙企业法》及《公司法》均未对存在代持情形下显名合伙人主张合伙人权益进行限制，反而是最高人民法院《关于适用中华人民共和国公司法若干问题的规定（三）》（以下简称《公司法解释三》）第 24 条第 3 款规定：实际出资人未经公司其他股东半数以上同意，请求公司变更股东、签发出资证明书、记载于股东名册、记载于公司章程并办理公司登记机关登记的，法院不予支持。

该条款的本意是对商事外观主义的维护，未经一定的显名程序，不得随意破坏其他相对人对股东身份的合理信赖。

此外，《公司法解释三》第 26 条第 1 款规定，公司债权人以登记于公司登记机关的股东未履行出资义务为由，请求其对公司债务不能清偿的部分在未出资本息范围内承担补充赔偿责任，股东以其仅为名义股东而非实际出资人为由进行抗辩的，法院不予支持。

该条款是对名义股东出资义务的明确，只要是登记在册的股东，即应当履行股东义务。考虑到权利义务对等的原则,名义合伙人在登记在册的情况下,也应该享有包括知情权在内的相应权利,否则即处于一种权利义务不对等的状态。

(二)司法判例

(1)在争创公司与訾某龙股东知情权纠纷案[1]中,二审法院认为,我国《公司法》并未对显名股东享有股东知情权作出限制性规定,争创公司及其股东是否认可訾某龙与王某洋的代持关系,亦不影响訾某龙系争创公司股东这一事实,故一审法院认定訾某龙享有股东知情权并无不当,争创公司该项上诉主张于法无据,二审法院依法不予采信。

裁判主旨:是否存在代持不影响股东知情权。

(2)在联沁晟公司与李某股东知情权纠纷案[2]中,法院认为,股东知情权系公司股东的固有权利。联沁晟公司主张李某系代持的显名股东,其要求查看公司信息具有不正当目的,可能导致公司利益受损。且不论联沁晟公司未能举证证明李某与案外人李某某在股权代持关系,就以李某作为该公司经工商机关备案登记的股东身份,即有权依法享有公司股东的知情权,更何况现并无证据李某主张上述权利可能导致联沁晟公司利益受损,故联沁晟公司的上诉意见并无事实和法律依据,法院不予采信。

裁判主旨:是否存在代持不影响股东知情权,已经工商机关备案登记的股东身份,即有权依法享有公司股东的知情权。

(3)在王某瑶与慈嘉公司股东知情权纠纷案[3]中,法院认为,行使股东知情权的前提是具有股东身份。王某瑶提供的工商登记资料、验资报告、公司章程均能够证明王某瑶系慈嘉公司股东,其应当享有股东知情权。慈嘉公司认为王某瑶未实际出资,不具有股东资格,但未提供相反证据予以证明。慈嘉公司另主张本案应中止审理,待马某与王某瑶股东资格确认纠纷一案审理终结后,再恢复本案审理。对此,法院认为,根据《公司法》(2013年)第32条[4]的规定,记载于股东名册的股东,可以依股东名册主张行使

---

[1] 参见北京市第一中级人民法院民事判决书,(2015)一中民(商)终字第5478号。

[2] 参见上海市第二中级人民法院民事判决书,(2020)沪02民终10941号。

[3] 参见江苏省无锡市中级人民法院民事判决书,(2017)苏02民终3006号。

[4] 相关规定参见2023年《公司法》第56条。

股东权利。公司应当将股东的姓名或者名称向公司登记机关登记;登记事项发生变更的,应当办理变更登记。故即使王某瑶仅是名义股东,只要名义股东被记载于股东名册,就可以行使股东知情权,本案无须以马某与王某瑶股东资格确认纠纷一案的审理结果为依据,不应中止审理。综上所述,慈嘉公司的上诉请求不能成立,应予驳回;一审判决认定事实清楚,适用法律正确,应予维持。

裁判主旨:即使仅是名义股东,只要名义股东被记载于股东名册,就可以行使股东知情权,无须以股东资格确认纠纷一案的审理结果为依据,不应中止审理。

(三)法理分析

有限合伙人的主体资格,不仅是一种权利,也对应着相应的义务,其享有的知情权等权利实际上也对应着认缴出资、履行合伙人义务等相应的义务。如果在认定义务时以工商登记为准,而行使权利时却不与之对等,实际上有违权利义务对等的原则。

因此,关于本项争议,在具有有限合伙人主体资格的情况下,是否存在代持与知情权的行使无关。即使存在代持也不可能影响显名合伙人的法定知情权的行使,无须以另案审理结果为依据,不应中止审理。

四、有限合伙人的知情权,如果在存在代持的情况下,是应该由显名合伙人还是隐名合伙人行使?

本文观点:即使存在代持情形,只有显名合伙人才具有合法的合伙人地位,可以独立行使知情权在内的合伙人权利,不受是否代持的影响;隐名合伙人只享有投资权益,在未经显名前不具有合伙人身份,不能行使知情权等合伙人权益。

(一)法律规定

《公司法》第 56 条第 2 款规定,记载于股东名册的股东,可以依股东名册主张行使股东权利。

《合伙企业法》第 18 条第 3 款规定,“合伙协议应当载明下列事项:……(三)合伙人的姓名或者名称、住所……”第 63 条规定,“合伙协议除符合本法第十八条的规定外,还应当载明下列事项:(一)普通合伙人和有限合伙人的姓名或者名称、住所……”第66条规定：“有限合伙企业登记事项中应当载明有限合伙人的姓名或者名称及认缴的出资数额。”

参考《公司法》的有关规定，从《合伙企业法》的相关规定来看，如果存在代持情形，要行使有限合伙人包含知情权在内的相关权利，应该是合伙协议及登记事项中载明的有限合伙人，即显名合伙人而非隐名合伙人。

（二）司法判例

（1）在荷韵物业公司与贺某股东知情权纠纷案[1]中，法院认为，知情权是股东依法享有的权利，被上诉人作为上诉人登记在册的股东，其股东身份对外具有公示性。被上诉人是否为他人代持股权并不必然排斥其行使股东权利。即使存在股权代持的情况，通常隐名股东的权利行使亦有赖于显名股东代为主张。关于上诉人所提被上诉人行使股东知情权存在不正当目的的意见，其并未提供证据证明被上诉人履行股东知情权将侵害其权益或存在不正当目的。故被上诉人作为上诉人的股东依法有权查阅公司章程、股东会会议记录、董事决定、监事决定和财务会计报告。一审判决认定事实清楚，适用法律证据，判决并无不当。

裁判主旨：即使存在股权代持的情况，通常隐名股东的权利行使亦有赖于显名股东代为主张，显名股东依法有权查阅公司章程、股东会会议记录、董事决定、监事决定和财务会计报告。

（2）在浙江东舜公司、合肥东舜公司股东知情权纠纷案[2]中，法院认为，关于浙江东舜公司作为名义股东在实际出资人反对的情况下，能否提起要求行使股东知情权问题。陈某灿系浙江东舜公司所持合肥东舜公司18%股权的实际出资人，其对合肥东舜公司的上述18%股权享有投资权益。上述事实已由生效的（2012）蜀民二初字第00287号民事判决书确认。陈某灿仅系实际出资人，依法仅享有投资权益，在未经过法定程序显名前，不具有股东身份，不享有其他股东权益。该18%股份对应的参与重大决策、选择管理者等股东权益只能由浙江东舜公司享有，这也符合原先浙江东舜公司授权陈某灿全权行使股东权利并处理相关事宜的事实。浙江东舜公司作为名义股东既可授权陈某灿行使股东权利，当然也可自行行使股东权利。股东

[1] 参见上海市第二中级人民法院民事判决书，（2020）沪02民终6837号。

[2] 参见安徽省合肥市中级人民法院民事判决书，（2017）皖01民终6067号。

知情权,是股东的当然权利,浙江东舜公司有权行使。

裁判主旨:实际出资人依法仅享有投资权益在未经过法定程序显名前,不具有股东身份,不享有其他股东权,而股东知情权是股东的当然权利,即使实际出资人反对,名义股东依然可以享有知情权。

(3)在沈某伟、恒盾公司股东知情权纠纷案[1]中,法院认为,恒盾公司现股东为林某雷、杨某,其中,林某雷持有95%股份,杨某持有5%股份,沈某伟以林某雷名义出资恒盾公司,其在出资范围内享有的股份隐名在林某雷名下,沈某伟并未记载于恒盾公司的股东名册中,亦未在工商登记机关登记为公司股东。公司运行过程中,是通过显名股东行使权利和承担义务,隐名股东在公司中的权益也是通过显名股东主张和实现的,因此沈某伟行使股东知情权时应通过显名股东完成,不能直接以自己名义请求,沈某伟作为恒盾公司的隐名股东直接行使股东知情权,无法律依据,法院难以支持。

裁判主旨:公司是通过显名股东行使权利和承担义务,隐名股东在公司中的权益也是通过显名股东主张和实现的,隐名股东直接行使股东知情权,无法律依据,难以支持。

(三)法理分析

本争议焦点的实质是实际存在代持情况下有限合伙人知情权行使的主体问题,从《公司法》《合伙企业法》的制度安排来说,以显名合伙人或者显名股东为主体行使相应权利,符合《公司法》《合伙企业法》制度设计的初衷,也符合显名合伙人与隐名合伙人在不违背法律强制性规定等情况下相互之间对于权利义务的约定。此外,即使产生显名合伙人与隐名合伙人对合伙人身份的争议,也可以通过资格确认、要求公司变更登记等路径予以救济,并未损害隐名合伙人的实际权益。

因此,关于本项争议,根据商事外观主义的原理,即使存在代持情形,只有显名合伙人才可以行使知情权在内的有限合伙人权利,反而是隐名合伙人不能直接行使知情权等权益。

五、有限合伙人行使知情权,是否需要说明目的?

本文观点:有限合伙人行使知情权,为其法定权利,无须说明目的。

---

[1] 参见浙江省宁波市中级人民法院民事判决书,(2017)浙02民终3155号。

（一）法律规定

《公司法》第57条第2款规定："……股东要求查阅公司会计账簿、会计凭证的，应当向公司提出书面请求，说明目的。公司有合理根据认为股东查阅会计账簿、会计凭证有不正当目的，可能损害公司合法利益的，可以拒绝提供查阅，并应当自股东提出书面请求之日起十五日内书面答复股东并说明理由。公司拒绝提供查阅的，股东可以向人民法院提起诉讼。"

与《公司法》规定不同的是，如果是合伙企业纠纷，《合伙企业法》并未要求有限合伙企业的有限合伙人行使知情权时提交书面要求及说明目的。

（二）司法判例

在聚沙合伙企业、徐某股东知情权纠纷案[1]中，法院认为，合伙人知情权是合伙人的基本权利，法律并未规定该权利的行使必须以说明目的为前提条件，且徐某在向聚沙合伙企业发送的《查阅企业变更材料及财务资料申请书》中以及在本案审理过程中均已说明了查阅的目的，在没有证据证明徐某请求行使知情权存在非法性的情形下，聚沙合伙企业理应依法满足徐某的要求。

裁判主旨：合伙企业知情权的行使无须说明目的。

（三）法理分析

在法律没有规定的情况下，不应人为设置附加的条件。此外，有限合伙企业与有限责任公司虽然有一定的相似性，但是有限合伙企业的资合性特征更加明显，有限合伙人本身即是让渡一定权利后的结果，其身份地位实际上与有限责任公司的股东有较大差别，在其本身就相对弱势的情况下，苛责其知情权的目的，不仅无法律依据，也会进一步恶化有限合伙人的弱势地位。

因此，关于本项争议，有限合伙企业的有限合伙人行使知情权，无须说明目的。

六、结语

由于判例样本所限，目前并未能找到与有限合伙企业有限合伙人知情

---

[1] 参见浙江省杭州市中级人民法院民事判决书，(2019)浙01民终7948号。

权各争议焦点一一对应的判例，但是有限合伙企业有限合伙人知情权的行使与有限责任公司股东知情权相比既有相似性又有特殊性，相关有限责任公司股东知情权的判例具有非常大的参考价值。

《公司法》亦未直接在法律条文中涉及有关代持的解决和安排，有待相关配套司法解释的调整和完善。此外，有限合伙人的知情权问题，本身属于《合伙企业法》的调整范围，并非由《公司法》调整，还是需要回到《合伙企业法》、合伙企业合伙协议或者显名合伙人与隐名合伙人之间的约定，《公司法》有关知情权的规定对于合伙企业有限合伙人行使知情权也只是参考。

综合以上法律和判例，本文认为，即使可能存在代持情形，只要有限合伙企业有限合伙人为登记在册的合伙人，其知情权即应得到法院支持。

（特约编辑：何巍）

挂名法定代表人及董事之公司变更登记问题探讨

葛翠寒*

实践中,公司实际经营者为了经营方便或是因相关政策法规要求董事需要具备相应资质而实际经营者不具备,就与他人协商挂名成为公司的法定代表人或董事长。这种做法的问题是,随着挂名人员劳动关系的变更或其他个人原因,挂名者有变更登记的需求,若实际经营者拒绝配合,则会对挂名者变更登记的需求形成障碍。本文以实际代理过的案件为切入点,简述挂名法定代表人和执行董事诉请变更登记的可行性。

一、问题的提出

(一)案情简介〔1〕

王某在A公司任职期间担任总经理一职,A公司为了经营方便,经王某同意后将王某登记为A公司的挂名的法定代表人及执行董事。王某登记为A公司的法定代表人、执行董事期间,并未享有任何实际权利,仅为名义上的法定代表人、执行董事。后王某从A公司离职,A公司已通过股东会决议同意王某辞去经理职务。王某离职前后多次要求A公司变更法定代表人、执行董事及总经理等登记信息,但A公司迟迟未予变更。王某遂起诉至法院,请求法院判令A公司向当地市场监督管理局办理法定代表人、执行董事

---

* 葛翠寒:北京市两高(深圳)律师事务所律师,深圳市律师协会第十一届公司法律专业委员会委员。

〔1〕 参见广东省深圳市福田区人民法院民事判决书,(2018)粤0304民初42258号;广东省深圳市中级人民法院民事判决书,(2020)粤03民终9538号。

及总经理的变更登记。

(二)一审判决

一审法院认为,根据2018年《公司法》第45条[1]之规定,董事任期届满未及时改选,或者董事在任期内辞职导致董事会成员低于法定人数的,在改选出的董事就任前,原董事仍应当依照法律、行政法规和公司章程的规定,履行董事职务。虽然王某已经离职,但是其仍在执行董事任期内,在改选出的董事就任前,王某仍应继续履行执行董事职务。并且,王某作为A公司的执行董事,可以根据公司章程或《公司法》规定选举或依其他方式产生新的人选,并办理相应变更登记。一审法院据此驳回王某的诉讼请求。

(三)二审判决

王某不服一审判决,提起上诉。二审法院认为,企业法人在性质上属于法律拟制人格,其对外开展民事活动主要是通过其法定代表人进行,要求法定代表人与公司之间存在实质关联性,主要体现在参与公司经营管理。A公司的公司章程规定,法定代表人由经理或执行董事担任,丧失经理或执行董事资格的,公司应当解除其职务,重新产生具备任职资格的法定代表人。2018年《公司法》第13条[2]规定,公司法定代表人由董事长、执行董事或者经理担任。王某现已从A公司离职,未参与A公司的经营管理,且A公司已通过股东会决议同意王某辞去经理职务,现王某已不具备担任A公司法定代表人条件。自王某离职,A公司一直未选举和更换执行董事、法定代表人,在一审判决作出后A公司也未重新选举执行董事,显然违背了2018年《公司法》第13条的立法宗旨。另,从法律关系上分析,王某与A公司构成委托合同关系,根据《合同法》(已失效)第410条[3]的规定,王某有权解除与A公司的委托关系。故二审法院判决撤销原审法院判决,改判支持王某的诉讼请求。

上述案例引出一个问题,即挂名法定代表人能否通过诉讼程序涤除工商登记的任职信息?笔者拟就这一问题展开分析。

---

〔1〕 相关规定参见2023年《公司法》第70条第1款、第2款。

〔2〕 相关规定参见2023年《公司法》第10条。

〔3〕 相关规定参见《民法典》第932条。

二、观点及分析

(一)挂名任职人要求公司办理变更登记的必要性

首先,王某仅为A公司名义法定代表人和执行董事,无法实际行使相关职权,且王某无法通过自力救济或公司内部程序变更法定代表人,并非如原审法院认为那样可以自行变更法定代表人。其次,王某从未参与A公司的经营管理,与A公司缺乏实质关联,不具备对外代表A公司的基本条件和能力,明显违背2018年《公司法》第13条的立法宗旨。故A公司应当变更法定代表人。

(二)挂名任职人要求公司办理变更登记的可行性

王某要求A公司办理执行董事的变更登记实质上是要求辞去执行董事一职。2023年修订的《公司法》施行前,实务中普遍认为,《公司法》就董事向公司董事会提交辞职书后辞职何时生效的问题未作明确规定。而2018年《公司法》第37条、第99条[1]明确规定,由公司股东会或者股东大会选举和更换非由职工代表担任的董事,且没有任何法律规定公司可以强迫任何人担任董事,故公司与董事之间实为委托关系,依股东会的选任决议和董事答应任职而成立合同法上的委托合同。

根据2018年《合同法》第410条[2]的规定,委托人或者受托人可以随时解除委托合同。而董事辞职是单方民事法律行为,依据董事对公司的单方意思表示而发生效力,无须公司批准,但法律、行政法规或者公司章程另有规定,或者经公司与辞任董事一致同意由董事撤回辞职书的除外。而2018年《公司法》第45条[3]规定,董事辞职导致董事会成员低于法定人数的,该董事仍须依法履行董事职责至股东会或者股东大会选举补充新的董事之日;须依据法律、行政法规和公司章程的规定,以及董事与公司订立的劳动合同,依法履行其在公司兼任的其他职责。

因A公司未改选出新的执行董事,原审法院根据2018年《公司法》第45条规定判决驳回王某诉求似乎并无不妥。但A公司在王某离任后三个月还

---

〔1〕 相关规定参见2023年《公司法》第59条、第113条。

〔2〕 相关规定参见《民法典》第933条。

〔3〕 相关规定参见2023年《公司法》第70条。

未进行改选，实际上已严重损害了王某权益。2018 年《公司法》未明确股东会补选董事的期限，在设定董事离任义务的同时却忽略了董事离任权利的保障。虽有观点认为公司可以在公司章程中自行制定相关规定，但事实上许多公司的公司章程并不完善，导致实践中出现很多争议和纠纷。

王某属挂名执行董事，并不能实际履行执行董事职责、行使执行董事权利。王某离任与否，实际上并不影响公司的经营管理。王某召开不了股东会改选执行董事，公司又迟迟不主动办理变更登记，致使其无法摆脱该身份。二审法院在一定程度上模糊了争议焦点，将法定代表人和执行董事的变更放在一起讨论。二审法院在判决时考虑了公司改选董事的时限问题，虽然 2018 年《公司法》及当时相关司法解释未对该问题作出规定，但从权利和义务的平衡以及公平正义的角度来说，笔者认为是难能可贵的，也是合理的。

2023 年《公司法》对法定代表人辞任制度进行了完善。2023 年《公司法》第 10 条规定："公司的法定代表人按照公司章程的规定，由代表公司执行公司事务的董事或者经理担任。担任法定代表人的董事或者经理辞任的，视为同时辞去法定代表人。法定代表人辞任的，公司应当在法定代表人辞任之日起三十日内确定新的法定代表人。"同时，2023 年《公司法》第 70 条已对董事辞职生效时间作出规定："董事任期由公司章程规定，但每届任期不得超过三年。董事任期届满，连选可以连任。董事任期届满未及时改选，或者董事在任期内辞任导致董事会成员低于法定人数的，在改选出的董事就任前，原董事仍应当依照法律、行政法规和公司章程的规定，履行董事职务。董事辞任的，应当以书面形式通知公司，公司收到通知之日辞任生效，但存在前款规定情形的，董事应当继续履行职务。"2023 年《公司法》为法定代表人涤除登记提供了明确的法律依据，挂名法定代表人涤除登记的诉讼局面将发生重大改变。

三、结语

《公司法》及相关司法解释尚未对董事离任公司改选新董事作出时限要求，2023 年《公司法》第 10 条第 2 款、第 3 款虽然规定担任法定代表人的董事或者经理辞任的，视为同时辞去法定代表人，并作出了应当在法定代表人辞任之日起 30 日内确定新的法定代表人的时限要求，但该规定也未能解决其他未担任法定代表人的董事离任公司后改选新董事的时限要求问题。为了减少争议,建议在公司章程中明确未担任法定代表人的董事离任时,如剩余董事未达法定人数的,股东会补选出新董事的时限,以保证离任董事或高管的正当权益与公司治理机构最低人数之间的平衡。

(特约编辑:何巍)

司法确认工会法人真实意思表示的路径

何　巍*

在《工会法》和工会组织的相关规定中，工会不属于营利组织，工会的权利义务应当是关于如何保障工人阶级的劳动权利，而不包括以资本为基础的股东权利。《民法典》第 125 条规定，民事主体依法享有股权和其他投资性权利。工会作为公司的名义股东，其身份与工会的设立和活动宗旨不一致，但这属于历史遗留问题。工会作为社团法人，是法律拟制的主体，工会意志（包括经营活动、诉讼活动）的形成，由工会委员会以及可能存在的相关股权管理机构（如持股委员会）进行决策，工会主席即工会的法定代表人，基于法律规定代表工会，因此在工会权利能力和行为能力范围内，工会主席享有对外从事民事活动的绝对自由，只要成为工会的法定代表人，原则上就可以在工会的一切对外事务中代表工会，而无须专门另行授权。当工会关于股权，包括表决权、分红权等问题发生纠纷时，尤其是工会作为公司股东时，其作为拟制人格主体在从事民事行为时，意思表示如何认定？如何确定作为工会法人股东的真实意思表示，就成为该类案件商事审判的核心问题。本文结合两个案例予以说明。

一、司法确认工会法人真实意思表示的裁判要旨

（一）基本案情[1]

巴南医药公司（原名重庆市巴南区医药公司）改制前的经济性质为全民

---

* 何巍：泰和泰（深圳）律师事务所律师，深圳市律师协会第十一届公司法律专业委员会委员。

[1] 参见重庆市巴南区人民法院民事判决书，(2015)巴法民初字第 02618 号；重庆市第五中级人民法院民事判决书，(2016)渝 05 民终 02356 号；重庆市高级人民法院民事判决书，(2017)渝民再 11 号。

所有制。1999 年 9 月 30 日，重庆市巴南区医药公司职工代表大会通过企业改制实施方案，载明了企业改制的股金募集和管理方法。公司章程载明的股东有巴南医药公司工会、重医公司等。巴南医药公司于 2001 年 4 月 6 日、2002 年 2 月 4 日作出股东会决议，对第三人以股权进行奖励。后因股权转让、利润分配等问题，股东之间产生争议。

巴南医药公司工会向重庆市巴南区人民法院起诉请求：(1)依法确认 2001 年 4 月 6 日《巴南医药公司首届二次股东大会决议》和 2002 年 2 月 4 日《巴南医药公司首届三次股东大会决议》内容违反法律、行政法规，两个决议无效；(2)依法确认第三人因上述两个决议而持有的《巴南医药公司股权证明书》无效。

(二)裁判观点

一审法院认为，股东会议需要对相关事项作出决议时，应由股东依照法律、公司章程规定的议事方式、表决程序进行决议，达到法律、公司章程规定的表决权比例时方可形成股东会决议。巴南医药公司通过股东会决定对股权奖励、转让等事项作出决议，实质是公司股东通过参加股东会议行使股东权利、决定变更其自身与公司民事法律关系的过程，因此公司股东实际参与股东会议并作出真实意思表示，是股东会议及其决议有效的必要条件。本案中，2001 年 4 月 6 日《巴南医药公司首届二次股东大会决议》、2002 年 2 月 4 日《巴南医药公司首届三次股东大会决议》两份决议将巴南医药公司工会名下的股本金奖励给 7 位第三人，巴南医药公司未提交证据证明决议内容的形成系巴南医药公司工会及其他股东的真实意思表示。《民法通则》(已失效)第 54 条[1]规定："民事法律行为是公民或者法人设立、变更、中止民事权利和民事义务的合法行为。"第 55 条[2]规定："民事法律行为应当具备下列条件：(一)行为人具有相应的民事行为能力；(二)真实意思表示；(三)不违反法律或者社会公共利益。"按照上述法律规定，本案讼争的两份股东大会决议在无证据证明系当事人真实意思表示的情况下，其效力应认定无效，原《民法通则》第 58 条第 2 款[3]规定："无效的民事行为，从行为开始就没

---

[1] 相关规定参见《民法典》第 133 条。

[2] 相关规定参见《民法典》第 143 条。

[3] 相关规定参见《民法典》第 155 条。

有法律约束力。”据此 7 位第三人因两份无效股东大会决议持有的股权证也无效。一审法院判决案涉两次股东会决议无效、所涉《巴南医药公司股权证明书》无效。

栾某军、罗某、王某玉、杨某波、叶某、冉某不服一审判决，共同向重庆市第五中级人民法院提起上诉，请求撤销原判，改判驳回被上诉人的诉讼请求。

二审法院经审理认为，《公司法》(2013 年)第 22 条第 1 款[1]规定，公司股东会或者股东大会、董事会的决议内容违反法律、行政法规的无效。因此，本案的争议焦点为涉案两份股东会决议内容是否违反法律、行政法规。首先，本案两份股东会决议的内容系对公司部分员工给予股份的奖励，虽然股东会决议中并未明确奖励股份的来源系巴南医药公司工会所持有的股份，但根据法院查明的事实，巴南医药公司工会对将其所持有的股份用于奖励部分员工的股东会决议系同意并且知情。其次，巴南医药公司工会并未举示证据证明出席会议的股东所持表决权超过 1/3 未同意该两份股东会决议，且即使巴南医药公司该两次股东会的召集程序、表决方式存在违反法律、行政法规或者公司章程规定的情形或者决议内容违反公司章程，巴南医药公司工会也应自决议作出之日起 60 日内请求法院撤销，以上情形并不必然导致股东会决议无效。再次，工商登记的主要目的系对外公示，如果公司内部股东之间因持股份额产生纠纷，并不能单纯依据工商登记份额确定股东实际持股比例。公司股东会决议作出后，若公司未按照决议内容进行相应工商登记变更，并不影响公司决议本身的效力。故巴南医药公司工会关于因工商登记未变更故该两份公司股东会决议无效的主张，不予支持。最后，1999 年 9 月 30 日，巴南医药公司向重庆市巴南区工商局出具说明，载明：净资产中的 50,438 元量化给工会，作为今后职工、会员活动经费。本案两份公司股东会决议内容为将巴南医药公司工会持有的部分股权奖励给其他股东，此系公司内部自治事务，并未被法律、法规所禁止，且为巴南医药公司工会所知情并认可。现巴南医药公司工会并未举证证明本案两份股东会决议有违反法律、行政法规的内容，其请求确认该两份股东会决议无效并无法律与事实依据，不予支持。因此，第三人依据该两份股东会决议所取得的

[1] 相关规定参见 2023 年《公司法》第 25 条。

股权证亦合法有效,对巴南医药公司工会主张确认第三人持有的股权证无效的诉讼请求,亦不予支持。二审法院认为上诉人栾某军、罗某、王某玉、杨某波、叶某、冉某的上诉主张成立,应予以支持,遂判决撤销一审判决,驳回巴南医药公司工会的诉讼请求。

二审法院改判后,巴南医药公司工会向重庆市高级人民法院申请再审。重庆市高级人民法院认为:巴南医药公司及其股东会无权处分巴南医药公司工会名下的股份,股东会决议内容违反法律规定。根据《工会法》第 47 条的规定,工会的财产、经费和国家拨给工会使用的不动产,任何组织和个人不得侵占、挪用和任意调拨。巴南医药公司工会系巴南医药公司的股东之一,本案所涉的股份,在巴南医药公司改制时就已归属于巴南医药公司工会所有,并明确了用于职工、会员活动经费,工商档案中该部分股份也登记在巴南医药公司工会名下,并非巴南医药公司的财产,巴南医药公司辩称该部分股份系由工会代持、不属工会所有,但没有确切证据予以证明,巴南医药公司以及其他股东均无权处分巴南医药公司工会名下的股份。

王某玉虽系当时的工会主席,但未经工会授权其处分股份或召开工会会员大会同意其处分股份,亦无权处分工会名下的股份。工会的财产,任何组织和个人均不得侵占、挪用和任意调拨,本案所涉巴南医药公司两份股东会决议对巴南医药公司工会名下股份的处分,违反了法律的规定。

本案所涉巴南医药公司股东会决议用巴南医药公司工会的股份奖励部分高管员工,因无充分证据证明系巴南医药公司工会的真实意思表示,且其内容违反法律规定,应属无效。巴南医药公司依据该股东会决议向原审第三人所出具的《巴南医药公司股权证明书》亦相应无效。原一审判决确认本案所涉股东会决议及股权证明书无效,并无不当。原二审判决适用法律有误,再审法院予以纠正。

二、确认工会法人真实意思表示的依据和路径

(一) 基本案情[1]

D 公司是一家员工持股改制企业,其现有股东分别为公司工会委员会和自然人丁,分别持有 60% 和 40% 的股权。按照当时政府关于 D 公司员工

---

〔1〕 参见广东省深圳市南山区人民法院民事判决书,(2022)粤 0305 民初 6472 号。

持股的改制文件规定，公司工会委员会代员工持有60%的股权，员工持股的实际管理机构为员工持股会，持股员工认购上述60%的股权。目前丁持有D公司40%的股权，分别来自三次股权转让：第一次股权转让，由D公司原股东S转让给时任公司总经理丁20%股权，S退出D公司，时任公司工会主席在股权转让决议上签字盖章，此时丁成为公司股东，持股20%；第二次股权转让，由D公司原股东Q转让给丁5%股权，同时Q转让给工会15%股权，Q退出D公司，此时，公司仅有两名股东：公司工会委员会持股75%，丁持股25%；第三次股权转让，由公司工会转让15%股权给丁，形成目前的股权结构。三次股权转让，时任公司工会主席均在未告知持股员工和持股会的情况下，直接在股权转让决议上签字盖章。后公司持股会以不知情为由，以公司工会委员会为原告起诉公司，并列丁为第三人，请求法院确认三次股权转让决议无效。

（二）裁判观点

由于被告D公司是深圳市员工持股改制试点单位，碍于当时的政策和时代背景，对于员工持股并没有十分完善的规定，持股会没有制定章程，也没有登记为社团法人。在D公司的公司章程上，作为员工持股的管理机构，持股会没有任何显名化的体现。在《工会法》和工会组织的相关规定中，工会不属于营利组织，工会的权利义务应当是关于如何保障工人阶级的劳动权利的，而不包括以资本为基础的股东权利。工会作为公司名义股东，其身份与工会的设立和活动宗旨不一致，但这属于历史遗留问题，亟待解决，但不影响本案的处理。最高人民法院《关于适用〈中华人民共和国公司法〉若干问题的规定（三）》（2014年修订）第25条〔1〕规定："名义股东将登记于其名下的股权转让、质押或者以其他方式处分，实际出资人以其对于股权享有实际权利为由，请求认定处分股权行为无效的，人民法院可以参照物权法第一百零六条〔2〕的规定处理。名义股东处分股权造成实际出资人损失，实际出资人请求名义股东承担赔偿责任的，人民法院应予支持。"D公司的特殊情况，实际上符合上述规则所述情形，可以参照适用。尽管D公司的公司治

〔1〕 相关规定参见最高人民法院《关于适用〈中华人民共和国公司法〉若干问题的规定（三）》（2020年修正）第25条。

〔2〕 相关规定参见《民法典》第311条。

理结构不属于公司法规定的典型模式，但是其由持股会管理股权的规则属于该公司的特殊治理规则，也为第三人认可。所以，第三人利用控制公司的优势地位，在并未召开工会委员会议，也未通知和征求实际出资人，即持股员工和管理持股和运作的机构——持股委员会的情况下，在股权转让决议上要求工会主席签字并盖章，违背了工会法人在股权管理权能的实际权利人员工持股会和实际出资人持股员工的意思表示，即工会主席签字盖章的行为不是工会法人的真实意思表示，上述决议应属无效。

三、确认工会法人真实意思表示的法律分析

公司股东的合法权利依法受到保护，任何组织和个人不得侵犯。法人，无论是公司法人还是社团法人，其意志和行为由内部的组织机构决定、表达和实践。名义股东可以经实际出资人同意并授权后行使股东权利，但不能擅自处分该股权，包括放弃优先购买权和转让其持有的股权。行使上述权利前必须得到实际出资人的同意。当实际出资人没有授权名义股东处分股权时，名义股东对该部分股权不享有处分权，其所为之处分行为系无权处分。

在第二个案例中，第三人既是公司的高管，也是持股员工，长期以来对公司的股权持有和管理情况了如指掌，明知原告不是真实的股权人，股权系员工持有并实际出资，并由持股委员会管理和运作。如果在名义股东，即D公司工会处分案涉股权后，仍认定该处分行为有效，实际上就是助长第三人及名义股东的不诚信行为，这是应当避免的。因此，当实际出资人主张股权行为无效时，应当参照案涉决议发生时有效适用、现已废止的《物权法》第106条规定的善意取得制度予以处理。

对于工会作为股东对其所持公司股权作出处分等法律行为时，应当探究工会法人股东的真实意思表示，以实现司法判决的公平性及对合法利益的保护，避免工会法人股东的法定代表人或工会的印章控制人与工会法人股东的实际出资人或股权管理人意志发生利益冲突时，前者违背后者意思表示而做出损害工会法人股东利益或者相关第三人利益的行为，进一步维护实际出资人、工会法人股东和第三人的合法利益。

（特约编辑：伍碧波）

公司瑕疵决议的治愈

——基于法律行为理论的分析

詹启平[*]

一、公司瑕疵决议概述

（一）公司瑕疵决议的概念

公司瑕疵决议，是指股东会、董事会决议内容或通过程序违反法律、行政法规或公司章程的规定，致使公司决议没有反映出全体股东真实意思的情形。《民法典》将公司决议定性为民事法律行为，一个民事法律行为出现瑕疵时，可能会影响民事法律行为的效力。同样，公司决议作为一种民事法律行为，当其出现瑕疵时，就会对公司决议的效力产生影响。公司决议的瑕疵可能存在于决议的形成程序中，也有可能存在于决议的内容中。如果公司决议在内容或者程序上有瑕疵，就不是作出决议的团体的意思表示，那么对这个决议的效力就不能给予肯定的评价，从而赋予股东诉权，对瑕疵的意思表示提出诉讼，保护自己的权益。

（二）从"二分法"到"三分法"

公司瑕疵决议的表现形式呈现出与自然人瑕疵意思表示完全不同的样态，大陆法系各国公司法据此建立了独立的瑕疵决议规则体系，摘其要者，有"二分法"与"三分法"之别。

依照我国2013年修正的《公司法》第22条的规定，公司瑕疵决议采"二分法"，即将瑕疵决议的效力分为无效与可撤销两种，但最高人民法院《关于

---

* 詹启平：广东鹏浩律师事务所合伙人、律师，深圳市律师协会第十一届公司法律专业委员会委员。

适用〈中华人民共和国公司法〉若干问题的规定(四)》(以下简称《公司法解释四》)第5条引入第三种情形,将许多严重程序瑕疵事项认定为“决议不成立”,效力上近似于决议无效。2023年修订的《公司法》(以下简称新《公司法》),在第25条规定了“决议的无效”、第26条规定了“决议的撤销”、第27条规定了“决议的不成立”。在这种瑕疵决议“三分法”的分类下,只有违法程度很低的瑕疵情形才会成为公司决议可撤销的事由,决议撤销之诉的作用实际上被削弱,功能转移到决议不成立的确认之诉。并且,确认之诉并无类似撤销之诉的行使期限,这也导致公司决议会面临更多决议不成立、决议无效的司法审查。至此,我国新《公司法》正式确立了公司瑕疵决议“三分法”的类型。

二、公司瑕疵决议的治愈现状

(一)时效届满的补正方式

时效届满的补正,是指在一定的时间内,倘若股东或者其他的利害关系人对瑕疵决议没有进行积极的主张,那么在这段时间经过后,瑕疵决议自然地得到补正,并且能够产生法律效力的后果。

各国公司法对于可撤销决议提起诉讼的期间分别作出了规定。如《日本公司法典》第831条规定提起撤销之诉的期间为3个月。我国新《公司法》第26条明确规定股东提起撤销之诉的期间为60日。这一规定一方面可以督促利害关系人积极履行权利,另一方面也能够维护公司的秩序稳定。

(二)显著轻微的不撤销

新《公司法》第26条确立了公司瑕疵决议可撤销的救济制度。该条款并未区分程序上瑕疵的严重程度,仅按上述规定的文义理解,程序上的任何瑕疵均可导致公司决议被撤销。但是,“若所有程序上的瑕疵皆允许股东诉请撤销,将无形中增加公司的负担与整体社会成本”。因此,在《公司法解释四》第4条的基础上,新《公司法》正式确立了可撤销决议的裁量驳回制度。根据该条规定,“裁量驳回”应当具备三个要件:第一,裁量驳回仅针对“会议召集程序或者表决方式”方面的程序瑕疵;第二,上述程序方面“仅有轻微瑕疵”;第三,“对决议未产生实质影响”。

司法实践中,入选《人民法院案例选》2020年第7辑总第149辑的“徐某诉常州万象进出口有限公司公司决议纠纷案”,即是典型的作出股东会决议的股东会议召集程序轻微瑕疵裁量驳回的适用。该案件的裁判要旨为:全体股东均收到会议召开通知,知晓会议召开时间、地点及议程,参会股东就会议内容行使了相应的表决权并形成了股东会决议,该召集程序并未实质侵害股东的知情权和表决权,亦未导致各个股东无法公平参与多数意思的形成以及获取对此所需的信息,未对决议产生实质影响,则股东会召集程序虽未按公司章程规定由董事会召集的情形应当认定为轻微瑕疵,股东请求撤销股东会决议的,法院不予支持。

(三)基于新决议的追认

可撤销公司决议能否基于新的决议而被治愈,尚未有相应的法律规定。司法实践中,入选《人民法院案例选》2019 年第 2 辑总第 132 辑的“广州盛景投资有限公司诉江苏四环生物股份有限公司公司决议撤销纠纷案”,即是对可撤销公司决议瑕疵的治愈之探索。该案件的裁判要旨为:第一,公司章程是经股东合意形成的调整公司组织规程与行为规则的规范性文件,其内容应当得到全体股东的遵守,股东大会决议的内容或表决方式如果违反章程规定,如无故解除独立董事的职务、对应当采用累积投票制的选举适用一股一票,则所作出的决议属于可撤销的瑕疵决议。第二,异议股东在同一次股东大会上对同类议案投赞成票的行为应视为其对表决方式的认可,根据诚信原则,对于投票结果非其所愿后又以表决方式违反章程规定为由请求撤销决议的,不应再予支持。第三,股东大会决议如存在瑕疵,应当首先鼓励和促使公司自治机关自力解决内部冲突,在公司股东大会形成新的决议,治愈了原有瑕疵之后,对原决议不再有通过司法程序撤销的意义。

三、公司瑕疵决议治愈制度的完善建议

(一)公司决议的性质

公司瑕疵决议能否通过新的决议方式进行治愈,取决于公司决议性质的界定。公司决议行为是特殊的法律行为,在解决相关问题时若新《公司法》没有规定,则可参照民事法律行为的规定。

《民法典》第 134 条第 2 款规定了法人的决议,该条款所处的位置是第六章“民事法律行为”第一节“基本规定”,从其所处的体系位置来看,似乎应该将

公司的决议行为定性为法律行为，但是该条文在措辞上将民事法律行为和决议分开表述，第1款明文使用了“法律行为”的字样，第2款规范了“决议”，并没有明文使用“法律行为”的字样，对此应该如何解读，不无争议。有学者认为决议乃法律行为，《民法典》第134条第2款应当被理解为决议这一“法律行为”的成立要件。有学者则持完全相反的态度。从官方立场的条文释义来看，该条规范应该被解读为，决议行为乃是一种特殊类型的法律行为。

《民法典》对于效力待定、无权代理的法律行为规定了追认的制度，基于公司决议的民事法律行为性质，在公司实践中也可以运用追认制度。如果董事会决议突破了权限，可以通过股东会的追认治愈该瑕疵，那么当股东会决议的瑕疵可以进行补正时，应当允许其通过新作出的无瑕疵决议治愈前一个瑕疵决议。

（二）“追认”在公司瑕疵决议治愈中的引入

“追认”这一概念引自德国民法，具体含义是指承认自己所做的法律行为是无效或可撤销的。1956年联邦德国最高法院作出了一个判决，认为：“有瑕疵的股东会决议，在重新作出一项无瑕疵的决议时，对前决议诉请无效或撤销权利保护的必要性已经丧失。”该判决对追认制度在解决公司瑕疵决议纠纷中的作用给予了极大的肯定。新《公司法》针对决议撤销之诉的起诉期间作了规定，如股东未在此期间行使撤销权，视为股东对决议的消极认可，决议瑕疵即被治愈，确定发生效力。立法对于是否允许股东通过积极的行为治愈决议瑕疵，没有直接规定。依据民法原理，法律对当事人行为的干涉尽量控制在一个合理的范围内，充分尊重当事人意思自治，允许当事人以积极行为治愈法律行为的瑕疵。股东会决议作为一种法律行为，应当同样可以适用。股东会决议瑕疵治愈又被称为非诉救济，即允许权利人经由诉讼之外的方法对决议程序进行救济，以恢复股东会决议的效力。

决议瑕疵的非诉救济同诉讼救济的关系，应该定位于前者优先于后者而适用。首先，由于决议涉及公司组织法律关系，决议已经作出，以其为基础可能不断地同外部第三人发生法律关系，一旦提起瑕疵决议之诉，这就会使公司的组织法律关系长期陷入不确定的状态；一旦瑕疵决议的效力被否认而溯及无效，则很可能造成对社会关系稳定性的极大损害。如允许当事人以积极行为治愈决议的瑕疵，使得决议的效力确定，能够更好地保证商事交易的效率。其次,参与股东会决议是股东行使股东权的重要途径,设立瑕疵决议之诉的主要目的也是保护股东及公司的利益,法官永远不可能代替当事人成为当事人自己利益的最佳判断者。瑕疵决议的治愈优先于诉讼,意味着法院就瑕疵决议的效力作出判决前,应允许股东采取积极行为消除决议的瑕疵。

(三)公司瑕疵决议之追认制度

公司瑕疵决议之追认借鉴了民事法律行为追认概念,后者为经追认权人为特定法律行为,针对先效力待定之法律行为表示同意,使它具有法律效力。在公司决议存在瑕疵且可以采取补救措施的情况下,会上可以形成另一个内容不变且没有瑕疵之新决议,以追认先前决议,这会使先决议的瑕疵事由不复存在。能够利用追认的方式进行部分瑕疵决议的治愈,这已是学界普遍认同的观点。当决议与法律行政法规强制性规定不符而评价无效时,决议效力被完全否认,这种场合下没有必要进行追认;但是在决议内容仅仅与章程不符合之场合,为了保护善意第三人之合法权益,应当允许追认。当决议程序不合法致使出现瑕疵时,也应利用追认制度进行补救。

对瑕疵决议的追认使决议的瑕疵予以消除,使决议效力状态得以确定,使公司决议与外部合作关系均能得以稳定。但对于追认制度的适用也需要有内容及程序等的限制因素:其一,追认权人的确定。股东会是公司意思表示机关,其作出先前决议,也相应具有对先前瑕疵决议之追认权力。股东会决议实际表达公司意思,则公司享有追认瑕疵决议之权力。其二,追认期间的确定。追认制度的目的在于维护公司活动的效率与公司法律关系的稳定,为顺应该制度初衷,对追认期间的确定就显得尤为重要。《民法典》对追认期限的规定是,权利人要于知晓后30日内行使权利,超出即视作放弃权利。瑕疵决议之追认也应具有确定的追认期间。另外,股东会决议的撤销权超出期限时被视为自动放弃,这会使先瑕疵决议仍处于生效状态,此时不存在追认的适用空间。正因如此,追认的权利需要于撤销的诉讼产生效力之前行使。其三,追认方式的规范。如前所述,股东会、董事会为公司意志的"代言人",公司对先前瑕疵决议的追认权也要股东会、董事会依照法律及公司章程的规定行使,对先前决议的瑕疵内容或程序进行修正。

(特约编辑:杨银笛)

董事任职及去职的法律规制及优化

——兼论新《公司法》有关董事任职去职规范的修订

郑绪华[*]

2023 年修订的《公司法》(以下简称新《公司法》)仅在股东会职权章节简单规定了董事的产生,并未明确董事与公司之间的法律关系,造成实务中对于董事何时正式就职、何时离职、董事向何人通知辞职方能产生辞职的法律效果、公司故意制造障碍导致董事辞职不能时如何救济等问题均出现一定程度的混淆。同时,由于董事与公司实际控制人之间关系的变化,实务中还经常出现董事离职后公司不予办理董事备案变更或涤除手续,而就此进行的维权又无明确法律依据从而困难重重。以上种种,均应从董事与公司之间的法律关系定性着手,对相应问题融合其他法律进行深入的研究分析,并据此给出针对性的解决方案,才能保障新《公司法》的良性有效运行。

一、董事任职的相关法律规定

(一)董事任职条件方面

新《公司法》第 178 条第 2 款、第 3 款规定:“违反前款规定选举、委派董事、监事或者聘任高级管理人员的,该选举、委派或者聘任无效。董事、监事、高级管理人员在任职期间出现本条第一款所列情形的,公司应当解除其职务。”

---

* 郑绪华:北京金诚同达(深圳)律师事务所律师,深圳市律师协会第十一届公司法律专业委员会主任。

（二）董事任职程序方面

新《公司法》第59条第1款第1项规定："股东会行使下列职权：（一）选举和更换董事、监事，决定有关董事、监事的报酬事项。"第70条第1款规定："董事任期由公司章程规定，但每届任期不得超过三年。董事任期届满，连选可以连任。"

新《公司法》上述有关有限责任公司的规定，同样适用于股份有限公司。

二、董事任职的法律关系定性

（一）董事的产生

根据新《公司法》的上述规定，董事是由股东会选举或由股东委派而产生的。由于股东会是公司的权力机关，并非独立的民事主体，其作为公司机关所为的民事行为，依法应视为公司的行为，其法律后果由公司承受。即股东会代表公司选举产生董事。当股东委派董事时，表面上看是股东委派董事管理公司，但股东委派董事的权利来源于公司章程，股东的委派行为体现的是公司的意志。而作为被委派的董事在接受委派时，从正常的公司运作实践考察，其不可能不知道股东是代表公司委派其担任董事的。

如此，股东委派董事的行为符合《民法典》第925条关于间接代理的法律规定，即相对人在行为时已知或应知行为人的受托关系的，该行为直接约束相对人与委托人，即依法应视为公司委任董事。申而言之，董事虽由股东委派，但依法应视为公司委任。

上述观点与新《公司法》第178条第3款关于公司委派董事的法律规定（"违反前款规定选举、委派董事、监事或者聘任高级管理人员……"）相吻合，也与该条第3款"董事、监事、高级管理人员在任职期间出现本条第一款所列情形的，公司应当解除其职务"的规定完全吻合。否则，若股东委派董事并非代表公司，公司断然无权解除他人委派的董事之职务，该法条也不会表述为"公司委派董事"。

综上，无论是股东会选举还是股东委派，都是产生董事的方式，都是代表公司而为的行为。

（二）董事的就任

如上，公司通过股东会选举或股东委派的方式产生董事，这是公司单方选择并确定其机关成员的法律行为。

但对于公司的上述选定，被选定的董事有权选择接受或拒绝。当其选择接受选定并愿意担任公司董事时，其与公司之间便形成合意；当其选择拒绝选定不愿意担任公司董事时，公司单方面的选定对其不发生法律效力，其与公司之间不成立有关董事任职的法律关系。也就是说，董事就任是其对公司选任的同意，表明其与公司之间建立了任职董事的合同关系。

（三）董事与公司之间的法律关系定性

考察董事与公司之间建立的是何种合同关系，应当分析其权利义务符合哪类合同的法律特征。

1. 董事的义务

从董事与公司之间的权利义务考察，董事接受选任后以公司名义对外进行商业交往，同样以公司名义在公司内部进行决策和参与管理。也就是说，董事对公司应负的义务主要是以公司名义代表公司进行经营管理。同时，基于新《公司法》第 180 条第 1 款、第 2 款的特别规定，董事对公司还负有忠实义务和勤勉义务。

2. 董事的权利

董事受公司委任进行经营管理，根据不同情况对公司享有不同权利。如公司委任董事并约定支付报酬，则董事对公司享有要求支付报酬的权利。如公司未与董事约定报酬事项，则董事对公司不享有报酬请求权，即在此种情况下构成无偿合同。

考察上述董事的权利义务，无论是以公司名义代表公司进行经营管理，还是履行忠实义务和勤勉义务，均完全且排他性地符合代理人的根本法律义务，由此董事与公司之间建立的合同关系为委托合同。至于无酬劳董事情形，因委托合同同样可能存在无偿委托情形，从而并不影响对其委托合同的定性。

综上，董事与公司之间建立委托合同法律关系。

三、董事去职的法律关系定性

董事的去职，包括主动离职和被动解职。当董事向公司提出辞职时，表明董事不愿继续履行董事义务；同理，当公司主动向董事通知解职时，表明公司不愿继续委托董事管理公司。二者均构成合同权利义务的终止。但这种终止显然并不构成违约,因为董事与公司成立委托合同法律关系,而在委托合同法律关系中,委托人和受托人均有权随时解除合同。因此,董事离职构成董事自主向公司通知解除委托合同;同理,公司主动解职构成公司单方向董事通知解除委托合同。

因此,董事去职的实质,实为董事或公司单方向对方行使无因解除权的行为。

四、董事离职的生效时点

(一)正常情形下的离职生效时点

1. 委托合同的解除时点

当董事或公司书面通知对方辞职或解职时,表明行为人向对方表达了解除委托合同的意思表示。《民法典》关于合同解除生效时间的条款规定,合同自通知到达对方或通知中载明的期限届满时解除。但新《公司法》第 71 条第 1 款规定:股东会可以决议解任董事,决议作出之日解任生效。根据上述法律规定,董事离职的生效时点应为董事辞职的通知到达公司时,或公司解职的通知到达董事时生效。

2. 离职通知的送达对象

解职通知的送达对象为拟解职的董事,该对象为自然人,目标清晰具体不易混淆,本文不做详论;本文仅论证董事辞职时的被通知对象——公司。

因公司是拟制的法人实体,其行为要通过具体的自然人执行。那么,董事辞职时应向哪个具体的人或机构送达通知呢?对此新《公司法》并无明确规定。根据相关法律规定,应根据拟辞职董事的具体任职情况向下列人员或机构送达辞职通知才能达到向公司送达的法律效果:

第一,向法定代表人送达。若拟辞职董事并非法定代表人,由于法定代表人依法代表公司,故向其送达辞职通知即构成向公司送达。

第二,向公司章程或公司规章制度规定的专门人士送达。若拟辞职董事本人兼任公司法定代表人而不能自我通知,但公司章程或内部规章制度规定由专门人士正式代表公司接收通知信息的,则向该等人士送达辞职通知。

第三,向公司董事会中的其他董事送达。若拟辞职董事本人兼任公司法定代表人而不能自我通知，且公司章程或内部规章制度并未规定专人接收通知信息等，此时，谁能代表公司接收辞职通知呢？《民法典》第 81 条第 1 款规定："营利法人应当设执行机构。执行机构行使召集权力机构会议，决定法人的经营计划和投资方案，决定法人内部管理机构的设置，以及法人章程规定的其他职权。"经考察，上述《民法典》关于执行机构的职权与新《公司法》关于董事会的职权并无本质不同。故董事会是公司的执行机构，是公司一切具体经营管理权力（非重大决策权）的归属者，包括经理的职权也来自董事会的授权。既然如此，除非董事会另设其他专门机构或专门人员负责接收通知或信息，又或董事会明确规定其他部门或人员负责此事，否则，负责接收通知或信息职责的机构只能是董事会。因此，在无法定或章程规定的专门机构或专门人员负责接收通知或信息时，应由董事会代表公司接收通知或信息。故在不适用向法定代表人或专人送达辞职通知的情形下，拟辞职董事应向董事会（即其他全体董事）送达辞职通知，如此即构成通知公司。

在正常情形下，董事离职自公司向董事送达解职通知时生效；董事辞职自董事向法定代表人或章程规定的专人或其他董事会成员送达辞职通知之时起生效。

（二）特定情形下的辞职生效时点

新《公司法》第 70 条第 2 款规定："董事任期届满未及时改选，或者董事在任期内辞任导致董事会成员低于法定人数的，在改选出的董事就任前，原董事仍应当依照法律、行政法规和公司章程的规定，履行董事职务。"根据上述法律规定，若因董事辞职导致董事会成员低于法定人数（3 人）时，董事辞职并不于辞职通知送达公司时立即生效，而是需等到继任董事就任且董事会成员满足最低 3 人的要求之时，拟辞职董事的辞职方能生效。此即董事留任。

但值得注意的是，若公司由于控股股东的不当控制等原因，迟迟不改选新的董事，致使在合理期限内（如 1 个月）董事会成员不能恢复到满足最低法定人数的，此时应视为公司故意怠于改选或补选新董事以阻碍公司董事人数符合最低董事人数要求的法定条件的满足，依法应视为此时公司董事人数符合最低董事人数要求，从而董事辞职至此生效。

即因公司无故不改选或补选新董事致使拟辞职董事被迫留任董事的，

自拟辞职董事送达辞职通知后满 1 个月的次日辞职生效。

五、离职董事的备案变更

(一)离职董事的备案变更的必要性

自董事向公司通知辞职或公司向董事通知解职之时,除非存在法律规定的特定留任情形,双方之间的委托关系即时解除。此时,在公司内部,虽然离职董事已不再行使董事权力,也不再承担董事责任,其无须对公司以及内部人员承担身为董事可能背负的责任,公司也无须担心其曾经的董事身份可能对公司内部经营管理产生不利影响。但是对外而言,情况并非如此,下文将分别进行分析。

1. 从离职董事的角度而言

由于公司尚未办理董事变更备案,其仍是公司董事,公司外部的债权人仍可基于商事外观和公示信赖原则要求该实际离职的董事承担相应的法律责任。如最高人民法院《关于适用〈中华人民共和国公司法〉若干问题的规定(三)》第 13 条第 4 款规定:"股东在公司增资时未履行或者未全面履行出资义务,依照本条第一款或者第二款提起诉讼的原告,请求未尽公司法第一百四十七条第一款规定的义务而使出资未缴足的董事、高级管理人员承担相应责任的,人民法院应予支持;董事、高级管理人员承担责任后,可以向被告股东追偿。"同时,基于董事的竞业禁止义务,离职董事欲出任有竞争关系的其他公司的董事职务时,将因其董事备案未涤除而使新任职公司顾虑重重。这些都将严重影响离职董事的正当权利。

2. 从公司的角度而言

因公司董事任职发生变化而未办理变更备案,根据《中华人民共和国市场主体登记管理条例》的规定将可能面临罚款等行政处罚。

3. 从外部相对人的角度而言

董事离职若不办理相应的变更备案,特别是董事长或法定代表人身份未作变更备案,此时外部相对人根本无从获知,若其根据备案产生的公示信赖而继续与离职董事进行交易,将可能导致被认定为表见代理而继续由公司承担相应民事责任。

由此,离职董事的备案变更对于离职董事、公司和外部相对人均具有很大的必要性。

（二）离职董事的备案变更的现实困境

现实商业实践中，各种原因，导致董事离职后公司迟迟不为其办理相应的备案变更，致使名实不符的状态长期存续，甚至离职董事长期处于可能被债权人连带追索的危险境地。大体有如下几种情况：

第一，控股股东或实际控制人对离职董事不满，操纵公司故意不办理备案变更进行刁难。

第二，离职董事本为控股股东或实际控制人的影子董事，双方对备案变更的必要性均无认识。

第三，董事离职致使董事会人数低于法定人数且不愿依法留任，但公司短期内未能选出合适的董事人选进行备案变更等。

上述困境，既有主观恶意和放任使然，也有客观无奈所致，均会在不同程度上导致争议的发生。

（三）离职董事的备案变更的改善方案

为了强化董事备案的真实性，除了应当加强对董事备案名实不符法律后果的普法宣传外，还应由市场监管部门对公司不依法进行董事备案进行处罚。但更重要的是，要通过便利诉讼维权路径，让离职董事能够通过诉讼和司法判决责令公司如实办理备案变更，将已经离职董事从现有备案名单中涤除。如此，将产生示范效应，逐渐改善离职董事的备案变更现实困境。

六、离职董事的补偿问题

如前所述，董事与公司之间成立委托合同关系，至于是有偿委托还是无偿委托，则视公司是否向董事支付董事报酬或董事津贴而相应界定。

（一）有薪董事

若董事为有薪董事，则双方之间成立有偿委托合同，根据《民法典》第933条的规定，仅在解除合同给对方造成损失的情况下，解除方（无论是董事还是公司）才应赔偿对方直接损失和履行后的可得利益。

一般而言，对于公司来说，董事辞职所造成的直接损失应为董事已收取的报酬（如有）中未履职期间对应的部分；至于可得利益，继续委任该董事并不能给公司带来利益，故该项损失不确定。

对于董事来说，公司解职所造成的直接损失，一般为已履职期间尚未收到的董事报酬；至于可得利益，继续就任董事本可以取得剩余任期内的董事报酬，但也应相应扣除董事为履职而支付的合理开支，剩余部分才是可得利益，其数额难以准确计算确定。

（二）无薪董事

若董事为无薪董事，则双方之间成立无偿委托合同，根据《民法典》第933条的规定，若解除合同给对方造成损失的，解除方仅应赔偿解除时间不当而给对方造成的损失。除非特别情形出现，一般情形下，董事或公司向对方主张解除均不会给对方造成时间不当所致的损失，故而一般不会产生相应损失。

（三）兼职情形

若董事还兼与公司建立劳动合同关系，且公司向其支付的劳动报酬中实际包含了相应董事的工作酬劳，则此种董事离职时，其与公司之间按劳动合同关系应享有的权利不受影响；除此之外，还应根据其兼职董事对公司的付出，按其劳动报酬的一定比例给付一定的补偿，作为其直接损失，如此，方为公平。

七、结语

股东会选举或股东委派都是代表公司选任董事的行为，董事在就任时理应知道该代理关系，故董事与公司之间直接建立委托合同关系。董事任职自其接受任职之时生效，董事离职构成委托合同的解除，自董事或公司向对方送达解职或辞职通知之时生效，董事辞职通知的具体送达对象依次应为法定代表人、公司章程或规章制度规定的专门人士或专门机构、董事会中的其他全体董事。董事离职后，若公司无故不改选或补选新董事致使现存董事人数低于法定人数导致拟辞职董事被迫留任的，应视为在辞职通知送达后1个月的合理期限内公司已满足最低法定董事人数要求，从而认定董事的辞职通知自合理期限届满的次日生效。董事离职后，公司应及时办理董事变更的备案手续，并视董事有无报酬等具体情形，处理涉及的损失赔偿（如有）事宜。

（特约编辑：杨银笛）

分配与清算篇

公司盈余分配纠纷诉讼要点探析

黄　霆*

公司是社会市场经济中最主要、最活跃的主体，股东是公司设立、经营和发展的最直接、最核心要素，股东的投资动力来自收益回报。享有公司资产收益、参与盈余分配，是股东的根本权利。对此，2023年修订的《公司法》（以下简称新《公司法》）第4条第2款明确规定："公司股东对公司依法享有资产收益、参与重大决策和选择管理者等权利。"

关于股东如何享有公司收益，新《公司法》第210条第4款规定："公司弥补亏损和提取公积金后所余税后利润，有限责任公司按照股东实缴的出资比例分配利润，全体股东约定不按照出资比例分配利润的除外；股份有限公司按照股东所持有的股份比例分配利润，公司章程另有规定的除外。"第212条规定："股东会作出分配利润的决议的，董事会应当在股东会决议作出之日起六个月内进行分配。"围绕着红利分配所发生的纠纷，属于公司盈余分配纠纷，具体指因股东基于其股东资格依法请求公司向其分配公司红利而发生的纠纷。

一、公司盈余分配纠纷与其他股东权利救济途径的区别

为了保护股东权利，根据股东享有的各种权利可能受到侵害的不同情况，除公司盈余分配纠纷外，现行法律还规定了股权回购、公司解散、代位诉讼等法定救济路径，不同的救济路径对股东的权利保护有实质区别，且各种

---

* 黄霆：广东晟典律师事务所合伙人、律师，深圳市律师协会第十一届公司法律专业委员会委员。

救济路径相互独立,任一救济途径不以其他救济措施为前置程序。

新《公司法》第 89 条,[1]确立了股东主张股权回购的法律依据,也规定了有关条件和诉讼启动程序。根据该条第 1 款第 1 项的规定,“公司连续五年不向股东分配利润,而公司该五年连续盈利,并且符合本法规定的分配利润条件”,股东此时不仅有权提起公司盈余分配诉讼,亦有权主张公司按照合理的价格收购其股权,可以择一行权。股东请求公司回购其股权所能获取的是股权价值本身的合理对价,完成股权回购后,股东便丧失在该公司的一切权利和地位,此与请求公司分配现有盈余的法律效果截然不同。

新《公司法》第 231 条[2]及其相关司法解释,规定了股东有权通过司法程序请求解散公司的法定事由。该条规定的“公司经营管理发生严重困难”,实质是指公司经营管理的内部机构运行发生严重困难,而非指公司业务经营困难或者发生亏损,因此,一家持续盈利的公司仍然存在被股东请求解散的可能性。股权回购之诉是请求回购的股东可能丧失其股东资格,而公司解散之诉则是公司的全体股东可能同时丧失股东资格。因此,如果股东请求公司分配盈余而不得,通过司法途径也未能获得支持,在特定情况下,可以选择提起公司解散之诉,迫使各股东面临相同的危机而使得僵局解决迎来新的可能转机。

新《公司法》第 189 条,[3]规定了股东代位之诉(也称股东代表之诉)启

---

[1] 新《公司法》第 89 条第 1 款、第 2 款规定:“有下列情形之一的,对股东会该项决议投反对票的股东可以请求公司按照合理的价格收购其股权:(一)公司连续五年不向股东分配利润,而公司该五年连续盈利,并且符合本法规定的分配利润条件;(二)公司合并、分立、转让主要财产;(三)公司章程规定的营业期限届满或者章程规定的其他解散事由出现,股东会通过决议修改章程使公司存续。自股东会决议作出之日起六十日内,股东与公司不能达成股权收购协议的,股东可以自股东会决议作出之日起九十日内向人民法院提起诉讼。”

[2] 新《公司法》第 231 条规定:“公司经营管理发生严重困难,继续存续会使股东利益受到重大损失,通过其他途径不能解决的,持有公司百分之十以上表决权的股东,可以请求人民法院解散公司。”

[3] 新《公司法》第 189 条第 1 款、第 2 款、第 3 款规定:“董事、高级管理人员有前条规定的情形的,有限责任公司的股东、股份有限公司连续一百八十日以上单独或者合计持有公司百分之一以上股份的股东,可以书面请求监事会向人民法院提起诉讼;监事有前条规定的情形的,前述股东可以书面请求董事会向人民法院提起诉讼。监事会或者董事会收到前款规定的股东书面请求后拒绝提起诉讼,或者自收到请求之日起三十日内未提起诉讼,或者情况紧急、不立即提起诉讼将会使公司利益受到难以弥补的损害的,前款规定的股东有权为公司利益以自己的名义直接向人民法院提起诉讼。他人侵犯公司合法权益,给公司造成损失的,本条第一款规定的股东可以依照前两款的规定向人民法院提起诉讼。”

动的具体条件、程序和各方的诉讼角色。不同于公司盈余分配、股权回购、公司解散纠纷,矛盾主体指向的是股东与股东或者股东与公司(其实质仍是股东与股东之间的冲突),股东代位之诉中矛盾的主体指向的是股东与公司的董事、监事、高级管理人员(其即使为公司的股东,但在该类诉讼中其被诉系因其在公司中担任的具体职务),诉讼利益也只能归属于公司而非发起诉讼的股东所有。

二、公司盈余分配纠纷的一般诉讼要点

公司法赋予了股东参与公司盈余分配权利,而最高人民法院《关于适用〈中华人民共和国公司法〉若干问题的规定(四)》(以下简称《公司法解释四》)第13条"股东请求公司分配利润案件,应当列公司为被告。一审法庭辩论终结前,其他股东基于同一分配方案请求分配利润并申请参加诉讼的,应当列为共同原告"、第14条"股东提交载明具体分配方案的股东会或者股东大会的有效决议,请求公司分配利润,公司拒绝分配利润且其关于无法执行决议的抗辩理由不成立的,人民法院应当判决公司按照决议载明的具体分配方案向股东分配利润"的规定,则指明了发生公司盈余分配纠纷时的具体解决路径,本文对该纠纷的诉讼主要要点分析如下。

(一)原告

原告无疑应为股东,即原告在起诉时需证明其具有公司的股东身份。有两种特殊情形值得探讨:隐名股东是否为适格原告?已丧失股东资格的人员是否绝对丧失原告资格?

1. 关于隐名股东是否为适格原告的问题

在王某来与昱盛公司公司盈余分配纠纷案[1]中,一审法院查明:"2018年8月29日,王某来向昱盛公司、邹某林就请求变更公司登记纠纷提起诉讼,案号为(2018)粤0306民初19828号……邹某林、张某某、王某来于2018年11月21日自愿达成协议:一、邹某林、张某某、王某来共同确认昱盛公司、邹某林收到调解书之日起十五日内协助王某来办理工商变更登记手续,将王某来股东身份及投资份额记录在昱盛公司名下;二、若昱盛公司、邹某林逾期未履行,王某来可向法院申请强制执行……上述协议内容经广东省深

[1] 参见广东省深圳市宝安区人民法院民事判决书,(2018)粤0306民初20203号。

圳市宝安区人民法院以调解书形式予以确认。该调解书尚未申请强制执行……现查,昱盛公司的工商登记信息为2015年5月21日注册成立的有限责任公司(自然人独资),注册资本50万元,邹某林为一人股东,持有100%股权",法院认为:"根据《中华人民共和国公司法》(注:2018年修正版)第三十四条的规定,股东有权按照实缴的出资比例分取红利。基于昱盛公司现有的工商登记情况,王某来的股东身份虽未经工商登记明确,但王某来已具有法律意义上的股东身份,故王某来具备股东盈余分配权之诉的原告资格。"该案的二审法院深圳市中级人民法院在(2019)粤03民终17200号民事判决中也未对原告的身份是否适格持不同意见。

据此,笔者倾向于认为,股东身份未经工商登记明确的隐名股东也可以作为适格原告,但该隐名股东的身份需要事先得到法律意义上的认可——认可的方式可以为司法文书确认,或已经公司其他股东半数以上同意变更股东、签发出资证明书、记载于股东名册、记载于公司章程,这样更加有利于及时保护股东权益,而且也不违反现行法律的明文规定。

2. 关于已丧失股东资格的人员是否绝对丧失原告资格的问题

这个问题的关键在于已丧失股东资格的人员,其诉请所主张的是股东利润分配请求权(股东自益权)还是股东利润给付请求权(普通债权)。股东分配请求权是一项抽象的权利,该权利的实现具有两个必要前提——公司有利润、股东会批准利润分配方案,主张股东分配请求权的人员必须具备股东资格。股利给付请求权是一项具体的权利,其性质可视为普通债权,其前提是股东会已经通过了利润分配方案,股东会通过了利润分配方案,股东和公司之间就该股东所应分取的红利就形成了具体的债权债务关系,而独立于股东利润分配请求权,该债权权利已然独立存在,而无须依附于股东身份。因此,已丧失股东资格的人员在公司盈余分配纠纷中并非绝对丧失原告资格,在公司拒绝向该股东分配(支付)利润时,该股东便有权要求公司给付,即使该股东在请求支付之时已经丧失了该公司的股东身份,其也仍有权要求公司按照利润分配方案向其支付在此之前的红利。

从实务判例来看,安徽省马鞍山市中级人民法院于在(2019)皖05民初278号民事判决中即采用了该裁判规则,安徽省高级人民法院在(2021)皖民终26号民事判决中对该案的一审判决予以维持,最高人民法院在(2021)最高法民申6191号民事裁定书中对该案的二审判决予以维持。

（二）被告

股东请求公司分配利润案件，应当列公司为被告，如果在该案件中存在其他利益相关方的，可以一并列为被告或第三人。

（三）管辖法院

根据《民事诉讼法》第27条“因公司设立、确认股东资格、分配利润、解散等纠纷提起的诉讼，由公司住所地人民法院管辖”，以及最高人民法院《关于适用〈中华人民共和国民事诉讼法〉的解释》第3条“公民的住所地是指公民的户籍所在地，法人或者其他组织的住所地是指法人或者其他组织的主要办事机构所在地。法人或者其他组织的主要办事机构所在地不能确定的，法人或者其他组织的注册地或者登记地为住所地”的规定可知，公司盈余分配纠纷由公司住所地（指主要办事机构所在地，或注册地）法院管辖。

（四）诉讼前置程序

现行法律规定无特殊要求。

（五）胜诉一般要件

新《公司法》第59条第1款规定：“股东会行使下列职权：……（四）审议批准公司的利润分配方案和弥补亏损方案。”第112条第1款规定：“本法第五十九条第一款、第二款关于有限责任公司股东会职权的规定，适用于股份有限公司股东会。”据此，《公司法解释四》第14条及第15条但书条款前的内容，从正反两个方面明确规定了对公司盈余分配纠纷的胜诉一般要件：作为原告的股东，需向法院举证证明公司存在载明具体利润分配方案的股东会或者股东大会决议，而公司拒绝分配；作为被告的公司，需向法院举证证明股东提交的载明具体利润分配方案的股东会或者股东大会决议不成立或无效或已被撤销，或者公司存在无法执行决议的正当理由。

三、公司盈余分配纠纷的特殊诉讼要点

《公司法解释四》第15条规定：“股东未提交载明具体分配方案的股东会或者股东大会决议，请求公司分配利润的，人民法院应当驳回其诉讼请求，但违反法律规定滥用股东权利导致公司不分配利润，给其他股东造成损失的除外。”

《公司法解释四》第15条但书条款前的内容及第14条的规定过于绝对、刚硬而无审判者的自由裁量空间，此不足以应对司法实务中千变万化、错综复杂的纠纷解决，立法者因而在第15条的但书条款中为此留有了余地，使得《公司法解释四》的该部分内容与新《公司法》第21条[1]的规定遥相呼应。第15条但书条款的内容，也因此构成了公司盈余分配纠纷的特殊诉讼要点。那么，在公司盈余分配纠纷中，对"违反法律规定滥用股东权利导致公司不分配利润，给其他股东造成损失的"行为该如何进行认定？

在太一热力公司、李某军与居立门业公司公司盈余分配纠纷案[2]中，最高人民法院认为："公司在经营中存在可分配的税后利润时，有的股东希望将盈余留作公司经营以期待获取更多收益，有的股东则希望及时分配利润实现投资利益，一般而言，即使股东会或股东大会未形成盈余分配的决议，对希望分配利润股东的利益不会发生根本损害，因此，原则上这种冲突的解决属于公司自治范畴，是否进行公司盈余分配及分配多少，应当由股东会作出公司盈余分配的具体方案。但是，当部分股东变相分配利润、隐瞒或转移公司利润时，则会损害其他股东的实体利益，已非公司自治所能解决，此时若司法不加以适度干预则不能制止权利滥用，亦有违司法正义。""《最高人民法院关于适用〈中华人民共和国公司法〉若干问题的规定（四）》第十五条规定'股东未提交载明具体分配方案的股东会或者股东大会决议，请求公司分配利润的，人民法院应当驳回其诉讼请求，但违反法律规定滥用股东权利导致公司不分配利润，给其他股东造成损失的除外。'在本案中，首先，太一热力公司的全部资产被整体收购后没有其他经营活动，一审法院委托司法审计的结论显示，太一热力公司清算净收益为75973413.08元，即使扣除双方有争议的款项，太一热力公司也有巨额的可分配利润，具备公司进行盈余分配的前提条件；其次，李某军同为太一热力公司及其控股股东太一工贸公司法定代表人，未经公司另一股东居立门业公司同意，没有合理事由将5600万余元公司资产转让款转入兴盛建安公司账户，转移公司利润，给居立

---

〔1〕 新《公司法》第21条规定："公司股东应当遵守法律、行政法规和公司章程，依法行使股东权利，不得滥用股东权利损害公司或者其他股东的利益。公司股东滥用股东权利给公司或者其他股东造成损失的，应当承担赔偿责任。"

〔2〕 参见最高人民法院民事判决书，（2016）最高法民终528号。

门业公司造成损失，属于太一工贸公司滥用股东权利，符合《最高人民法院关于适用〈中华人民共和国公司法〉若干问题的规定（四）》第十五条但书条款规定应进行强制盈余分配的实质要件。”

在陈某梅与昂兴公司公司盈余分配纠纷案[1]中，广东省高级人民法院认为：“本案为公司盈余分配纠纷。根据昂兴公司的再审申请，本案主要争议焦点为：昂兴公司2014年、2015年是否存在可分配利润、陈某梅是否有权请求昂兴公司分配利润……（二）关于陈某梅是否有权请求昂兴公司分配利润。《最高人民法院关于适用〈中华人民共和国公司法〉若干问题的规定（四）》第十五条规定，股东未提交载明具体分配方案的股东会或者股东大会决议，请求公司分配利润的，人民法院应当驳回其诉讼请求，但违反法律规定滥用股东权利导致公司不分配利润，给其他股东造成损失的除外。昂兴公司2014年、2015年均存在可分配利润，但其对此明确否认，陈某梅未参加的两次《股东大会会议决议》中亦称2014年度、2015年度不符合股东分红条件，且昂兴公司存在对陈某梅行使股东知情权设置障碍的行为并引发了相关诉讼。综合以上情形，昂兴公司股东违反法律规定滥用股东权利导致公司不分配利润，给陈某梅造成损失，一、二审判决认定陈某梅有权请求昂兴公司分配利润并无不当。综上，昂兴公司的再审申请缺乏理据，本院予以驳回。”

从上述案例的处理结果可以判断，目前在实务中，法院认定属于“违反法律规定滥用股东权利导致公司不分配利润，给其他股东造成损失的”行为主要包括：部分股东变相分配利润、部分股东变相隐瞒或转移公司利润、大股东在公司存在可分配利润的情况下滥用股东权利恶意不予分配。

四、结语

综合本文分析，笔者认为，公司盈余分配纠纷的诉讼要点主要包括以下三点：首先，股东对公司提起“一般盈余分配”之诉具有前提条件，一是公司有可分配利润，二是股东会已对利润分配方案作出有效决议，且董事会未在股东会决议作出之日起6个月内进行分配。其次，股东诉请公司进行“强制盈余分配”需符合实质条件，一是公司有可分配利润，二是公司或其他股东

---

[1] 参见广东省高级人民法院民事裁定书，(2019)粤民申9324号。

存在《公司法解释四》第 15 条但书条款规定的要件事实。最后，诉请公司进行盈余分配或诉请公司进行强制盈余分配的股东，均应当依照“谁主张，谁举证”的原则完成举证责任，否则需承担相应的不利法律后果。

（特约编辑：杨银笛）

股东之间达成的分配公司财产协议条款的效力问题

许江云[*]

公司是独立于其成员的法律实体，具有独立的财产，且不因其股东的退出、死亡、解散或破产而受影响。那么，股东除分配公司利润外，是否可以自行约定分配公司财产？如果可以，是否会损害公司利益及债权人的合法权益？

一、问题的提出

A 公司（目标公司）于 2012 年成立，是一家经营精密五金制品的热处理及生产的有限责任公司，注册资本 1060 万元。在 A 公司股权转让之前，自然人甲一直为 A 公司的实际控制人及法定代表人（持有 80% 的股权），同时 A 公司的另一股东为乙（持有 20% 的股权）。2018 年 11 月间，自然人丙欲收购甲、乙所持 A 公司股权，在 2018 年 11 月 25 日丙与甲、乙签订了《A 公司收购协议书》（以下简称《收购协议》），《收购协议》中约定，甲和乙将其持有 A 公司共计 90% 的股权（其中，甲持有 75% 股权，乙持有 15% 股权）以 M 万元价款转让给丙，此外各方还约定，A 公司在 2018 年 11 月 30 日以前所产生的应收账款 S 万元归甲和乙所有，A 公司也在《收购协议》上加盖了公司印章。自签订《收购协议》后至 2019 年 2 月 14 日，甲并未将 A 公司的实际经营权交与丙，并多次以"备用金"或"退股金"等名义，将 A 公司的经营款

* 许江云：广东晟典律师事务所合伙人、律师，深圳市律师协会第十一届公司法律专业委员会委员。

项从A公司的账户转至甲的个人账户，累计高达N万元（甲在其起诉状中自认数额，并说明这部分款项为A公司的应收账款）。甲认为，甲、乙、丙三方在《收购协议》中明确约定，A公司在2018年11月30日前产生的应收账款归甲、乙所有（按照持股比例分配，但实际未分配给乙），是各方的真实的意思表示，并且加盖了A公司的印章，各方应当按照《收购协议》履行。基于其与乙、丙之间的约定，丙接管A公司后（即2019年2月14日后），由丙在经营期间收回的应收账款H万元为甲和乙应得款项，但丙一直未将上述款项支付给甲，据此甲将A公司与丙作为被告，乙作为第三人向法院提请诉讼，要求A公司及丙向甲支付应收账款H余万元（按照甲的持股比例所得）。

以上案例中存在以下问题：(1)公司应收账款是公司待分配利润还是公司资产？(2)股东是否有权以协议的形式直接进行利润分配？(3)股东之间约定将公司的应收账款归属于特定股东的约定是否无效？

二、法理分析

（一）应收账款的性质

应收账款，是指企业在正常的经营过程中因销售商品、产品、提供劳务等业务，应向购买单位收取的款项，此款项仍需弥补企业在生产经营过程中产生的各种耗费。从这个解释中可以看出，上述案例中应收账款并非A公司利润而应为公司资产，而甲、乙、丙三方在《收购协议》中约定，将A公司2018年11月30日以前所产生的应收账款S万元归甲和乙所有，可见协议所分配的不是公司利润而是公司用于生产经营的资产。

（二）公司利润分配的途径与程序

2023年修订的《公司法》（以下简称新《公司法》）第210条第1款、第2款规定："公司分配当年税后利润时，应当提取利润的百分之十列入公司法定公积金。公司法定公积金累计额为公司注册资本的百分之五十以上的，可以不再提取。公司的法定公积金不足以弥补以前年度亏损的，在依照前款规定提取法定公积金之前，应当先用当年利润弥补亏损。"第211条规定："公司违反本法规定向股东分配利润的，股东应当将违反规定分配的利润退还公司；给公司造成损失的，股东及负有责任的董事、监事、高级管理人员应当承担赔偿责任。"

显然，从新《公司法》的规定看，对于公司向股东分配利润有法定分配程序，其要求是在弥补公司亏损及提取公积金后向股东分配，而不是将利润不经法定程序直接分配给股东。上述案例中，即便甲、乙、丙签署的《收购协议》分配的是分配利润，还需经过法定程序，况且甲、乙、丙分配的不是利润，而是公司财产，显然《收购协议》中有关分配应收账款的条款明显违背了新《公司法》的强制性规定。

（三）股东之间约定将公司的应收账款归属于特定股东的约定是否无效

最高人民法院于2019年11月14日发布的《全国法院民商事审判工作会议纪要》（法2019〔254〕号，以下简称《九民纪要》）对合同无效的审理判决提出指导意见。原《合同法》第52条第5项规定："有下列情形之一的，合同无效：……（五）违反法律、行政法规的强制性规定。"最高人民法院《关于适用〈中华人民共和国合同法〉若干问题的解释（二）》（已失效）第14条规定："合同法第五十二条第（五）项规定的'强制性规定'是指效力性强制性规定。"

上述规定分别对违反法律、行政法规的强制性合同（或条款）的无效性作出了规定、说明和限定。

《民法典》第153条第1款规定："违反法律、行政法规的强制性规定的民事法律行为无效。但是，该强制性规定不导致该民事法律行为无效的除外。""强制性规定"从类别上讲，是指违反全国人民代表大会及其常务委员会颁布的法律中的强制性规定，以及违反国务院颁布的行政法规中的强制性规定，这里的强制性规定主要针对私法的消极影响。

很显然，上述案例中股东之间约定的将公司财产以利润分配的方式转移给特定股东的条款违背的是法律中"强制性规定"，即新《公司法》第3条及第210条之规定，应属无效。

公司是企业法人，有独立的法人财产，享有法人财产权，公司与股东分别是独立的民事主体，公司与股东的人格和财产不能混同，股东不能直接分配公司的资产。

根据新《公司法》第210条第4款的规定可知，公司在弥补亏损和提取公积金后所余税后利润，有限责任公司依照相关法律规定分配。根据新《公司法》第211条的规定可知，如果公司违反公司法规定向股东分配利润的，股东应当将违反规定分配的利润退还公司。

在上述案例中，甲、乙、丙约定将A公司的应收账款S万元归甲和乙所有，会导致公司资本的减少，损害了公司和债权人的利益，违反了公司法的强制性规定。根据《民法典》第153条第1款的规定，该《收购协议》中关于将公司的应收账款归属于甲和乙所有的约定应属无效。

三、类案不同的司法判例

虽然存在深圳地区法院的判决认定将公司的应收账款归属于股东个人所有的约定属无效约定的情形，但是笔者在搜索研究相同、相近案例中发现，各地类似案件的判决结果不尽相同。

（一）判决支持分配应收账款约定效力的案例

在余某军、赖某连股权转让纠纷案[1]中，再审申请人（一审原告、二审被上诉人）余某军、赖某连主张余某军并代表赖某连与冯某颜签订的《公司转让合同》中约定“公司过户前的应收账款由余某军、赖某连自行收款”的约定有效，公司应将收到的应收账款返还余某军、赖某连；人仔公司（一审被告、二审上诉人）、冯某颜（一审被告）则共同表示应收账款属于公司资产，《公司转让合同》约定将股权转让前产生的应收账款日后回收后返还给余某军，实则是股东违法分配公司资产，应属无效约定。再审法院认为该约定有效，亦是公司的真实意思表示，公司根据其法定代表人及股东安排，对公司应收账款的收取作出处理，不涉及抽逃公司注册资本问题，亦是公司独立行使法人财产权的体现。

笔者认为，再审法院之所以认可该约定，可能是考虑到余某军、赖某连按照《公司转让合同》的约定，已经承担了人仔公司股权转让前的巨额债务，其根据约定向人仔公司及冯某颜追索应属于余某军、赖某连所得的货款，体现了权利义务的对等性和诚实信用原则，并非单纯地分配债权而忽视债务。

在陈某与李某宇股权转让纠纷案[2]中，陈某、李某宇各持有该公司50%的股权，陈某、李某宇签订的《股东协议书》中约定李某宇将其所持股权转让给陈某，股权转让款105万元；双方还约定各自股东负责各自客户的应

---

〔1〕 参见广东省高级人民法院民事裁定书，(2019)粤民再296号。

〔2〕 参见江苏省苏州市中级人民法院民事判决书，(2019)苏05民终1781号。

收账款工作，三笔应收账款到达公司的账户后付给李某宇。

一审法院认为，陈某、李某宇签订的《股权转让协议书》系双方当事人的真实意思表示，合法有效，双方均应按约履行义务。《股东协议书》约定的付款事项，实际系李某宇、陈某之间鉴于股权真实价值，在105万元之外确定李某宇应得股权转让款金额、标准及具体的履行方式，双方并无损害莱福士公司利益及该公司债权人利益的主观意思。

二审法院持同样观点，并认为从该协议书的上下文内容看，股权转让款系参考了公司库存、应收账款情况后确定的，陈某亦确认在签订协议时系将莱福士公司进行了盘点，按对半原则处理，李某宇退出莱福士公司，将股权转让给陈某，陈某从而支付对价，故该协议体现了李某宇、陈某之间对相关股权价值的合意。

（二）判决不予支持分配应收账款约定效力的案例

在肖某雅诉王某确认合同效力纠纷案〔1〕中，肖某雅占有公司20%的股权，其欲退出公司的经营，遂向王某转让其所持有的公司股份，同时，作为肖某雅退出公司的条件，王某同意将钧博公司在5个超市的业务及应收账款划归肖某雅所有。二审法院支持了一审法院判决，认为这种股东擅自处分公司资产的行为有悖公司的有限责任，公司的有限责任即公司一经设立，即独立于公司股东的法人财产，公司权益与股东权益相对分离，股东以股份的形式将其资产投入公司后即丧失了对上述资产的处分权，只依法享有上述资产因公司营运而带来的收益。公司的资产与股东的资产相隔离，公司的权益与股东的权益相隔离，是公司有限责任的法则，是公司能够独立对外承担民事责任的前提。本案中两位股东擅自将公司的业务及应收款直接划归其中一位股东的行为，属于股东无权处分公司资产并损害公司利益的行为，该处分条款无效。

在曹某胜与展览公司等股权转让纠纷案〔2〕中，法院认为，资本维持原则系《公司法》的基本原则，资本维持原则要求公司维持与注册资本相当资产、股东不得抽回资本、不得侵占公司财产、除法律另有规定外公司不得成为对外投资的连带责任出资人……本案中，应收账款为模型公司的债权，在

〔1〕 参见北京市第三中级人民法院民事判决书，(2016)京03民终6466号。

〔2〕 参见北京市门头沟区人民法院民事判决书，(2019)京0109民初4547号。

该债权收回后为模型公司的资产，上述财产权不仅涉及模型公司的财产利益，还涉及模型公司债权人的利益。曹某胜、郝某辉作为模型公司股东，将属于模型公司的应收账款进行分割，即使模型公司对二人的处分行为进行追认，上述约定因侵害了作为模型公司债权人的不特定第三人的利益，亦违反了资本维持原则，应属无效。

四、结语

各地法院之所以出现裁决分歧，笔者认为，应该与法院对公司财产的性质认定不一致有关。部分法院认为公司资产及权益与股东资产及权益相隔离，是公司有限责任的法则，是公司能够独立对外承担民事责任的前提，股东的变更不应干扰公司的财产结构，因此坚持资本维持原则，认为股东无权随意处分公司财产；部分法院则坚持意思自治原则，认为只要是股东合意，且不侵害其他股东及公司债权人的利益，股东之间或者原股东与新股东之间通过协议约定分配公司财产（包括积极财产，如债权；也包括消极财产，如债务）应为有效。

笔者赞同通过协议约定公司财产分配方式的约定无效的观点。出于公司资本维持原则及对债权人的保护原则，新《公司法》对股东分配公司财产有着相当严格的法律限制。公司作为独立法人，具有其独立的财产权，公司的财产并不等同于股东的财产，亦不是实际控制人的财产，公司财产由公司独立拥有或控制。公司财产的独立性是公司人格独立存在的物质基础。另外，公司在其存续过程中，未经弥补亏损及提取法定公积金，不能向其股东分配利润。因此，股东主张分配利润的前提，是公司税后利润在弥补公司亏损、依法提取公积金后尚有盈余的情况下提取。故无论是签订《股权转让协议》《盈余分配协议》《和解协议》等协议，或是公司股东会作出的《股东会决议》，其内容出现关于将公司的应收账款或其他任何公司财产直接归属于某个股东或多个股东的约定，均属于股东违法分配公司财产，侵害了公司的法人财产权，会影响公司的对外偿债能力，动摇公司的独立法人地位，该约定违反了公司法中的强制性规范，应属无效。

（特约编辑：杨银笛）

司法强制解散公司实务分析与思考

韩　兵*

司法强制解散公司，是一种以公权力为主导的司法干预制度，其目的是通过司法权的介入，强制公司解散，以保护在公司中受压制的小股东和公司债权人的利益。当公司出现股东无力解决的不得已事由，公司董事的行为危及公司存亡，或当公司业务遇到显著困难，公司的财产遭受重大损失时，法院依据持有一定比例的出资额或股份的股东等利害关系人的请求，作出解散公司的裁决。[1] 2005 年修订的《公司法》第 183 条首次规定了"公司经营管理发生严重困难，继续存续会使股东利益受到重大损失，通过其他途径不能解决的，持有公司全部股东表决权百分之十以上的股东，可以请求人民法院解散公司"。2013 年修正的《公司法》第 182 条延续了此规定，因规定较为原则性，在实际的案件立案和审理中，尺度较难掌握。之后，2014 年 3 月 1 日施行的最高人民法院《关于适用〈中华人民共和国公司法〉若干问题的规定(二)》(以下简称《公司法解释二》)第 1 条针对 2013 年修正的《公司法》第 182 条的规定，进一步明确了股东请求解散公司诉讼原告的持股比例要求和如何认定公司"经营管理发生严重困难"的情形等，使得股东请求解散公司诉讼的受理条件更加明确，但实务中仍存在争议。此后，2018 年修正的《公司法》第 182 条以及 2023 年修订的《公司法》第 231 条，延续了 2013 年《公司法》第 182 条的规定，未做调整。下面笔者结合近年人民法院的有关

---

* 韩兵：广东华商律师事务所合伙人、律师，深圳市律师协会第十一届公司法律专业委员会委员。

〔1〕 参见朱少平：《〈中华人民共和国公司法〉释义及实用指南》，中国民主法制出版社 2012 年版，第 384 页。

案例,对审判实务中股东请求解散公司之诉的相关认定作简单归纳、分析。

2023 年《公司法》第 231 条是对法院强制解散的规定,即只有公司同时具备了“公司经营管理发生严重困难”“继续存续会使股东利益受到重大损失”“通过其他途径不能解决的”三个条件才能认定公司出现了僵局,在此情况下,持有公司 10% 以上表决权的股东,可以通过提起请求法院解散公司之诉维护自己的合法权益。

一、“公司经营管理发生严重困难”的认定

“公司经营管理发生严重困难”具体体现和规定在《公司法解释二》第 1 条第 1 款中。该条规定:“单独或者合计持有公司全部股东表决权百分之十以上的股东,以下列事由之一提起解散公司诉讼,并符合《公司法》第一百八十三条[1]规定的,人民法院应予受理:(一)公司持续两年以上无法召开股东会或者股东大会,公司经营管理发生严重困难的;(二)股东表决时无法达到法定或者公司章程规定的比例,持续两年以上不能做出有效的股东会或者股东大会决议,公司经营管理发生严重困难的;(三)公司董事长期冲突,且无法通过股东会或者股东大会解决,公司经营管理发生严重困难的;(四)经营管理发生其他严重困难,公司继续存续会使股东利益受到重大损失的情形。”

通过该条,可以归纳总结成两种“公司经营管理发生严重困难”的情况:第一,股东会或董事会等公司内部机构运行出现持续、严重困难;第二,经营管理发生其他严重困难。

(一)股东会或董事会等公司内部机构运行出现持续、严重困难

公司的运行机制完全失灵,股东会、董事会包括监事会等权力机构和管理机构无法正常运行、对公司的任何事项无法作出任何决议,公司的一切事务处于瘫痪的这种经营管理困难状况,在学理上被称为“公司僵局”。[2] 一般来说,“公司经营管理发生严重困难”分为股东会僵局与董事会僵局两种情况。股东之间或公司管理人员之间的利益冲突、矛盾,经常使公司运行陷于僵局,导致决策及管理机制失灵,股东会、董事会可能会因矛盾对方拒绝

---

〔1〕 此处适用的是 2018 年《公司法》,相关规定参见 2023 年《公司法》第 231 条。

〔2〕 参见赵旭东主编:《公司法学》(第 2 版),高等教育出版社 2006 年版,第 501 页。

参加而无法召集，任何一方的提议都不被对方接受和认可，会议可能无法通过任何议案。

1. 股东会僵局

股东会僵局主要分为“无法召开”和“无法达成有效决议”两种情形。其中，“无法召开”是指应当召开而不能召开，主要表现为“无人召集”或者“召集之后没有一个股东出席会议”等情况。

在郑某、周某煜等4人与瑞鑫汽车公司、瓯润琪房地产公司公司解散纠纷案[1]中，新疆维吾尔自治区高级人民法院认为，未召开股东会并不等于无法召开股东会，更不等于股东会议机制失灵。根据郑某、周某煜等4人在一审中提交的临时股东大会会议纪要，证实2014年3月至2015年2月，瑞鑫汽车公司、瓯润琪房地产公司先后召开临时股东大会，就公司经营期间产生的相关问题作出决议的事实，可以印证上述观点。且单某忠、徐某贤虽因犯罪在服刑过程中，但目前法律并未有禁止其行使股东权利的规定。在该院近期审理的当事人一方为瓯润琪房地产公司的民事案件中，罗某卉作为瓯润琪房地产公司的委托诉讼代理人出庭应诉，故郑某、周某煜等4人所称股东罗某卉在逃的事实并不属实。综上，郑某、周某煜等4人所举证据并不足以证实瑞鑫汽车公司、瓯润琪房地产公司的公司事务已陷入僵局以及公司股东会议机制失灵，故其该项上诉主张不能成立。

“无法达成有效决议”是最常见的一种股东会僵局情形，主要包括：(1)不同意见的两派股东各拥有50%的表决权，在相互不配合的情况下，使得每次表决都不能达到出席的“过半数”，从而不能形成有效决议；(2)两派别股份虽不是50%对峙局面，但根据法律或章程的要求，特定决议的通过必须取得表决权的绝对多数同意，如2/3等，此时小股东实际享有否决权，也可以造成无法作出特别决议的僵局；(3)股东间意见多且持股分散，各派之间互相不配合，使得每次表决的赞成数都达不到出席的过半数，无法形成有效决议。

在量能公司、卢某川公司解散纠纷案[2]中，一审法院浙江省台州市中级人民法院认为，本案中，量能公司仅有卢某川和王某烨两名股东，两人各

---

[1] 参见新疆维吾尔自治区高级人民法院民事判决书，(2019)新民终219号。

[2] 参见浙江省高级人民法院民事判决书，(2019)浙民终368号。

占50%股份，同时，公司章程规定“股东大会作出普通决议，应当由出席股东大会的股东所持表决权的过半数通过”，因此，量能公司关于股东持股比例、议事方式与表决程序的制度设计本身，使得该公司更易于出现僵局，而且僵局一旦形成，将难以打破。股东在经营管理上存在分歧，双方之间的矛盾不断升级，导致两年多来无法形成有效的股东会决议，双方就公司个别董事的辞职、公司法定代表人的变更等公司事务，均无法通过召开股东会加以解决，最终形成了多次诉讼。因此，量能公司已不能通过股东会决议的方式管理公司，形成了股东僵局，股东会机制已经失灵。二审法院浙江省高级人民法院认为，量能公司仅有卢某川和王某烨两名股东，两人各占50%股份，只要两名股东发生分歧、意见不合，量能公司就无法根据公司章程规定作出有效决议，影响公司正常运营。且现有事实也表明量能公司的两名股东自公司成立以来多次发生矛盾纠纷乃至诉讼，一直以来未形成有效的股东会决议。在量能公司2019年第一次临时董事会会议上，董事卢某川、王某荷与一名监事离席退场，未对会议议案进行签字表决。可见，量能公司两名股东的矛盾冲突，已导致公司的内部机制无法正常运行，股东会机制失灵，公司经营管理陷入僵局。

在陈某棠、嘉裕德公司公司解散纠纷案〔1〕中，二审法院福建省高级人民法院认为，关于嘉裕德公司的经营管理是否发生严重困难的问题。嘉裕德公司作为有限责任公司，仅有陈某棠和谢某煌两名股东，除该二人外还有一名董事陈某霖，系谢某煌的姐夫。根据一审查明的事实，陈某棠与谢某煌之间长期不和，曾多次就公司的经营管理事宜发生严重冲突乃至报警，两人均向法院提起诉讼，目前共有4个案件在本庭审理过程中，纠纷类型包括公司解散纠纷、公司证照返还纠纷、损害公司利益责任纠纷、变更公司登记纠纷等，公司董事之间、股东之间长期冲突严重，对立不可调和。根据该公司章程，董事会是公司的最高权力机构，由出席董事会的董事一致通过方可决定包括解散公司等在内的公司一切重大事宜，即由董事会直接行使董事会和股东会的双重职能，同时公司的治理结构由股东约定实行严格的一致表决制。据此，董事中只要有一人与另外两人存在意见分歧，就无法形成有效表决，由于嘉裕德公司股东之间的人和性目前已不复存在，嘉裕德公司自2014

---

〔1〕 参见福建省高级人民法院民事判决书，(2017)闽民终58号。

年6月最后一次召开董事会至今长达5年多未再召开董事会,可以认定公司董事会机制已经失灵,属于2014年《公司法解释二》第1条第1款第1项、第2项规定的经营管理严重困难的公司僵局情形。

2. 董事会僵局

董事长期冲突导致董事会陷入僵局,并不必然导致股东解散公司诉权的产生,因为董事之间的冲突往往是可以通过股东会化解的,在很多情况下,董事会的僵局往往与股东的意志有关,尤其在有限责任公司中,由于股东人数较少,很多股东(尤其是一些大股东)本身就是董事会成员〔1〕(如以下案例)。

在海峡农副公司、澳富莱公司公司解散纠纷案〔2〕中,原审法院查明:2013年12月20日,海峡农副公司与基某某设立澳富莱公司,投资总额100万元,海峡农副公司与基某某各认购50万元,各占投资总额的50%。澳富莱公司设董事会为最高权力机构。董事会由3名董事组成,由双方共同委派。董事长一名,由双方共同委派。合营公司的终止、解散须由出席董事会会议的董事一致通过决定。在澳富莱公司中,吕某辉任董事,基某某任董事兼总经理,辛某珠任董事长。2018年3月26日,澳富莱公司召开董事会,就公司解散及清算事由进行决议,吕某辉、辛某珠同意解散公司,基某某不同意解散公司。

对原审查明的事实,海峡农副公司提出异议,认为原审没有确认"澳富莱公司于2014年9月28日已经停止营业"的事实,基某某对海峡农副公司所述的该公司停业之事实予以确认。对原审查明的其他事实,双方均无异议,该院依法予以确认。

二审经审理查明,澳富莱公司于2014年9月28日停止生产,该公司的营业执照等证照和公章由基某某控制,且该司于2017年7月6日、2018年10月17日、2019年7月11日被福建省泉州市工商行政管理局列入经营异常名录,2019年8月27日已因列入经营异常名录届满3年仍未履行相关义务的,被泉州市市场监督管理局列入严重违法企业名单。澳富莱公司因拖

〔1〕参见最高人民法院民事审判第二庭:《最高人民法院关于公司法司法解释(一)、(二)理解与适用》,人民法院出版社2015年版,第121页。

〔2〕参见福建省高级人民法院民事判决书,(2018)闽民终1114号。

欠租金,已经福建省泉港区人民法院(2015)港民初字第3158号民事判决解除租赁合同,生产经营场所已经丧失。法院认为,从本案查明的事实来看,海峡农副公司与基某某之间的矛盾是客观存在的,造成了澳富莱公司经营管理的现实困难,澳富莱公司于2014年9月28日停止生产,该公司的营业执照等证照和公章由基某某控制,2019年8月27日亦因列入经营异常名录届满3年仍未履行相关义务,被泉州市市场监督管理局列入严重违法企业名单。澳富莱公司还因拖欠租金,已经福建省泉州市泉港区人民法院以(2015)港民初字第3158号民事判决解除租赁合同,该公司的生产经营场所已不存在。澳富莱公司虽于2018年3月26日召开董事会,但对于转让股权、公司回购等公司存续的解决方案未形成有效决议。综上,本案属于2014年《公司法解释二》第1条第3项所规定的公司经营管理发生严重困难之情形,海峡农副公司依据2018年《公司法》第182条[1]的规定主张解散澳富莱公司的请求,有事实和法律依据,应予支持。

(二)经营管理发生其他严重困难

从目前我国的审判实践来看,《公司法解释二》第1条第1款第1项、第2项、第3项规定的"公司僵局"情形是人民法院受理股东请求解散公司诉讼的主要理由。这三种僵局情形在实践中相对比较容易确认,我国的理论界和实务界对把这三种公司僵局作为解散公司的理由基本持肯定意见,其他国家的立法和审判也是普遍确认这三种解散公司的理由。[2]

不过,从2023年《公司法》第231条的内容来看,不排除还有其他的情形。我国的学者认为,股东请求解散公司之诉的事由应该包括更大范围,如"经营管理的严重困难,包括两种情况,一是公司权力运行发生严重困难,即所谓的公司僵局。二是公司的业务经营发生严重困难"。[3] 应当注意的是,"业务经营发生严重困难"与公司一般性经营亏损存在区别。《公司法解释二》第1条第2款规定:"股东以知情权、利润分配请求权等权益受到损害,或者公司亏损、财产不足以偿还全部债务,以及公司被吊销企业法人营业执

[1] 相关规定参见2023年《公司法》第231条。

[2] 参见最高人民法院民事审判第二庭:《最高人民法院关于公司法司法解释(一)、(二)理解与适用》,人民法院出版社2015年版,第125页。

[3] 赵旭东主编:《公司法学》(第2版),高等教育出版社2006年版,第501页。

照未进行清算等为由,提起解散公司诉讼的,人民法院不予受理。”境外立法或许能对“业务经营发生严重困难”的进一步解释提供借鉴空间,《韩国商法典》规定:“股份有限公司和有限责任公司股东可以提起解散之诉请求解散判决的情形有二:一是公司业务继续处于显著的停顿状态而产生无法恢复的损害时或者有产生损害可能性时,二是因为公司财产的管理或者处分显著失策,危害公司存立时。”〔1〕以下案例体现了我国法院对“业务经营发生严重困难”的相关观点。

在昆仑能源辽宁公司、昆仑能源鞍山公司公司解散纠纷案〔2〕中,二审法院辽宁省高级人民法院认为,虽然昆仑能源鞍山公司账面显示昆仑能源鞍山公司现存在外欠债务,但昆仑能源辽宁公司与厚德科技公司均未足额履行出资,昆仑能源鞍山公司的现有债务并不能证明昆仑能源鞍山公司严重亏损,无法继续经营。原审法院根据本案证据情况对昆仑能源辽宁公司关于昆仑能源鞍山公司符合解散情形的主张不予支持符合法律规定,并无不当。

在史某忍与金茂公司公司解散纠纷案〔3〕中,二审法院陕西省高级人民法院认为,本案中,金茂公司经营的建材市场被拆迁后,因拆迁补偿协议尚未达成,故公司未开展其他业务,且在工商管理部门办理歇业登记,上述情形系客观原因造成,并非因“公司经营管理发生严重困难”或管理、经营机制出现瘫痪而无法经营。该公司虽持续两年以上未召开股东会,但不具备“公司经营管理发生严重困难”的情形,尚未达到前述解散条件,史某忍也未提交金茂公司应当召开而未召开股东会议的证据证明金茂公司符合上述解散条件。……故金茂公司继续存续不但不会损害股东利益,还有利于维护股东利益。综上所述,史某忍的上诉理由均不能成立,应予驳回。

二、“继续存续会使股东利益受到重大损失”的认定

该条件的认定是预判的、动态的,需要综合多个相关因素予以考量。在审判实务中,人民法院通常会结合公司的内部运行机制状况、人合基础、经

---

〔1〕《韩国商法典》第520条、第613条,参见张玲主编:《韩国商法》,吴日焕译,中国政法大学出版社1999年版。

〔2〕参见辽宁省高级人民法院民事判决书,(2019)辽民终1114号。

〔3〕参见陕西省高级人民法院民事判决书,(2019)陕民终625号。

营状况及导致经营现状的原因、股东未来利益等进行综合考虑。

在陈某棠、嘉裕德公司公司解散纠纷案中，福建省高级人民法院认为，关于嘉裕德公司继续存续是否会使股东利益遭受重大损失的问题。从公司经营状况看，嘉裕德公司的业务虽然没有停滞，但是公司的经营能力和偿债能力显著减弱，股东权益大幅减损，盈利能力明显下降，公司公章由陈某棠控制，公司则由谢某煌指定的独立经理人经营，双方之间相互掣肘，难以实现预期的经营目的。综上，嘉裕德公司不仅丧失了人合基础，权力机制运行困难，业务经营也处于严重困难状态，继续存续将使股东利益遭受严重损失。

在量能公司、卢某川公司解散纠纷案中，浙江省高级人民法院认为，量能公司继续存续会使股东卢嘉川的利益受到重大损失。作为股东，投资设立公司的最终目的是获得收益，股东通过参与公司决策、行使股东权利争取利益的最大化。本案中，量能公司的内部运作机制早已失灵，卢某川虽为量能公司 50% 股份的股东，但由于量能公司长期不召开股东会，卢某川并不能通过行使表决权参与公司决策，其投资设立量能公司的目的无法实现，如果这样的局面继续存续，卢某川的合法权益将进一步遭受重大损失。

在史某忍与金茂公司公司解散纠纷案中，陕西省高级人民法院认为，关于金茂公司继续存续是否会使股东利益受损问题，解散公司诉讼本质系有关公司组织体存续与否的诉讼。金茂公司经营的建材市场遇到政府拆迁，在拆迁补偿协议尚未最终达成的情况下，如果解散金茂公司，势必会直接影响拆迁补偿赔协议的最终达成，利益也可能会受到损害。故金茂公司继续存续不但不会损害股东利益，还有利于维护股东利益。

三、"通过其他途径不能解决"的认定

值得注意的是，股东请求解散公司之诉还存在一个前置性条件，即只有"通过其他途径不能解决"时，符合条件的股东才能向人民法院提起解散公司诉讼，这是与公司永久存续性特征衔接在一起的。公司法的立法本意也在于此，即当公司经营管理发生严重困难，继续存续会使股东利益受到重大损失时，尽可能还是寄希望于公司能够通过公司自治等方式解决股东、董事

之间的僵局状态,而不轻易赋予股东通过司法程序强制解散公司的权利。[1]法院在受理解散公司诉讼案件时,会审查这个条件是否成就。法院认为公司僵局并不必然导致公司解散,司法应审慎介入公司事务,谦抑行使公司解除权,遵循司法的有限介入原则。对“通过其他途径不能解决”这一前置性条件,法院一般会结合实际情况,审查当事人是否可以但未行使知情权、分红请求权、损害公司利益责任纠纷等诉讼方式以及股权退出机制、司法调解等解决问题。但是,各法院对该条件认定所考虑的因素各有不同,为了规避败诉风险,笔者建议当事人应尽可能先通过其他途径解决,并保留相关证据。例如,在陈某棠、嘉裕德公司公司解散纠纷案中,福建省高级人民法院认为,关于替代解决途径的可行性。2014 年《公司法解释二》第 5 条第 1 款规定,法院审理解散公司诉讼案件,应当注重调解。公司僵局并不必然导致公司解散,司法应审慎介入公司事务,谦抑行使公司解除权。然而本案一审、二审期间经过多次调解,双方均无法达成调解协议。嘉裕德公司的持续性僵局已穷尽替代途径而无法化解,如继续维系公司,股东利益将在僵局中逐步消耗,难免产生更大损失。

在量能公司、卢某川公司解散纠纷案中,浙江省台州市中级人民法院认为,其他途径主要是自力救济,即股东之间股权收购、股东对外转让股权、再次召开股东会议讨论解决方案、司法调解等方式。本案在审理过程中,原审法院曾组织双方当事人调解,并提出对量能公司财务账册进行核对、一方收购另一方股权等建议,对此,双方当事人仍未能达成一致意见。据此,原审法院认为,量能公司的股东已穷尽了其他救济途径,仍无法打破公司僵局,符合通过司法程序解散公司的条件。

在郑某、周某煜等 4 人与瑞鑫汽车公司、瓯润琪房地产公司公司解散纠纷案中,新疆维吾尔自治区高级人民法院认为,上诉人的持股比例达 50%,若认为其意见不被采纳进而损害自己的利益,可以采取退出公司等方式维护自己的权益。且根据 2018 年《公司法》第 33 条[2]“股东有权查阅、复制公司章程、股东名册、股东会会议纪录、董事会会议决议、监事会会议决议和

---

〔1〕 参见最高人民法院民事审判第二庭:《最高人民法院关于公司法司法解释(一)、(二)理解与适用》,人民法院出版社 2015 年版,第 124 页。

〔2〕 相关规定参见 2023 年《公司法》第 57 条第 1 款、第 2 款。

财务会计报告。股东可以要求查阅公司会计账簿、会计凭证……公司拒绝提供查阅的,股东可以向人民法院提起诉讼”以及第152条[1]“董事、高级管理人员违反法律、行政法规或者公司章程的规定,损害股东利益的,股东可以向人民法院提起诉讼”的规定上诉人的该主张可以通过法律赋予的提起诉讼的权利予以救济,其据此主张公司应当解散的理由不能成立。

四、结语

公司是市场经济活动的基本主体与主要参加者,是国民经济的细胞,其“出生”和“死亡”都是正常的。公司以营利为目的而被股东设立,从事生产经营活动,但是在由于种种原因无法继续经营时,股东为避免损失有权解散公司、停止经营活动、清理债权债务并终止公司,既实现了股东意思自治,保护了股东、债权人的利益,亦维护了市场经济秩序。强制解散就是其中的一种特殊途径,其在一定范围内解决了打破僵局进而终止公司的困境,对公司的合理运营具有重要意义。

(特约编辑:杨银笛)

〔1〕 相关规定参见2023年《公司法》第190条。

公司股东能否以自己的名义主张清算注销前的遗漏债权

闫维航*

众所周知,公司作为法律上拟制的“人”,注销之后,在一定程度上就像人的“死亡”,即公司注销后就无法再以公司的名义继续从事民事活动。那么,公司注销后的债权债务是否必然消灭呢?从这个角度看,公司的注销与人死亡后的法律效果,又不能完全等同。

2023年修订的《公司法》(以下简称新《公司法》)第239条规定:“公司清算结束后,清算组应当制作清算报告,报股东会或者人民法院确认,并报送公司登记机关,申请注销公司登记。”公司注销是公司主体资格消灭的最后一环,在公司注销之前需要经过公司解散、清算的环节。依据新《公司法》第229条及第231条的规定,公司主要有以下5种解散的情形:(1)公司章程规定的营业期限届满或者公司章程规定的其他解散事由出现(章程规定);(2)股东会或者股东大会决议解散(决议解散);(3)因公司合并或者分立需要解散(合并分立);(4)依法被吊销营业执照、责令关闭或者被撤销(吊销);(5)公司经营管理发生严重困难,继续存续会使股东利益受到重大损失,通过其他途径不能解决的,持有公司全部股东表决权10%以上的股东请求法院解散公司,法院决定予以解散(司法解散)。

公司注销涉及债权债务继受的问题,关于剩余债务承担当前已有明确的法律规定,但遗漏债权如何处理,目前并无统一的法律或司法解释予以规定。

---

* 闫维航:广东联建律师事务所律师,深圳市律师协会第十一届公司法律专业委员会委员。

本文主要讨论的是,公司决议解散并已经办理完毕工商登记注销手续后,遗漏债权如何处理的问题。

一、目前对于公司清算注销后剩余未实现债权如何处理的三种观点

(一)该部分遗漏的债权为无主的或者丧失请求权的财产

《民法典》第59条规定,法人的民事权利能力和民事行为能力,从法人成立时产生,到法人终止时消灭。第68条规定:“有下列原因之一并依法完成清算、注销登记的,法人终止:(一)法人解散;(二)法人被宣告破产;(三)法律规定的其他原因。法人终止,法律、行政法规规定须经有关机关批准的,依照其规定。”

依照上述规定,公司依法清算并注销,法人资格消灭。有观点认为,公司法人资格消失,即意味着其一切权利义务不复存在。即便尚有遗漏的债权,已注销的公司也不再有资格以自己的名义进行追偿。该观点主张,虽然依据新《公司法》第236条的规定,公司在清算后的剩余财产,有限责任公司按照股东的出资比例分配,股份有限公司按照股东持有的股份比例分配。但是由于债权具有相对性,遗漏的债权并非发生于注销公司股东与债务人之间,现行法律也并未明确规定股东可以代替注销公司作为债权人向债务人主张权利。因此,公司清算并注销后,遗漏债权应为无主的或者丧失请求权的财产。依照该观点,公司遗留债权的债务人便毫无根据地获得了原属于公司的财产,这样的结果显然有违公平正义,也不符合市场道德。

(二)公司在注销过程中已向行政机关声明债权债务已经清理完毕,即应当视为公司作出了放弃债权的意思表示

在笔者曾代理的案件中,有法官持类似观点。具体案件情况如下。

2017年,深圳L公司与蒋某、吴某、秦某签署2年的公司承包协议,约定蒋某、吴某、秦某承包L公司的全部经营事务,自负盈亏,三人按月向L公司支付承包费用。蒋某、吴某、秦某在承包数月后,由于经营不善,L公司亏损巨大。蒋某、吴某、秦某向L公司提出解约申请,之后便杳无音讯。2020年,L公司的关联集团公司,因战略调整,便注销了L公司。2021年在清理L公司的账目时,发现尚有遗漏对蒋某、吴某、秦某的债权未清收。2022年L公

司的股东张某甲和张某乙便以自己的名义向法院提起诉讼。一审法院经审理后认为，两原告在注销公司时已申明债权债务清理完毕，故两原告的全部诉讼请求无事实与法律依据，予以驳回。

但是广东省高级人民法院对此持相反观点。广东省高级人民法院在中兴公司诉王某峰等买卖合同纠纷案〔1〕中认为，公司在清算报告和公司注销申请书中关于债权债务已经清理完毕的记载只是公司办理注销时履行的手续，并非公司放弃涉案债权的意思表示。公司虽已被注销，但对债务人所享有的涉案债权作为一项基本民事权利并不因此消灭。

（三）公司注销后原股东可以直接向债务人主张公司清算遗漏债权

该观点认为，公司是由股东出资设立的，股东通过支付对价获得公司股权，虽然在法律上公司与股东是独立的主体，但新《公司法》第236条规定的股东获得清算后的公司剩余财产应当理解为权利承继。因此，公司注销登记后，遗漏债权的权利主体是公司的全体股东。公司原股东可以根据权利继受原则主张其作为一般债权人的权利。况且，依据新《公司法》第236条第2款、最高人民法院《关于适用〈中华人民共和国公司法〉若干问题的规定（二）》第20条的规定，公司注销后，如尚有未处理或遗漏的债务，股东仍应对外承担清偿责任。根据权利义务对等原则，公司对债务清理完毕后注销登记，如仍有未分配、未处理的财产或遗漏的债权，股东亦可以作为权利主体，以自己的名义提起诉讼，取得公司清算中遗漏的债权或财产权益。

最高人民法院也认可该观点。在中国华冶科工集团有限公司、营口雅威房地产开发有限公司建设工程施工合同纠纷案〔2〕中，最高人民法院认为，根据2018年《公司法》第4条、第186条〔3〕规定，股东享有公司剩余财产分配权，是公司注销之后权利义务的法定继受主体。2017年7月31日，工商行政管理机关核准注销辽宁华冶公司，华冶集团系辽宁华冶公司的唯一股东，依法继受辽宁华冶公司对外的债权债务。一审法院认定华冶集团作为本案建设工程施工合同的总承包人行使合同权利，有事实根据和法律依据，予以维持。

〔1〕 参见广东省高级人民法院民事裁定书，(2017)粤民申4890号。

〔2〕 参见最高人民法院民事判决书，(2019)最高法民终612号。

〔3〕 相关规定分别参见新《公司法》第4条第2款、第236条。

上海市高级人民法院同样是该观点的支持者。根据上海市高级人民法院《关于印发〈关于公司被依法注销后其享有的财产权益应如何处理的若干问题的解答〉的通知》的规定,股东在公司注销后,发现公司对外尚有债权或其他财产权益的,可以以自己的名义依法提起诉讼,主张权利。

二、本文观点及理由

笔者赞同第三种观点。商事登记仅是一种权利外观,不能直接等同于权利本身。例如,"股权代持"情况大量存在,公司登记的股东并非公司实际权利人,法院在认定实际权利人时,往往会结合隐名股东与代持人的协议等文件进行综合认定,最终认定隐名股东为实际权利人的情况也比比皆是。再如,不动产的登记状态亦不能等同于权利本身,实践中存在大量由于政策等原因"代持"的情况,法院在认定实际权利人时,亦会进行调查,而非直接依据不动产登记径行认定。

公司办理注销时,清算报告是必备的文件,且报告必须记载债权债务为零,否则无法通过注销的审批流程。但以此推断公司或股东放弃债权显然依据不足,清算报告仅是对公司状态的描述,没有向公司债务相对方作出放弃债权的意思表示。实践中,部分公司为了达到公司注销的目的,往往会在形式上满足前述要求,但实质上并未完成债权债务的清理。依照法律规定,公司注销后,股东尚未进行出资或出资有瑕疵尚且需要承担对公司债务的补充清偿责任。那么,股东作为公司的所有者,依法享有公司剩余财产分配权,在股东未明确作出放弃对公司财产(债权)意思表示的情况下,亦应视为股东仍享有继受公司遗漏债权的权利,才更符合权利义务相对等的原则。

综上所述,笔者认为,公司注销后有遗漏债权的,股东有权以自己的名义向债务人主张权利,并有权享有该债权。

(特约编辑:李中亮)

地方国有企业清算注销程序实务操作指引

——以深圳市某国有企业清算注销项目为范例

粟　丽*

国有企业是国民经济的支柱，控制着国民经济的重要命脉。为此，国有企业面临清算注销时，与非国有企业相比，因发生国有产权变动，不仅需遵守2023年《公司法》的规定，还需符合国资监管的特殊要求，履行国资审批程序，确保国有企业合法有效退出市场，防止国有资产流失，维护国有资产安全，保障社会经济稳定运行。

近年来，深圳市以管资本为主，不断完善国资监管，制定和修订产权变动监管办法、资产评估管理办法、投资管理暂行规定等国资监管制度，构建有效有为的国资监管运营体系。在此背景下，笔者以承办过的深圳市某国有企业清算注销项目为范例，总结项目过程中的办案经验，系统梳理相关法律规范、国资监管规定，为地方国有企业清算注销程序提供可供参考的实务操作指引。

一、深圳市某国有企业清算注销项目背景

深圳市某国有企业A公司成立于2000年7月3日，注册资本3500万元，企业类型为有限责任公司，系国有企业，属于深圳市国资委直管企业的所属企业，对外拥有一家全资子公司，正处于破产清算阶段。2021年9月13日，A公司股东作出股东会决议，同意解散公司，并进行清算，同时成立清算组，清算组由两个法人股东组成，并确定清算组成员，由清算组在清算期间

* 粟丽：上海市锦天城（深圳）律师事务所律师，深圳市律师协会第十一届公司法律专业委员会委员。

依照《公司法》规定开展清算工作，后续形成清算报告后提交股东会审议。通过审查A公司提供的财务报表及相关证件可知，A公司所持有的重大资产为地处河北省廊坊市的两块土地及一套房产，此外A公司不存在其他待处置的重大资产。

鉴于A公司系深圳市国资委直管企业，A公司拟自行清算并完成注销，属于国有产权变动事项，在清算过程中需重点关注的问题：其一，作为有限责任公司清算注销，根据《公司法》等相关规定应当履行的流程性规定；其二，作为国有企业，发生国有产权变动应当履行的审批程序；其三，作为国有企业，处置国有资产应当遵循的法定方式。此外，A公司对外拥有一家全资子公司，正处于破产清算程序，还需重点关注A公司在其子公司之前完成清算注销是否存在法律障碍。

二、国有企业清算注销程序的规范分析

公司解散、清算、注销是一套连贯的法律程序，缺一不可。公司具备解散条件后，需要进行清算，包括自行清算和强制清算，清算完毕后方能办理公司注销程序，最终完成公司注销。由于国有企业的特殊性质，国有企业在清算注销之前，还需报市政府、国资委或上级直管企业决定或批准，且国有资产的处置也应当根据国资委的要求按照法定方式予以处置。

（一）企业清算程序

1. 自行清算的适用条件

2023年《公司法》第232条第1款、第2款规定："公司因本法第二百二十九条第一款第一项、第二项、第四项、第五项规定而解散的，应当清算。董事为公司清算义务人，应当在解散事由出现之日起十五日内组成清算组进行清算。清算组由董事组成，但是公司章程另有规定或者股东会决议另选他人的除外。"

2. 强制清算的适用条件

2023年《公司法》第233条规定："公司依照前条第一款的规定应当清算，逾期不成立清算组进行清算或者成立清算组后不清算的，利害关系人可以申请人民法院指定有关人员组成清算组进行清算。人民法院应当受理该申请，并及时组织清算组进行清算。公司因本法第二百二十九条第一

款第四项的规定而解散的，作出吊销营业执照、责令关闭或者撤销决定的部门或者公司登记机关，可以申请人民法院指定有关人员组成清算组进行清算。”

（二）企业注销程序

根据《公司法》，《中华人民共和国市场主体登记管理条例》，市场监管总局、国家税务总局《关于进一步完善简易注销登记便捷中小微企业市场退出的通知》，《深圳经济特区商事登记若干规定》的规定，公司注销分为两种程序，分别为一般注销程序和简易注销程序，两种注销程序的比较如下。

1. 一般注销的流程

（1）召集股东会会议，起草、制定公司解散、清算的股东会会议决议。

（2）成立清算组，并向当地市场监督管理部门办理清算组成员备案，需提交的材料包括《公司登记备案申请表》、联络员信息表、指定代表或者共同委托代理人的授权委托书（身份证原件）、股东会决议、营业执照副本复印件、公章。

（3）全面清收各项债权，通知、公告债权人申报债权。

（4）接受债权人申报债权，与公司财务人员及聘请的社会中介机构专业人员配合，核对、确认债权人申报的债权。

（5）清理公司财产，对公司财产全面盘点、核实债权债务、委托具备相关资质的机构对公司财务状况进行审计、对财产情况进行评估，编制资产负债表和财产清单，制定清算方案，报公司股东会确认。

（6）分配清算财产。

（7）制作清算报告，报公司股东会确认。

（8）进行税务审计，进行汇算清缴（一般要求提供清税证明）。

（9）注销税务登记证、银行开户许可证和银行账户，向公司登记机关报送清算报告，办理工商登记注销。

2. 简易注销的流程

（1）将债权债务清算完结。

（2）财务审计、资产评估、资产处置。

（3）税务审计，进行汇算清缴，取得清税证明，并办理税务注销。

（4）签署《全体投资人承诺书》，并在国家企业信用信息公示系统《简易注销公告》专栏向社会公告拟申请简易注销登记及全体投资人承诺。

(5)公告期为20天,公告期满后30日内向工商部门提交简易注销申请。

一般注销程序复杂,耗时较长;与一般注销程序相比,简易注销程序简化,申请材料简化,公告期更短,登记机关审查更快,总体耗时较短。但是适用简易程序必须满足法定要件,具体如下:公司未发生债权债务或者已将债权债务清偿完结,未发生或者已结清清偿费用、职工工资、社会保险费用、法定补偿金、应缴纳税款(滞纳金、罚款),并由全体投资人书面承诺对上述情况的真实性承担法律责任的,可以按照简易程序办理注销登记。

然而,公司有下列情形之一的,不适用简易注销程序:(1)法律、行政法规或者国务院决定规定在注销登记前须经批准的;(2)被吊销营业执照、责令关闭、撤销;(3)在经营异常名录或者市场监督管理机关严重违法失信名单中;(4)存在股权(财产份额)被冻结、出质或者动产抵押,或者对其他企业存在投资;(5)尚持有股权、股票等权益性投资、债权性投资或土地使用权、房产等资产的;(6)未依法办理所得税清算申报或有清算所得未缴纳所得税的;(7)正在被立案调查或者采取行政强制,正在诉讼或仲裁程序中;(8)受到罚款等行政处罚尚未执行完毕;(9)不适用简易注销登记的其他情形。

因此,在选择注销程序时,如符合简易注销适用条件,建议优先适用简易程序完成注销。

(三)国有企业解散的审批程序

国有企业解散的审批程序,主要有以下法律法规规定。

1.《企业国有资产法》

《企业国有资产法》要求国有独资企业、国有独资公司、国有资本控股公司的解散,履行出资人职责的机构在作出决定或者向其委派参加国有资本控股公司股东会会议、股东大会会议的股东代表作出指示前,应当报请本级人民政府批准。国有参股公司发生解散的重大事项时,由履行出资人职责的机构委派的股东发表意见、行使表决权,并将其履行职责的情况和结果及时报告委派机构。[1]

2.《企业国有资产监督管理暂行条例》

国有资产监督管理机构依照法定程序决定其所出资企业中的国有独资企业、国有独资公司的解散等重大事项。其中,重要的国有独资企业、国有独资公司解散的,应当由国有资产监督管理机构审核后,报本级人民政府批准。

国有控股的公司、国有参股的公司的股东会、董事会决定公司的解散等重大事项时,国有资产监督管理机构派出的股东代表、董事,应当按照国有资产监督管理机构的指示发表意见、行使表决权。国有资产监督管理机构派出的股东代表、董事,应当将其履行职责的有关情况及时向国有资产监督管理机构报告。[2]

3.《深圳市属企业国有产权变动监管办法》

深圳市国资委制定的《深圳市属企业国有产权变动监管办法》详尽地规定了国有产权决定或批准主体以及应当向产权变动批准机构报送的资料。具体操作流程如下。

---

〔1〕《企业国有资产法》第33条规定:"国有资本控股公司、国有资本参股公司有本法第三十条所列事项的,依照法律、行政法规以及公司章程的规定,由公司股东会、股东大会或者董事会决定。由股东会、股东大会决定的,履行出资人职责的机构委派的股东代表应当依照本法第十三条的规定行使权利。"第34条规定:"重要的国有独资企业、国有独资公司、国有资本控股公司的合并、分立、解散、申请破产以及法律、行政法规和本级人民政府规定应当由履行出资人职责的机构报经本级人民政府批准的重大事项,履行出资人职责的机构在作出决定或者向其委派参加国有资本控股公司股东会会议、股东大会会议的股东代表作出指示前,应当报请本级人民政府批准。本法所称的重要的国有独资企业、国有独资公司和国有资本控股公司,按照国务院的规定确定。"

〔2〕《企业国有资产监督管理暂行条例》(2019修订)第21条规定:"国有资产监督管理机构依照法定程序决定其所出资企业中的国有独资企业、国有独资公司的分立、合并、破产、解散、增减资本、发行公司债券等重大事项。其中,重要的国有独资企业、国有独资公司分立、合并、破产、解散的,应当由国有资产监督管理机构审核后,报本级人民政府批准。国有资产监督管理机构依照法定程序审核、决定国防科技工业领域其所出资企业中的国有独资企业、国有独资公司的有关重大事项时,按照国家有关法律、规定执行。"第22条规定:"国有资产监督管理机构依照公司法的规定,派出股东代表、董事,参加国有控股的公司、国有参股的公司的股东会、董事会。国有控股的公司、国有参股的公司的股东会、董事会决定公司的分立、合并、破产、解散、增减资本、发行公司债券、任免企业负责人等重大事项时,国有资产监督管理机构派出的股东代表、董事,应当按照国有资产监督管理机构的指示发表意见、行使表决权。国有资产监督管理机构派出的股东代表、董事,应当将其履行职责的有关情况及时向国有资产监督管理机构报告。"

第一，决定或批准主体。市国资委直接持有的国有产权变动，由市国资委决定。其中，涉及直管企业控股权发生重大变化的，应当报请深圳市人民政府批准。直管企业及其所属企业所持有的国有产权变动，由直管企业决定或批准；涉及保障城市运行和民生福利的国计民生等关键领域的控股权变动、具有重要战略意义或承担重大专项任务的企业国有产权变动事项，应当由直管企业审议后报市国资委批准。

第二，向产权变动批准机构报送的资料。具体包括：产权变动申请报告，报告内容应当包括对产权变动方案论证、职工安置、法律分析等工作情况的说明；企业国有产权变动方案；产权单位对企业国有产权变动的有关决议文件；产权归属的证明文件（如工商登记资料、出资证明书或股东名册等）；产权变动企业最近年度财务审计报告、近期会计报告；市国资委派出的财务总监的审核意见；批准机构要求的其他文件。

第三，变更登记和档案管理。企业国有产权交易程序完成后，产权单位应当按照有关规定及时办理相关企业国有产权变更、注销登记手续。产权单位、产权交易机构和产权变动批准机构应当建立企业国有产权变动专项档案，建立文件收集、使用、查询管理办法，加强档案管理。根据有关法律、法规的规定，产权单位要负责指导和协调产权变动企业的档案管理和移交工作，特别要做好财务、产权、法律、人事等重要文件档案的备份和交接工作，避免档案遗失和损毁。国有企业产权变动中形成的档案，由形成单位承办部门立卷归档后，向本单位或有关档案部门移交。

第四，企业国有产权变动监管。产权单位开展国有产权变动相关工作时，应当同步将有关数据信息录入“深圳市属企业国有产权监管信息系统”（以下简称产权监管系统）。各直管企业应建立相应的工作机制，保证产权监管系统中所属企业相关数据信息的及时性、完整性和准确性。

（四）国有企业资产处置

《企业国有资产交易监督管理办法》第48条规定：“企业一定金额以上的生产设备、房产、在建工程以及土地使用权、债权、知识产权等资产对外转让，应当按照企业内部管理制度履行相应决策程序后，在产权交易机构公开进行。涉及国家出资企业内部或特定行业的资产转让，确需在国有及国有控股、国有实际控制企业之间非公开转让的，由转让方逐级报国家出资企业审核批准。”

《深圳市属企业国有产权变动监管办法》第46条规定:“属于下列情形之一的,经直管企业审议决策,可以免予公开挂牌征集,采取协议方式进行交易:(一)因实施内部重组整合,国有产权在直管企业内部全资及控股企业之间进行转让的;(二)直管企业直接或指定其全资及控股的其他子企业参与增资的;(三)技术类无形资产经直管企业批准可以采取协议方式转让,但转让信息应通过产权交易机构或其他专业化交易平台等途径公开发布,选择的受让方应有利于促进技术转化。”

《深圳市属企业国有产权变动工作指引》第5条第1款规定:“深圳联合产权交易所股份有限公司(以下简称深圳联合产权交易所)是市国资委选定的国有产权交易机构,市属企业国有产权公开交易应当通过深圳联合产权交易所进行。标的企业注册地或其重大资产所在地在深圳市外的,公开交易时应当通过国有产权交易机构同时在深圳和标的产权所在地进行公告,公开披露相关信息,广泛征集受让方。”

根据前述规定,企业在清算注销时,对其持有的重大资产应当在产权交易机构公开进行交易,并且应当履行资产评估手续;如符合非公开协议转让的条件的,由国有企业逐级报国家出资企业审核批准,可以采取协议方式进行交易。

三、地方国有企业清算注销程序的实操重难点

(一)明确国有企业解散拟执行的审批程序

根据《企业国有资产法》的规定,国有独资企业、国有控股企业发生解散等重大事项的变动,需履行国资监管程序,而国有参股企业,无须履行前述程序。基于国有企业所属层级不同,需履行的审批程序也有所差异。

以深圳市属国有企业为例。深圳市国资委直接履行出资人职责的国有及国有控股企业为深圳市国资委的直管企业。如直管企业发生国有产权变动,由深圳市国资委决定;如发生控股权变化,应当报深圳市人民政府批准。直管企业所属全资及控股企业发生国有产权变动,由直管企业决定或批准。

直管企业所属全资及控股企业应当理解为,包括直管企业所有下属全资及控股企业。本文中的A公司,共有两名股东,B公司持有51%的股权、C

公司持有49%的股权,B公司是深圳市国资委直管企业的全资子公司,因此,A公司是直管企业下属的二级控股企业,属于直管企业所属企业,应当由直管企业批准A公司的解散事宜。

(二)遵循国有资产处置的法定方式

企业在清算注销时,如尚拥有不动产、无形资产等重大资产需处置,则应当按照企业内部管理制度履行相应决策程序后,在产权交易机构公开进行,并且应当履行资产评估手续;如符合非公开协议转让的条件的,可以免予公开挂牌征集,采取协议方式进行交易,由国有企业逐级报国家出资企业审核批准即可。

A公司拥有两块土地和一处房产须处置,构成国有企业重大资产处置,A公司的重大资产处置,需履行内部决策程序,制作国有产权变动方案并经公司内部审议形成书面决议,逐级向直管企业申请并经批准。同时,根据《深圳市属国有企业资产评估管理办法》的规定办理资产评估项目核准或备案手续,在深圳市联合产权交易所公开挂牌征集意向受让方,实现交易。

(三)A公司清算注销过程中面临的其他问题

因A公司拥有的全资子公司正处于破产清算阶段。经询问子公司破产清算案件的破产管理人可知,子公司破产清算程序无法于近期内完成并办理注销登记,破产清算案件具体终结时间尚不确定,而A公司又急于完成清算注销手续。即使子公司正处在破产清算程序,无法在短期内终结,一般而言并不影响A公司自行清算并履行注销程序。子公司具有独立法人地位,拥有自己独立的名称、章程和组织机构,对外以自己的名义进行活动,在经营过程中发生的债权债务由自己独立承担。A公司仅以其在子公司的出资额为限对子公司债务承担责任。A公司已经履行完毕其在子公司的实缴出资义务,作为具有独立法人地位的主体,决定自行解散并注销公司并不受子公司状况的影响。

结合笔者办案经验,笔者认为,A公司虽尚未处置其在子公司的股权,但因A公司已经完成对子公司的实缴出资义务且子公司正处于破产清算程序,不会影响其后续的经营情况,A公司可以在子公司之前办理注销登记手续;同时,根据市场监管总局、海关总署、税务总局发布的《企业注销指引(2023年修订)》的规定:"五、特殊情况办理指引(六)存在股东(出资人)已注销、死亡问题。因股东(出资人)已注销却未清理对外投资,导致被投资主体无法注销的,其股东(出资人)有上级主管单位的,由已注销主体的上级主管单位依规定办理相关注销手续;已注销企业有合法继受主体的,可由继受主体依有关规定申请办理;已注销企业无合法继受主体的,由已注销企业注销时登记在册的股东(出资人)申请办理。因自然人股东死亡,导致其出资的企业难以办理注销登记的,可以由其有权继承人代位办理注销。有权继承人需提交身份证明和有关继承证明材料。”如 A 公司已经完成注销,后续子公司如需 A 公司配合办理相关注销手续,可由 A 公司的上级主管单位依规定办理。

四、结语

国有企业拟退出市场实现清算注销,应当事先履行国资监管规定的审批要求,经法定批准或决定机关批准后,方能启动清算注销程序。清算过程中,国有企业需完成清产核资,对重大资产的处置,应当根据国资监管的要求,履行资产评估手续,在产权交易机构公开挂牌交易或者通过非公开协议方式实现交易。完成清算程序后,国有企业进入实现退出的注销环节。基于简易注销的便捷性,在满足简易注销的条件时,优先适用简易注销程序,以实现短时间内完成退出目的。

(特约编辑:李中亮)

有限责任公司破产清算义务人的确定及其法律责任

张　燕*

一、清算义务人的概念

所谓清算义务人，是指基于其与公司之间存在的特定法律关系，在公司解散时，依照一定程序了结法人事务，清收债权、清偿债务，分配剩余财产，并在公司未及时清算给相关权利人造成损害时，依法承担相应责任的民事主体。

二、股东是否为有限责任公司的清算义务人

1994 年 7 月 1 日起施行的《公司法》第 191 条规定，“有限责任公司的清算组由股东组成”此后的多次修改过程中，一直延续此表述，未明确使用清算义务人这一概念，关于股东是否为有限责任公司的清算义务人，一直以来都存在较大争议。对于股东未及时组成清算组对有限责任公司进行清算的问题，最高人民法院《关于适用〈中华人民共和国公司法〉若干问题的规定（二）》（以下简称《公司法解释二》）第 18 条规定：“有限责任公司的股东、股份有限公司的董事和控股股东未在法定期限内成立清算组开始清算，导致公司财产贬值、流失、毁损或者灭失，债权人主张其在造成损失范围内对公司债务承担赔偿责任的，人民法院应依法予以支持。有限责任公司的股东、股份有限公司的董事和控股股东因怠于履行义务，导致公司主要财产、账

---

* 张燕：广东广和律师事务所合伙人、律师，深圳市律师协会第十一届公司法律专业委员会委员。

册、重要文件等灭失,无法进行清算,债权人主张其对公司债务承担连带清偿责任的,人民法院应依法予以支持。上述情形系实际控制人原因造成,债权人主张实际控制人对公司债务承担相应民事责任的,人民法院应依法予以支持。”

清算义务人这一概念首次出现在2009年6月12日施行的最高人民法院《关于正确审理企业破产案件为维护市场经济秩序提供司法保障若干问题的意见》第16条中。2009年11月4日最高人民法院发布的《关于审理公司强制清算案件工作座谈会纪要》(以下简称《强清工作纪要》)第29条再次强调,有限责任公司股东、股份有限公司董事、实际控制人等为破产企业的清算义务人。

清算义务人的概念第一次正式写入法律条文则是2017年10月1日施行的《民法总则》(已失效),在第70条第2款中规定,“法人的董事、理事等执行机构或者决策机构的成员为清算义务人”。《民法典》第70条延续了原《民法总则》的相关表述,具体内容也未作实质性变更。

虽然原《民法总则》和《民法典》均规定法人董事、理事等执行机构或者决策机构的成员为清算义务人,但因1994年及其后历次修正的《公司法》(以下简称原《公司法》)、《公司法解释二》均未明确清算义务人,也未明确有限责任公司董事为清算义务人,司法实践中,仍然依据原《公司法》、《公司法解释二》,以及最高人民法院的相关规定确认股东为有限责任公司的清算义务人,且股东不履行清算义务需承担相应责任。

有限责任公司的清算义务人正式纳入《公司法》是在2023年修订的《公司法》(以下简称新《公司法》),且明确董事为公司清算义务人。新《公司法》第232条第1款规定:“……董事为公司清算义务人,应当在解散事由出现之日起十五日内组成清算组进行清算。”

至此,有限责任公司的清算义务人明确为公司董事,股东不再是法定的清算义务人。

三、股东是否为有限责任公司破产清算程序中的清算义务人

清算分为自行清算、强制清算及破产清算,不同程序下清算义务人、清算程序不同,责任也不同。长期以来,基于原《公司法》、《公司法解释二》关于有限责任公司清算组成员及股东清算责任的上述规定,司法实践均认为,

在破产清算程序中，股东是有限责任公司当然的清算义务人。如广东省高级人民法院 2019 年发布的《关于审理企业破产案件若干问题的指引》第 11 条规定，企业法人已解散但未成立清算组清算，资产不足以清偿全部债务的，有限责任公司的股东和股份有限公司的董事、控股股东、实际控制人可以向人民法院申请破产清算。最高人民法院《关于正确审理企业破产案件为维护市场经济秩序提供司法保障若干问题的意见》第 16 条也明确规定，在破产清算过程中，因债务人人员下落不明或财产状况不清，管理人未能接管到破产企业财务账册等资料，影响清算顺利进行的，法院就现有财产对已知债权进行公平清偿并裁定终结清算程序后，应当告知债权人可以另行提起诉讼要求有责任的有限责任公司股东、股份有限公司董事、控股股东，以及实际控制人等清算义务人对债务人的债务承担清偿责任。《强清工作纪要》第 29 条规定，“债权人申请强制清算，人民法院以无法清算或者无法全面清算为由裁定终结强制清算程序的，应当在终结裁定中载明，债权人可以另行依据公司法司法解释二第十八条的规定，要求被申请人的股东、董事、实际控制人等清算义务人对其债务承担偿还责任。股东申请强制清算，人民法院以无法清算或者无法全面清算为由作出终结强制清算程序的，应当在终结裁定中载明，股东可以向控股股东等实际控制公司的主体主张有关权利”。因此，在长期以来的司法实践中，即使在破产清算程序终结后，许多法院仍然按照公司法及其司法解释的上述规定，因有限责任公司股东怠于履行清算义务导致破产企业无法清算的，裁判有限责任公司股东对有限责任公司的债务承担赔偿或清偿责任。该现象直到 2019 年《全国法院民商事审判工作会议纪要》（以下简称《九民纪要》）的出台，才发生改变。

《九民纪要》第 118 条规定，法院在适用最高人民法院《关于债权人对人员下落不明或者财产状况不清的债务人申请破产清算案件如何处理的批复》（以下简称《特殊债务人申请破产的批复》）第 3 款的规定，判定债务人相关人员承担责任时，应当依照《企业破产法》的相关规定来确定相关主体的义务内容和责任范围，不得根据《公司法解释二》第 18 条第 2 款的规定来判定相关主体的责任。上述批复第 3 款规定的“债务人的有关人员不履行法定义务”，系指债务人的法定代表人、财务管理人员和其他经营管理人员。

除《九民纪要》第 118 条的规定外，《民法典》第 70 条第 2 款规定，“法人的董事、理事等执行机构或者决策机构的成员为清算义务人”。第 3 款规定，

“清算义务人未及时履行清算义务,造成损害的,应当承担民事责任”。从《民法典》的上述规定可以看出,《民法典》也未将股东列为清算义务人。

有限责任公司在破产清算程序中的清算义务人并未包括股东,而是指公司法定代表人、财务管理人员和其他经营管理人员。股东要作为清算义务人,必须是符合担任上述经营管理职务的人员,单纯的股东并未规定为有限责任公司的清算义务人。新《公司法》颁布前,对于股东是否为破产清算程序中的清算义务人,是否承担相应清算不能的赔偿责任,存在不同的观点。新《公司法》施行后,将清算义务人明确为公司董事,且明确董事作为清算义务人,不及时履行清算义务,造成损害的,应当承担民事责任。新《公司法》第232条的规定与《九民纪要》第118条和《民法典》第70条的规定相一致,此后,股东不再对破产企业负有清算义务,除非该股东同时担任破产企业的董事。

四、股东是否为有限责任公司破产清算义务人的司法认定

(一)裁判观点总结

针对股东是否为有限责任公司的破产清算义务人,笔者收集了新《公司法》施行前的各地法院典型裁判观点,总结来看,存在以下裁判观点。

部分法院认为,法定代表人、法院在破产清算过程中指定的财务人员及其他管理人员才是破产清算义务人,单纯的股东、监事并非破产清算义务人;如果股东同时担任公司董事、总经理、监事等管理职务或有证据证明股东保管财务账册,股东才是清算义务人和赔偿责任人。

部分法院认为,股东是实际控制人或权益实际享受人,也是破产清算义务人;对于不担任股东的监事,各地法院几乎统一认为不属于破产清算义务人。

还有部分法院认为,要求法定代表人、股东等承担责任,需要管理人证明破产债务人的资产不足以清偿债务系因股东、法定代表人等不履行配合破产清算义务所致或者股东同时担任公司董事、总经理等管理职务。部分法院,适用推定责任,只要管理人履行了通知义务,由于股东、法定代表人等个人原因下落不明、财务账册保管不善无法移交等,就推定因无法查清破产债务人的财产状况而承担赔偿责任。

各地法院基本都认为,追究破产清算义务人责任只能在破产清算终结前,由管理人进行追讨,管理人未提起相关诉讼的,个别债权人才可以提起,而且必须代表全体债权人提起,将因此获得的赔偿归入债务人财产,而不能直接归于个别债权人。

(二)相关案例分析

结合笔者收集到的上述各地法院案例,具体分析如下:

1. 认为股东、监事不是清算义务人,法定代表人、财务人员及其他管理人员才是清算义务人的判决及主要观点

深圳市中级人民法院在(2021)粤03民初1067号民事判决中认为:根据《特殊债务人申请破产的批复》第3款的规定,债务人的有关人员不履行法定义务,法院可以依据有关法律规定追究其相应法律责任;其行为导致无法清算或造成损失,有关权利人起诉请求其承担相应民事责任的,法院应依法予以支持。根据《九民纪要》第118条的规定,上述批复第3款所述之"其行为导致无法清算或者造成损失",系指债务人的有关人员不配合清算的行为导致债务人财产状况不明,或者依法负有清算责任的人未依照《企业破产法》第7条第3款的规定及时履行破产申请义务,导致债务人主要财产、账册、重要文件等灭失,致使管理人无法执行清算职务,给债权人利益造成损害。其中,所谓"债务人有关人员"系指《企业破产法》第15条第2款规定的"企业的法定代表人;经人民法院决定,可以包括企业的财务管理人员和其他经营管理人员""不配合清算的行为"系指不履行《企业破产法》第15条第1款规定的"妥善保管其占有和管理的财产、印章和账簿、文书等资料"等义务。

深圳市中级人民法院在(2020)粤03民初4131号民事判决中认为:根据《企业破产法》第15条之规定,配合清算的人员应为债务人的有关人员,即企业的法定代表人;经人民法院决定,可以包括企业的财务管理人员和其他经营人员。

持上述观点的还有(2020)京0107民初8978号、(2021)京01民终939号、(2021)京03民终10005号、(2021)京02民终8930号、(2020)浙03民初528号、(2021)浙1082民初932号、(2020)苏0213民初10792号、(2020)渝0116民初11601号判决,前述判决的裁判主旨也几乎都持以下

观点。

《特殊债务人申请破产的批复》第2款规定的“债务人的有关人员不履行法定义务”，系指债务人的法定代表人、财务管理人员和其他经营管理人员不履行《企业破产法》第15条规定的配合清算义务；“其行为导致无法清算或造成损失”，系指债务人的有关人员不配合清算的行为导致债务人财产状况不明，或者依法负有清算责任的人未依照《企业破产法》第7条第3款的规定及时履行破产申请义务，导致债务人主要财产、账册、重要文件等灭失，致使管理人无法执行清算职务，给债权人利益造成损害；“有关权利人起诉请求其承担相应民事责任”，系指管理人请求上述主体承担相应损害赔偿责任并将因此获得的赔偿归入债务人财产。管理人未主张上述赔偿，个别债权人可以代表全体债权人提起上述诉讼。债务人股东要同时担任经营管理人员或者财务人员，或有证据证明其保管财务资料，有移送、配合的义务，才能认定为依法负有相应破产清算义务的人。

2. 认为担任管理职务的股东是清算义务人的判决及主要观点

上海市第二中级人民法院在(2021)沪0117民初3415号民事判决中认为：两被告作为沭湖公司股东及执行董事和监事，依法负有清算义务和配合破产清算的义务，理应妥善保管沭湖公司财产、印鉴及相关财务资料，并移交管理人。然两被告未履行上述义务，致使管理人未接管到沭湖公司的任何财产及财务资料，沭湖公司难以继续清算，两被告应承担相应的赔偿责任。两被告未履行配合清算义务，导致沭湖公司的财产状况不明，而沭湖公司的注册资本为100万元，现主要财产、账册等资料均下落不明，两被告的不作为与沭湖公司不能清偿外债之间存在因果关系，应对不能清偿的债务承担赔偿责任。

广东省佛山市南海区人民法院在(2020)粤0605民初29886号民事判决中认为：《企业破产法》第15条规定：“自人民法院受理破产申请的裁定送达债务人之日起至破产程序终结之日，债务人的有关人员承担下列义务：(一)妥善保管其占有和管理的财产、印章和账簿、文书等资料；(二)根据人民法院、管理人的要求进行工作，并如实回答询问……前款所称有关人员，是指企业的法定代表人；经人民法院决定，可以包括企业的财务管理人员和其他经营管理人员。”最高人民法院《特殊债务人申请破产的批复》第3款规定：“债务人的有关人员不履行法定义务，人民法院可依据有关法律规定追究其相应法律责任；其行为导致无法清算或造成损失，有关权利人起诉请求其承担相应民事责任的，人民法院应依法予以支持。”根据上述规定，承担相应民事责任的有关人员是指企业的法定代表人、财务管理人员和其他经营管理人员，本案中，叶某、廖某芬是宏彪公司的股东，叶某任经理、执行董事，廖某芬任监事，在叶某、廖某芬没有举证证明其并没有参与宏彪公司经营管理的情况下，若存在上述规定所称有关人员不配合清算的行为导致宏彪公司财产状况不明的情况，叶某、廖某芬应承担相应损害赔偿责任。关于叶某、廖某芬的行为是否构成不配合清算导致宏彪公司财产状况不明的问题。在破产清算程序中，叶某、廖某芬未在指定期限内提交用于清算的证照、印鉴、财产资料、财务资料、重要文件等相关资料，导致宏彪公司无法清算，无法查明宏彪公司的财产状况。叶某、廖某芬怠于履行清算义务与无法清算的后果之间存在因果关系，其行为构成不配合清算导致宏彪公司财产状况不明。

3. 认为担任股东的监事不是清算义务人的判决及主要观点

浙江省瑞安市人民法院在（2020）浙0381民初3370号民事判决中认为：被告王某作为公司的法定代表人、执行董事兼总经理应尽到妥善保管其占有和管理的财产、印章和账簿、文书等资料等职责，并在公司进入破产清算程序后，承担交付财产、印章和账簿、文书等资料的配合清算义务，现王某未能尽到该义务，造成他人债权损失，应承担侵权责任并赔偿债权人的债权损失，原告对此的诉讼请求理由成立，予以支持。被告程某登记为公司监事，为公司监督机构成员，承担对公司事务进行监督的职责，并不属于《企业破产法》第15条中的“有关人员”，不承担妥善保管并交付清算资料的职责，故原告要求被告程某承担不配合清算的侵权责任，没有事实和法律依据，法院不予支持。

4. 认为股东也是清算义务人的判决及主要观点

浙江省武义县人民法院在（2021）浙0723民初1094号民事判决中认为：被告应某萍持有龙凤门业60%的股份且担任法定代表人，被告应某东持有龙凤门业40%的股份，根据法律规定属于龙凤门业的清算义务人。龙凤门业进入破产清算程序以后，应某萍、应某东未向法院、管理人提供相关材料，导致无法进行全面清算事实清楚，故应某萍、应某东应在相应的债权范围内承担赔偿责任。

笔者认为，新《公司法》施行后，对清算义务人的确定将不再存在争议，但部分公司可能在新《公司法》实施前便已出现破产清算事由，却怠于清算直至新《公司法》施行后，该部分公司的清算义务人及清算责任的承担是按照旧法归于股东，还是按照新《公司法》归于董事，实务中可能存在争议。

五、结语

《九民纪要》及新《公司法》关于清算义务人的规定对于保护股东权益有重大倾斜，尤其是对于保护小股东或未实际参与经营管理公司的股东有重要作用。但从笔者以往代理的类似案件及作为破产管理人实务中遇到的情形来讲，股东不作为清算义务人并不利于保护债权人利益，也不利于管理人破产清算工作的顺利开展，甚至成为许多人逃避债务的方式。

第一，有些公司的法定代表人、董事是外聘甚至挂名登记，并不实际掌管公司经营，也不清楚公司的实际经营情况，甚至根本没有参与公司的经营管理。比如，笔者最近负责的一宗破产清算案件，公司未设立董事会，仅有执行董事一职且由执行董事担任法定代表人。该执行董事兼法定代表人在2019年起诉公司要求解除其执行董事兼法定代表人职务并配合办理变更手续，但公司一直未办理变更手续，如果按照新《公司法》的规定，董事作为清算义务人，在生效裁判解除执行董事兼法定代表人的情况下，将导致公司无清算义务人。

第二，股东才是公司经营的最终受益人，对于未担任管理职务参与经营管理的股东，《九民纪要》已明确规定不承担责任，但一概否认全部股东的清算配合义务，将导致实际受益及控制公司的人反而不负配合及赔偿义务。笔者认为，对于在公司虽不担任董事，但担任经理、财务审批或其他管理职务等实际参与经营管理、控制公司的股东，仍然应当作为清算义务人，如此，才能促使实际掌管公司的股东向管理人移交财务资料、配合管理人查清企业破产原因及资产状况。我国公司制度尚不完善，工商登记的董事、法定代表人存在挂名现象，大部分公司实际上还是由股东控制。

而且从实践来看，公司的财务账册一般最后还是由股东保管，财务人员或外聘董事往往是公司的临时聘用人员，流动性强，实践中存在财务人员、董事在公司倒闭后即失联，或董事离任后未进行工商变更登记的情况。要求财务人员、外聘法定代表人、董事配合清算，往往不现实。如果股东尤其是不担任董事但实际参与管理、控制公司的股东不是破产清算义务人，将会导致实际控制、掌管公司经营的股东不在破产清算追究责任的范围内，无法要求该部分股东配合清算，并追究其相应责任。

第三，现实中，大部分中小企业实际仍然由股东控制，董事在公司经营过程中并不占主导地位，甚至根本不能实际参与经营管理公司。很多公司的股东通过控制手段，将公司资产以各种名目转入个人账户而不作财务记载，要求不担任公司股东且无法实际经营管理公司的外聘董事，在领取有限工资的情况下对公司的巨额债务承担赔偿责任，有失公允。

因此，笔者认为，按照最高人民法院《关于正确审理企业破产案件为维护市场经济秩序提供司法保障若干问题的意见》及《强清工作纪要》的规定，将有限责任公司股东、董事、控股股东以及实际控制人等列为清算义务人，再根据上述人员是否实际参与公司经营管理、控制公司情况确定具体是否承担清算赔偿责任，可以更加全面地保护股东、董事及债权人利益。

（特约编辑：李中亮）

股权激励篇

司法裁判观点对办理股权激励纠纷案件的启发

赵 静*

人才作为新兴资源,能够发挥举足轻重的作用,因此实施股权激励是必要的,也是激励核心人才的战略举措,更是越来越多的企业愿意采取的激励措施。随着股权激励的普及化,由此引发的纠纷也日益增多。

笔者通过公开渠道搜集了涉及股权激励的1062宗裁判文书,对其进行解读、分析,并从股权激励纠纷的案由认定、被告的选择以及股权激励常见纠纷引发类型等角度对裁判观点进行提炼,以期为律师办理股权激励纠纷案件提供实务指导。

一、股权激励纠纷案件的性质

对于股权激励纠纷案件的性质,司法界一直存在争议,各地的裁判观点也并不完全相同。目前,主流存在两种看法。

一种观点认为,股权激励纠纷属于劳动争议纠纷,应当适用劳动仲裁前置程序。博彦深圳公司等与文某劳动争议案[1]是因上市公司发行的限制性股票被回购注销引发的纠纷,该案中,深圳市中级人民法院认为,员工以低于市场价格获授限制性股票的资格是基于劳动关系,体现了用人单位对劳动者的福利或奖励,限制性股票应当属于薪酬的组成部分。文某因其限制性股票被回购注销引起的纠纷应当属于劳动争议纠纷。在皮某杰与宇龙

---

* 赵静:广东华商律师事务所律师,深圳市律师协会第十一届公司法律专业委员会委员。

[1] 参见广东省深圳市中级人民法院民事判决书,(2017)粤03民终1326号。

公司劳动合同纠纷案[1]中，深圳市南山区人民法院直接在裁判文书中指明其引用了深圳市中级人民法院的上述观点，认为该案中所涉股权期权属于在履行劳动合同过程中产生的争议，应当属于劳动争议纠纷。

另一种观点认为，股权激励纠纷属于民事合同纠纷，当事人可以直接向人民法院提起诉讼。例如，在百得公司等诉王某股权转让纠纷案[2]中，北京市朝阳区人民法院认为，因股权激励产生的法律关系与劳动关系具有独立性，股权激励纠纷不属于劳动争议，应当按照合同纠纷予以处理。

二、被告的选择

通常情况下，股权期权的授予主体为用人单位，特殊情形下，授予主体为用人单位的关联主体，如用人单位在境外开设的离岸公司或者用人单位的母公司、子公司等。如果员工获得的股权或期权来源于关联主体，那么起诉时是以用人单位还是关联主体为被告呢？

在缪某、挖财网络公司合同纠纷案[3]中，杭州市中级人民法院认为，虽然用人单位在期权授予的过程中予以执行或协助，但是考虑到《股票期权证书》的出具主体为境外主体，且授予的也是境外主体的期权，因此，合同的相对方应当是境外主体，员工起诉用人单位要求确认期权归属缺乏事实和法律依据，法院不予支持。

三、常见的股权激励纠纷类型

（一）因确认股东资格引发的纠纷

实践中公司出于保持股权结构稳定性的需要，可能会要求由公司代持员工的激励股权，容易引发争议。此时，员工往往会起诉要求确认股东资格，并要求将其登记为公司股东，这种诉求是否能够得到支持呢？

根据最高人民法院《关于适用〈中华人民共和国公司法〉若干问题的规定（三）》第 24 条的规定，实际出资人未经公司其他股东半数以上同意，请求公司变更股东、签发出资证明书、记载于股东名册、记载于公司章程并办理

---

〔1〕 参见广东省深圳市南山区人民法院民事判决书，(2018)粤 0305 民初 22410 号。

〔2〕 参见北京市朝阳区人民法院民事判决书，(2019)京 0105 民初 18152 号。

〔3〕 参见浙江省杭州市中级人民法院民事判决书，(2018)浙 01 民终 6941 号。

公司登记机关登记的，法院不予支持。因此，如其他股东并不认可被代持人的股东身份，则这项诉求往往无法得到支持。在陆某与白帽江公司股东资格确认纠纷案[1]中，北京市第三中级人民法院便认为原告缺乏证据证明公司其他股东知晓代持关系存在或认可其股东身份，因此不予支持原告的主张。

（二）因是否符合行权条件引发的纠纷

期权是一种可期待权利，一般只有经过一定时期且符合特定条件才能要求转化为股权。实践中，员工与用人单位往往会因为是否符合行权条件引发争议。行权条件通常与员工在职时间、绩效考核结果、业绩指标完成情况等因素挂钩，而员工作为弱势一方显然不利于掌握这些证据。那么，在诉讼中行权条件是否满足的举证责任是在员工还是用人单位呢?

在王某、英威腾公司股权转让纠纷案[2]中，深圳市中级人民法院认为，员工该项主张是否成立涉及公司的内部经营和管理，也与员工的劳动权益密切相关，一审未全面查明，在员工方已经提出调查取证申请的情况下，未予以处理和回应，而是简单将举证责任分配给员工，属于基本事实查明不清，可能影响本案的公正审理，因此将该案发回重审。

（三）因股权回购引发的纠纷

鉴于股权激励是为了激励员工为公司创造价值，因此往往会要求员工在公司服务一定的年限，员工离职时，则会由公司或者指定的第三人回购其持有的股权，并取消其尚未行权的期权。也有部分公司将回购当作一种福利，即在公司服务满一定年限后，按照购买股份的本金加上一定的溢价予以回购。对于是否应当回购，双方往往容易引发争议。

在康意发公司与尹某虹股权转让纠纷系列案[3]中，员工要求公司履行回购其持有的股权的承诺，但深圳市福田区人民法院认为，虽然《股权激励计划》是由员工与公司签订的，但是根据资本维持原则公司不得回购本公司股权，且激励计划并未经过股东大会同意，因此该《股权激励计划》无效，公司并非适格的当事人，因此驳回了原告的诉求。不过，随着时间的推移，法

---

〔1〕 参见北京市第三中级人民法院民事判决书，(2018)京03民终5246号。

〔2〕 参见广东省深圳市中级人民法院民事判决书，(2019)粤03民终16894号。

〔3〕 参见广东省深圳市福田区人民法院民事判决书，(2013)深福法民二初字第5475－5508号。

院对于公司能否回购员工股权的观点也发生了变化。在丰江公司、黄某某股权转让纠纷案[1]中，广州市中级人民法院认为，根据资本维持三原则，公司一般不得回购本公司股份，但是在公司通过依法减资、对回收股权依法进行再分配或指定股权接收人等制度安排的情况下，公司可以依法或按照约定对股权进行回购。

四、结论

律师在办理股权激励纠纷案件时，应当在对案件材料全面分析的基础上，结合裁判观点谨慎认定案件性质，并据此选择受案机关。如果选择错误，将可能造成当事人重复进行司法程序的后果。对于诉争事项涉及劳动关系认定及履行的，为了避免直接起诉被驳回，建议先申请劳动仲裁。

诉讼或仲裁过程中，如代表员工一方，建议需重点关注股权激励文件的合法性、举证责任的分配、被告（或被申请人）是否与激励股权（或期权）的授予主体一致、代持是否获得公司其他股东认可等问题，对于员工无法掌握且有对案件认定具有关键作用的证据，可以向法院申请调取；如代表公司一方，建议需重点关注股权激励文件是否履行了必要的决策程序，是否取得员工的书面确认，是否存在法律法规规定的无效情形，行权条件不符合是否有充分的证据支撑等问题。

（特约编辑：李中亮）

---

〔1〕 参见广东省广州市中级人民法院民事判决书，(2018)粤01民终20182号。

试论股权激励方案的设计要点

韩蔚薇*

一、股权激励概述

(一)股权激励的目的和宗旨

股权激励,是指用人单位以本公司(包括关联公司)的股票为标的,对其董事、高级管理人员及其他员工进行的长期性激励。股权激励类型繁多且内容复杂,与股权激励相关的内容在《民法典》《劳动合同法》《公司法》《证券法》等多部法律法规中均有涵盖。股权激励相关规定之多、制度运用之广,充分表明了股权激励制度对于现代企业运营和巩固人才的正向作用,从企业的角度出发,股权激励制度旨在将人才与企业深度绑定,为企业的发展降本增效。

1. 创造利益共同体

企业家和员工的利益并不重合,企业家关注长期业务发展和投资回报,而员工更关心业绩和个人收益。两者价值取向的不同,导致员工对企业没有认同感,甚至为了自身利益而损害企业整体利益。实施股权激励,让员工成为公司股东,能够激发员工的主人翁意识,将其个人利益与公司利益相兼容,员工与企业深度绑定,形成利益共同体。

2. 提高核心竞争力

实施股权激励后,企业的收益和损失对激励对象形成一种工作导向。为了分享公司持续发展带来的收益,员工的积极性、主动性和创造性被释

---

* 韩蔚薇:广东卓建律师事务所合伙人、律师,深圳市律师协会第十一届公司法律专业委员会委员。

放，进而大胆开展技术创新和管理创新，为企业降低成本，提高效率，从而提高企业核心竞争能力。

3. 稳定人才

一方面，股权激励机制的实施可以让员工分享企业成长所带来的收益，增强员工的归属感和认同感，可以极大地激发员工勤勉尽责地为企业提供长期服务的热情；另一方面，员工在已获授的股权行权时必须满足一定业绩和/或时间条件，如果激励对象在行权条件达成之前就离职，会损失一笔不小的既得经济利益，因此员工也不会轻言离职。

（二）股权激励的实施方式

常见的股权激励方式有限制性股权、股权期权、员工持股计划、间接持股等，分述如下。

1. 限制性股权

公司以某一特定价格授予员工特定数量的本公司股权，同时设定锁定期，在激励对象达到公司提前设定的考核绩效/指标后，员工才能按照约定的期限和比例将股权进行解锁。

2. 股权期权

公司赋予激励对象购买本公司股权的选择权，激励对象可以在未来某个时间内以预定的价格购买公司一定数量的股权，激励对象也可以放弃购买股权的权利，但股权期权本身不能进行转让、质押等处分。

3. 员工持股计划

上市公司、新三板挂牌公司根据员工意愿，通过合法方式使员工获得本公司股票并长期持有，并按约定分配给员工股份权益。公司可以自行管理本公司的员工持股计划，或将员工持股计划委托给具有资产管理资质的机构管理，如基金管理公司、保险资产管理公司、信托公司、证券公司或其他符合条件的资产管理机构。

4. 间接持股

公司通过持股平台（一般为有限合伙企业）或控股股东（非自然人股东），使激励对象直接持有持股平台或控股股东的股权/股份/合伙企业财产份额，从而间接持有公司的股权。

二、股权激励的授予

根据公司发展的不同阶段，公司采取股权激励方案所考虑的侧重点各有不同，只有合适的方案才能真正切合公司的阶段性发展需要，帮助公司实现凝聚人才、持续发展的目的。

（一）公司成立初期

1. 期权激励

此阶段公司的制度、管理、流程等都不规范，公司正处于拓展业务的阶段，盈利较少且公司大多选择将盈利反哺于企业生产运作之中。因此在选择激励方案时，往往以期权激励为主，将员工未来的利益与企业的利益进行绑定。许诺给予员工一定比例的股权，同时为员工设定一定的考核条件，条件达成后员工即享有股权。期权作为一种可期待的权利，不会导致账上现金的流失，因而被很多初创企业采用。

2. 以股权激励化解劳务出资的障碍

根据《公司法》、《市场主体登记管理条例》（已失效）的规定，股东不得以劳务作价出资。但企业在实际的生产经营过程中，又确实需要用股权激励和锁定优秀人才，在这种情况下，笔者认为可以采取如下两种方式，以股权激励的方式巧妙地化解劳务出资的障碍。

（1）少量认缴出资

我国设立企业采取注册资本认缴制，激励对象通过少量认缴公司股本的方式成为公司的股东，公司通过公司章程或其他协议约定该激励对象享有的股权比例、股东权利、行权条件等。通过这种方式，一些拥有超强能力、技术、渠道，但没有出资能力或意愿的人才便可以顺利进入公司，与公司的利益深度绑定为一体，公司也通过这种股权激励的方式留住了优秀的人才。

需要注意的是，2023 年修订的《公司法》关于股东出资期限及相关责任的规定给员工股权激励出资时间提出了要求。对于有限责任公司来说，根据 2023 年《公司法》第 47 条的规定，全体股东认缴的出资额应由股东按照公司章程的规定在公司成立之日起 5 年内缴足；对于后续增资入股的股东最晚也应在其增资入股之日起 5 年内缴足。在这种限期实缴制下，前述提及的市场上惯常的员工股权激励操作将会受到限制。

对于股份有限公司来说，根据 2023 年《公司法》的规定，无论是发起设立的股份有限公司，还是募集设立的股份有限公司，对于发起人认购的股份均适用实缴制。因此，在 2023 年《公司法》施行后，如激励对象或员工持股平台以发起人身份参与设立股份有限公司的，则应在公司成立前按照其认购的股份全额缴纳股款。

在 2023 年《公司法》规定的限期实缴制下，可以参考以下措施以应对限期实缴制对员工股权激励操作的限制。其一，尚未实施员工股权激励的公司，可以考虑根据实际需求确定激励股权的额度，如公司计划分批实施员工股权激励且间隔时间较长，激励股权额度的扩充可分多次进行，从而延长预留份额的出资期限；其二，已实施员工股权激励的公司，如激励对象在激励计划中的行权时间晚于新公司法规定的实缴期限，可以考虑要求激励对象提前行权并支付行权对价，或减资注销尚未实际授予或尚未实际行权的股权，待后续激励对象确定且拟行权时再在公司层面增发股权；其三，如激励对象确实无法完成限期实缴义务的，则可配套公司的财务资助方案，或者通过转让部分股权或向银行借款等方式以便筹集资金用于实缴。[1]

(2)设立合伙企业

根据《合伙企业法》第 16 条的规定，合伙人可以用劳务出资。这为我们提供了一条间接通过合伙企业实现以劳务出资的途径：公司设立员工持股平台（即有限合伙企业），该合伙企业直接持有公司股份。激励对象通过直接持有该合伙企业的份额，间接持有公司的股份，以此参与股权激励。

(二)公司良好运作时期

此阶段公司已经摸索出自己的业务模式和盈利模式，员工快速增长且对公司未来充满期待，参与公司分红的需求有所上升。发展较为成熟的公司也面临是否规划上市的关键节点。

---

[1] 参见余铭、史成、邹家慧、李剑：《从员工股权激励视角解读新公司法的主要影响及应对措施》，载威科先行·法律信息库 2024 年 2 月 9 日，https://law.wkinfo.com.cn/professional-articles/detail/NjAwMDAyMjcwODQ%3D?searchId=a87c99ebf0a14fbb93587e5370ade1feq%3D。

1. 短期内没有/完全没有上市规划

对于短期内没有或完全没有上市规划的公司,可以根据自身的实际情况选择以下几种股权激励方案。

(1)干股激励

选择这种激励方案时,员工无须出资便能分享企业的红利,员工没有负担,收入也能得到提高,还能激发员工工作的热情和智慧,促进公司业务的增长,实现员工和公司的共赢。

(2)期股激励

选择这种激励方案时,公司授予员工一定比例的股权,让员工先行享受入股的分红,在员工得到分红款之后,再用分红款偿还购买股份时应付的款项,这种类似于"按揭入股"的方式,可以调动员工入股的积极性。

(3)销售股权

选择这种激励方案时,公司可以给予员工购买股权的优惠价格,员工需支付一定的对价。能够采取这种方式的公司,说明该公司发展前景较好,员工对公司的信心十足,才会愿意购买股权。

2. 已有上市规划

对于发展成熟、体系完善且短期内有上市规划的公司,除了根据自身的实际情况,选择上述几种激励方案外,还应当充分考虑上市公司实行股权激励的严格监管和股权变动的公开性,将实施的激励方案和上市联系起来。

(1)避免选择期权激励以及代持方式

期权激励会导致公司股权价值、期权激励计划的成本、公司在上市前的经营业绩不易确定。公司存在代持股东,其潜在的权属纠纷也难以确定。这些激励方式都会影响公司的上市进程,应当尽量避免选择。

(2)控制用于激励的股权数量及人数

用于激励的股权比例不能导致公司的实际控制权转移,出现内部管理架构混乱等一系列问题。直接激励的人数也要限制在 2023 年《公司法》规定的范围内,即加上股权激励的人数,有限责任公司的股东总数不得高于 50 人,股份有限公司的股东总数不得高于 200 人。

(3)控制激励计划的完成时间

拟上市公司的股权激励计划在上市之前就完成,且在申报前 6 个月不再进行股权调整。因为此时进行股权激励并不适用《上市公司股权激励管理办法》，自由设计方案的空间较大。如果以增资和转让使激励对象获得股权的，根据证监会的规定，申报前6个月发生增资或转让的需提供专项说明，因此要控制好激励计划的完成时间，在申报前6个月内不再进行股权调整。

（三）上市公司的股权激励

非上市公司股权激励相关的法律法规较少，其激励结构的设计主要取决于公司内部的实际需求，方式灵活多样。但是对于上市公司股权激励来说，自2016年中国证监会发布《上市公司股权激励管理办法》以来，上市公司实行股权激励所应遵循的限制性规定较多。我国上市公司实施股权激励的基本方式目前仅有限制性股票和股票期权，其中又以限制性股票为主流。上市公司想要使股权激励发挥出显著的效果，在选择方案时除了遵循《上市公司股权激励管理办法》之外，还需注意以下几个方面。

1. 解读方案应化繁为简

上市公司的公司架构较为复杂，在设计激励方案时，有些上市公司在选择方案时非常谨慎，面面俱到地考虑各种可能出现的情形，导致激励方案十分复杂。但是，在面向激励对象进行方案解读时，应当化繁为简，否则会给激励对象设置理解障碍，引起其避险情绪，从而放弃认购。只有让激励对象充分理解和预见可得利益，股权激励才能真正发挥调动员工积极性、留住人才的作用。

2. 建议选择限制性股票

股票期权，是指未来若激励对象满足行权条件，可以以事先约定的优惠价格购买公司股权的权利。限制性股票，则是指激励对象可以立即获得股票，待满足一定行权条件后股票解禁。由于限制性股票可以给予激励对象更多的收益空间，以更高的价格解禁出售自己的股权，因此激励效果更加明显。另外，由于《上市公司股权激励管理办法》规定了限制性股票的授予价格，激励对象出资购买股票会形成资金的沉淀成本，即如果激励对象离职，其出资将会付诸东流，沉没成本较高。

3. 股权激励时点的选择

上市公司股权激励尽量选择公司股票低迷期且法规允许的股价最低值，不仅可以提升激励对象的盈利空间，而且可以降低上市公司股份支付费用的摊销成本，降低对上市公司业绩的冲击。此外，股票低迷期发行股权激励可以在一定程度上向二级市场释放积极信号，可能有助于公司股票尽早摆脱低迷期。

三、股权激励的退出

（一）退出的必要性

首先，由于股权预留池相对固定，用于员工持股或股权激励的部分非常有限，通常在10%～20%的规模。随着企业不断发展壮大，人员不断扩充，如果没有退出机制，很可能会陷入无股激励的境地。其次，通过退出机制收回离职人员手中的股权，可用于新进人员的激励以及原有人员的持续激励。[1] 最后，如果激励对象入股后缺乏相应的退出机制，就会演变为投资股东，失去“激励”的初衷。因此，设定合理的股权退出机制是必要的。

（二）退出的条件

通常而言，股权激励的退出方式可以分为激励对象的“过错性退出”和“非过错性退出”。

过错性退出，是指因激励对象自身过错而导致其被要求退出股权激励范围，如激励对象违反违章、严重损害公司利益、在股权激励锁定期内离职或擅自处分激励股权。

非过错性退出，是指非因激励对象的过错，而是由于其他情况而需要退出股权激励范围，如激励对象工作不达标、未及时行权、在股权激励锁定期之后离职、退休、死亡或失踪。

（三）退出的方案

在设计股权激励的退出方案时，应当对公司的发展规划及核心员工绑定期限进行综合考虑，确定退出前的锁定期和限制期，设定公允的退出价格计算方式，以降低激励股权回收成本和风险。公司在股权激励制度设计时就应当对退出机制予以明确，避免退出时产生纠纷，主要退出方式如下。

1. 直接退出

此种方式适合通过期权或代持股方式对员工开展股权激励的企业，由

---

〔1〕 参见桑悦：《K公司核心员工股权激励研究》，西南科技大学2017年硕士学位论文，第24页。

于在进行股权激励时,股权仅是通过期权或代持方式授予,该股权并未真正在意义上完全给予员工,因此,一旦出现员工离职等情况,公司创始人可以直接收回期权或解除为员工的代持股关系。[1]

2. 股权回购

一旦发生退出情形,公司向激励对象支付对价款,从而将此前激励给员工的股权收回公司。这种退出方式会在一定程度上加重公司的财务压力,但是激励对象在退出时有保障,对激励对象的激励效果较为明显。这种退出方式必须与行权条件和锁定期配套实施,避免激励对象随意退出套现,造成公司人员流动过大。

2023 年《公司法》第 224 条第 3 款规定,公司减少注册资本,应当按照股东出资或者持有股份的比例相应减少出资额或者股份,法律另有规定、有限责任公司全体股东另有约定或者股份有限公司章程另有规定的除外。因此,2023 年《公司法》原则上不允许"定向减资"。

如拟采用公司回购方式应对员工离职的激励股权处理,需特别注意利用 2023 年《公司法》规定的除外情形,具体如下:如公司为有限责任公司,在全体股东签署的公司章程或股东协议中增加约定,公司可因员工离职回购激励股权进行定向减资;如公司为股份有限公司,在其公司章程中增加约定,公司可因员工离职回购激励股权进行定向减资。但需要注意的是,在有前述特别约定的情况下,主管市场监督管理部门在实操中是否可以配合办理定向减资相关工商登记手续,有待后续主管市场监督管理部门在出台更加细致的操作指引后明确。[2]

3. 员工转让股权

激励对象可以把自己的股权转让给其他第三人。这种方式明显违背了有限公司"人合性"的原则,因此,转让条件、人选、优先购买权等问题需要预先设定,以确保承继股权的新股东能够接受原来的诸多约定,与公司保持一致的发展步调。

关于对外转让股权,在现行公司法中,股东向外部人士转让股权时,需

---

〔1〕 参见李云:《S 公司高管股权激励实施的研究》,苏州大学 2017 年硕士学位论文,第 28 页。

〔2〕 参见夏彦、盛泓玢、陈思漫、林海立:《聚焦 2023 年〈公司法〉修订——员工股权激励的挑战和应对》,载汉坤律师事务所网 2024 年 1 月 12 日,https://hankunlaw.com/portal/article/index/cid/8/id/13898.html。

要经过其他股东过半数的“同意”。然而，2023 年《公司法》对此进行了重大革新，将“同意”改为了“通知”，股东只需将股权转让的具体事项——包括数量、价格、支付方式和期限等——以书面形式通知其他股东，而其他股东在同等条件下享有优先购买权。

（特约编辑：李中亮）